有限刷题　无限逆袭

许涵仁　著

电子工业出版社

Publishing House of Electronics Industry

北京·BEIJING

内容简介

有限的高考试题和无限的练习题目,就是刷题过程中的基本矛盾。这个基本矛盾,决定了高考逆袭过程中的主要矛盾,那就是记忆和遗忘之间的矛盾——谁能在有限的备考时间内掌握更多的题目,并能举一反三,谁就能成为高考的赢家。高考如此,中考、考研、公考、司考、艺考亦然。个人的力量是有限的,有限的力量只能配之以有限的目标。考生不仅不能无限高估自己的能力,更不能盲目高估自己的意志力、判断力。如果按"超级大脑"或"无限记忆"的假设来制定刷题战略,结果只会是在没有遭到应试打击之前,反而被自己的雄心壮志挫败了。刷题是一个战略养生的学问,是在考生的目标底线和能力极限之间寻求平衡的艺术。把握好这个平衡的难点在于技术上的排兵布阵,根子在于对"有限性"这一概念的深刻理解。在开始刷题之前,矛盾的主要方面在于做题太少,更接近目标底线那一端;在开始刷题之后,矛盾的主要方面在于做题太多,更接近能力极限那一端。刷题成功的关键,就在于对"有限性"的深入理解和准确把握。

图书在版编目(CIP)数据

有限刷题 无限逆袭 / 许涵仁著. — 北京:电子
工业出版社,2023.6

ISBN 978-7-121-45680-0

Ⅰ. ①有… Ⅱ. ①许… Ⅲ. ①课程-高中-升学参考
资料 Ⅳ. ①G634

中国国家版本馆 CIP 数据核字(2023)第 092395 号

责任编辑:崔汝泉　　　特约编辑:陈　迪
印　　刷:三河市华成印务有限公司
装　　订:三河市华成印务有限公司
出版发行:电子工业出版社
　　　　　北京市海淀区万寿路 173 信箱　邮编:100036
开　　本:787×1092　1/16　印张:18.75　字数:378 千字
版　　次:2023 年 6 月第 1 版
印　　次:2023 年 6 月第 1 次印刷
定　　价:88.00 元

凡所购买电子工业出版社图书有缺损问题,请向购买书店调换。若书店售缺,请与本社发行部联系,联系及邮购电话:(010)88254888,88258888。

质量投诉请发邮件至 zlts@phei.com.cn,盗版侵权举报请发邮件至 dbqq@phei.com.cn。

本书咨询联系方式:(010)88254407。

前 言

你真的懂刷题吗？

人要吃饭，吃饭才能活着——这是最简单朴素的真理。大家都吃饱的时候，可能一人一个想法，未必同意这个结论。但是将人饿上三天，大家的结论就会趋向一致——那就是人必须吃饭，不吃饭人就会饿死。

学生要做题，做题才能取得好成绩——这同样是最简单而朴素的真理，但很多人就是不相信。他们觉得真理怎么可能这么简单呢？

真理就是这么简单啊！

什么专家、名师，什么公立、私立，什么质量分析，什么先进理念，什么三轮复习，什么封闭特训，什么酷炫科技，什么在线答疑……说白了不还是做题吗?!

如果做梦就能取得好成绩，那做梦也一定能成为世界首富。

提高考试成绩、快速实现逆袭的第一步，就是回归常识，回归到做题才能提高成绩这个常识上来。要明白：只要还存在着用题目来选拔人才的考试，就一定要通过对题目的反复练习来提高应试能力。无论对做题或者刷题进行怎样的批判，都不能放弃以批判的视角持续去做题或者刷题。

正如"七一勋章"获得者、丽江华坪女子高级中学校长张桂梅说的那样："……人家说这个做题对孩子不好，我们没办法呀，我们只有这个办法，看着孩子那个样子我们也难过。那我不这么干，我的学生就走不出去，就上不了浙大了。我的学生可以考到浙大，可以考到厦大、川大、武汉大学，都可以上……"[1]

任何正规的、公开的、常规的大型考试，其考场试卷上的题目一定是有限的。比如高考，无非就是语文、数学、外语、综合（物理、化学、生物，政治、历史、地理）这几张卷子；比如公考，无非就是申论、行测这两张卷子；比如考研，无非就是英语、政治和专业课而已。

几张卷子所能容纳的知识点、做题技巧、选拔取向能有多少？

---

[1] 源自抖音号"都市时报"2022 年 7 月 12 日发布的视频。

相信我，没多少。

不信的话，你把前几年的高考卷子拿出来看看，也就那么回事，对吧？没必要去吹嘘高考题有多么微言大义、精妙绝伦，命题人有多么高深莫测、玄之又玄。高考题目的价值就体现在它出现在高考试卷上，如果这道题目出现在平时的练习卷子上，它的价值就要黯然失色了。要知道，这是高考卷子又不是奥赛的卷子，我相信给任何一个资质普通的学生无限长的考试时间，都能考出一个相对较好的成绩。

考场题目有限，练习题目却是无限的。不信的话，你可以试着随便找一家书店，去高三专区看一看，无数的练习题、真题、模拟题、专项讲解都在向你招手，"诱惑"着你去购买。

有限的高考试题和无限的练习题目，就是我们在刷题过程中的基本矛盾。这个基本矛盾，决定了我们在高考逆袭中的主要矛盾，那就是记忆和遗忘之间的矛盾——谁能在有限的备考时间内掌握更多的题目，并能举一反三，谁就能成为高考的赢家。高考如此，中考、考研、公考、司考、艺考、职业资格考试也是如此。

怎么才能解决这个主要矛盾？光做题是不够的，需要刷题。

刷题，就是一个短时间、集中性、有针对性、大容量、高频次的备考策略。

刷题很丢人？刷题就要熬夜？刷题很低效？刷题不够科学？刷题不够先进？刷题扼杀创新？刷题是应试教育？刷题有罪？

拜托，刷题不过是一个手段，一个记忆并掌握题目的手段罢了，不要赋予刷题过多的意义和内涵。如同你用筷子还是勺子吃饭一样，就是个吃饭的工具而已。同样是吃米饭，勺子就是比筷子更有效率，大勺子就是比小勺子更带劲，不锈钢勺子就是比木勺子更好用。

刷题本身没什么错，错误的是"盲目刷题""随意刷题""机械刷题""题海战术""不科学刷题""低效率刷题""透支身体刷题"等。

刷题没有那么可怕，因为人毕竟不是刷子。刷个一年半载或者三五个月的题，就能把学生变成呆子吗？不会的。相信我，只要采取科学的刷题方法，身体只会越来越棒，成绩只会越来越好，考生的综合素质也会越来越厉害。

我不相信光靠说教或者爱心就能提高考生的综合素质。但我相信，通过科学高效的刷题，通过把刷题作为逆袭的主抓手，通过科学理性、实事求是、脚踏实地、真抓实干，考生的意志力、领悟力、记忆力、理解力、判断力、执行力、身体机能等，都会得到很大提升，取得高分不再高不可及。

也许你要犯嘀咕了:不就是刷题吗? 有什么难的呢? 有那么复杂吗?

那么我就要问了:你真的懂刷题吗? 你真的会刷题吗?

如果你的各科成绩已经非常好了,那么想必你也不会来翻阅此书;如果你的成绩还不够理想,那就说明你之前要么没有刷过题,要么刷题的方法是错误的。错误低效的刷题和科学高效的刷题,是两码事。

如果你认为刷题简单,没有什么技术含量,那么你就还停留在所谓"看山是山,看水是水"的初级阶段。

比如,吃饭也很简单,我们每个人每天都要吃饭。可是这看似简单的行为却涉及人体内多个系统、多个器官。为什么要吃三顿饭而不是两顿饭? 为什么东西南北的饭菜各有特色? 同样是吃饭,有的人吃得多、吃得好,能吃出花样,把吃饭吃成艺术,吃成美食家;可有的人吃得不好并且消化不良,吃饭对于他们而言更像一种负担。

保障一个人吃饭和保障十亿人吃饭,是不可同日而语的;解决一道具体的题目和在高三期间解决成千上万的题目,不是一回事。

如果刷题真的那么简单,真的没有什么技巧在里面,那人人都能逆袭,人人都是"状元"。

那么,刷题真的就那么难吗?

其实也没那么难。老话说得好:难者不会,会者不难。

对于广大考生、家长、教育工作者来说,要克服"工具主义"和"功利思想",不要太着急,上来就想着"你告诉我到底要怎么做""到底怎样才能提高成绩""看了这本书高考能提多少分"这种问题。"汝果欲学诗,功夫在诗外。"要知道,真正的难点不在如何刷题本身,而在于如何"跳出刷题看刷题",用"两只眼睛看刷题",站在一个更高的层面、用更宽广的视角来审视刷题,进而开辟新的"赛道",对刷题实现"降维打击"。好比使用高等数学来解决一元一次方程一样,以"屠龙术"来看待刷题,刷题只是"雕虫小技"。科学务实的刷题理念和高效易用的操作技术同等重要。

本书是在广泛吸收借鉴哲学、国际关系学(地缘政治学)、战略学、历史学、神话学、教育学、中医学、心理学、社会学、社会物理学以及技术创新理论、军事理论等多领域内容的基础之上,从更高的维度、更宽的视野对刷题(题海战术)进行了系统的批判、分析、论证,提出了一整套操作性非常强的高效刷题方法——许涵仁有限刷题法。

许涵仁有限刷题法认为，"题海"无罪、刷题有理，要摒弃对刷题的傲慢心态。本书首先对刷题（题海）的相关学术文献进行了综述性分析，从研究者情况、研究对象层次、研究内容、研究质量等方面进行深入考查，认为很多人对刷题缺乏足够重视和系统性研究，相关文章的研究方法、内容质量、现实意义都不太令人满意。在此基础上，本书对以往社会上、学术界关于刷题的种种质疑、误解、偏见作了系统分析，认为刷题是一个需要不断进行创新的技术范畴，在技术进步过程中必须坚持独立自主创新的路线，以期寻求刷题价值理性和工具理性的整合与统一。

许涵仁有限刷题法认为，有限刷题、无限逆袭，"有限性"是破解"刷题斯芬克斯之谜"的钥匙。刷题不是单纯一个"点"上的工作，而应该是全方位的、全过程的一项系统工程。人不是机器，考生也不是刷子，必须从考生实际出发，以考生为本，聚焦考生所见、所思、所想，注重发挥考生的主观能动性，关注考生的全方位成长过程。考生从"野生学霸"成长为"小镇做题家"的"逆袭之旅"，即一场"英雄之旅"。刷题是历险旅程中的"鲸之腹"，是考生的"重生之地"。面对"刷题斯芬克斯之谜"，要从多学科、多角度全面理解并把握有限性的哲学内涵，深刻认识到"考生为应试而刷题，也会因过度刷题并由此透支自身的能力而导致失败"的道理，使"有限性"的哲学理念贯穿于复习、备考、成长的全过程。

许涵仁有限刷题法认为，高考像一场"量子套圈比赛"。错误的刷题方式如同"药不对症"，低效的刷题方式有如"老牛拉破车"，一个科学高效的刷题法，必定要做到理论上逻辑自洽、实践中有案可循、操作上简便可行、结果上见效较快。在刷题实践中，必须始终坚持有限性理念等 5 种理念，灵活处理目标和手段等 7 对关系，理解把握墨菲定律等 12 个支撑理论，善于运用"道路"模型、"治病"模型、"一条鞭"熵值管理模型这 3 个抽象模型，牢牢记住有限锚定、循环操作、迭代升级这 3 个核心步骤，始终抓住记忆为纲、题目为王、速度为要、自主为本这 4 个关键。只要真正掌握了有限刷题法的精髓，完全可以做到一通百通，不仅高考赢，更能家庭赢、人生赢、事业赢、代代赢。

许涵仁有限刷题法认为，是药三分毒，"药性即毒性"。没有万能的灵药，也没有万能的学习方法，适合自己的才是最好的。考生要辩证地看待运气和实力的关系，深刻认识到偶然性有时会起着戏剧性的作用，甚至会成为影响成败的关键因素。同时也要注意到有限刷题法的局限性，克服使用后的副作用和路径依赖，认识到高考的成功并不必然带来生活的成功，考试的赢家未必是人生的赢家，要以高考逆袭作为新生活的起点，全力以赴实现新的、更大的成功。

古人云："远取诸物，近取诸身。"自己说的道理应该先在自己身上试验，用自己的亲身经历证明了的东西，才能用到别人身上。笔者就曾经通过刷题，在高三半年间实现高考逆袭，考取了中国人民大学。我也曾经亲身指导了不少同学的刷题全过程，亲眼见证了他们通过有限刷题法实现了高考逆袭。

本书前半部分用较大篇幅进行了文献回顾和论证分析，请考生一定要耐心读完，不要着急跳跃到后边的操作技巧上去。必要的思想理论准备，从某种意义上甚至比具体的操作技巧更为重要。相信我，如果你能够认真地阅读本书并坚定地将其付诸实践，那驾驭刷题必将易如反掌，中考逆袭、高考逆袭、公考逆袭、考研逆袭、艺考逆袭乃至人生逆袭都将如探囊取物。

加油！

目　录

第一章

先破后立：对刷题的批判不能代替批判地刷题

"民以食为天。"吃饭问题永远都是最基础、最根本的问题。对于个人来讲，吃什么饭、吃多少饭、怎么吃饭，直接关乎生活质量和身体健康水平。

对于学生来说，什么是学生的"饭"？答案很简单，就是各式各样的题目。

知识如同粮食、蔬菜。粮食、蔬菜固然重要，但终究是要被做成各式各样的饭菜才能下咽。除非是大的灾荒，可曾见过有人把不经加工的稻谷直接塞进肚子？可曾见过有人把地里的野菜拔下生吃？只有这各式各样的题目，不管是真题卷子中的，还是辅导资料中的，不管是精雕细琢的，还是粗制滥造的，才是学生需要并且能够下咽的"饭菜"。学生的身份不仅是学生，更是考生。考得好未必是"好学生"，可绝对的"好学生"大概率也是能考得好的。

但是这样一个再简单不过的道理，放到学术研究领域却成了"薛定谔状态"，令人大惑不解。无论是官方还是民间，对待刷题（或称题海战术），都是一种复杂且暧昧的态度，在备考实践中又不甚了了。基于此，我们有必要先对刷题进行正名。

第一节　关于刷题的文献回顾

"没有调查，就没有发言权"，文献回顾是科学研究过程中一项重要的前期工作，是对与问题相关的各种文献进行系统的查阅和分析，进而了解该领域研究状况的过程。本节主要是对与刷题相关的学术文献进行梳理分析，以便为后文更深入的分析打下良好基础。本节内容使用了一定的学术研究方法，但并不难理解，如果存在阅读困难，可跳过具体的分析过程，直接阅读结论部分。

一、文献来源

我们从学术领域开始关于刷题(或称题海战术)的文献综述。[1] 涉及的关键词是:"刷题""题海"(考虑到关键词"题海战术"的范围更小,所以使用范围稍大的"题海"为关键词)。[2] 打开知网期刊检索功能,按主题检索,在不限制来源类别的情况下,关键词"刷题"下的文章仅有 7 篇。

按主题检索,在不限制来源类别的情况下,关键词"题海"下有 503 条结果。

为增强针对性,将检索条件更换为按篇名搜索,关键词为"题海",不限制来源类别,检索结果为 133 篇。

以"题海"为关键词,在博硕士毕业论文中检索,检索到 6 篇。

以"刷题"为关键词,在博硕士期刊中检索,检索结果为 0。

对以上 146(7+133+6+0)篇文献进行初步判断,剔除重复文献、无关文献和少部分内容不具有实际意义的文献,共有相关文献 85 篇。[3]

下图是相关文献数量年度分布示意图。可以看到,对"题海"的研究算不上是学术界的研究热点,文章总体数量并不多,年度分布差别不大,没有哪个年份超过 10 篇。但是从 2003 年之后,研究数量开始增多,多次出现 5 篇以上的年份,进入 2010 年之后,数量出现了一个较大幅度的提升并保持基本稳定。

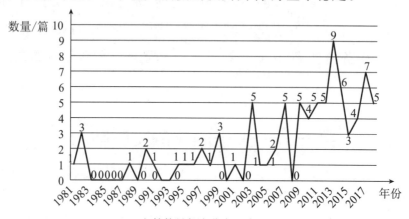

文献数量年度分布示意图

---

[1] 检索网站为中国知网,检索时间为 2019-2-21。中国知网是我国中文学术论文的权威检索平台,虽然距离检索时间已过去了多年,但放到今天来看,新增的研究也很少,不影响研究结论。在搜索相关资料过程中,笔者注意到教育部教育考试院官网每年会有针对性较强的高考试题评析,对了解试题命制及题目特点很有帮助,考生可以下载学习,但因文章未含相关关键词,在此未被列入统计范围。

[2] 笔者认为,"刷题"或"题海战术"的概念内涵不同于"解题"或"解题训练",故没有将"解题"或"解题训练"作为关键词纳入检索范围。事实上,有关解题或解题训练的研究同样较少,即便将其纳入检索范围,也不会影响研究结果。

[3] 仅仅提到"刷题"或"题海"二词,却未将其作为一个明确的研究对象或未表明观点的,被视为无关文献。部分文献仅仅是期刊中的"豆腐块",篇幅过于短小且学术价值不大,故舍去。

二、编码分类

对文献的分类，笔者选取了几个重要维度进行了编码（见下表）。

文献分类编码汇总

维度	编码标准	编码						
		1	2	3	4	5	6	7
D1	作者单位	党政职能部门	高等院校	中学	小学	教育研究机构	其他组织	未注明
D2	作者头衔	本科及以下	硕士/博士	讲师	副教授（副研究员）	教授（研究员）	领导职务	未注明
D3	研究对象层次	泛指	大学及以上	中学	小学	学前教育	其他	
D4	研究内容	综合分析	刷题主体及需求	刷题载体	刷题方法	具体题目	教学理念	
D5	研究类型	一般性分析	描述性分析	理论检验	理论建构	其他		
D6	研究方法	思辨	实证					
D7	参考文献数量							
D8	被引次数							

作者信息（D1、D2）。主要是了解哪些人在从事研究以及研究是否具有延续性，包括作者单位（D1）和作者头衔（D2）两项内容。D1 主要看作者是高校研究人员、政府职能部门人员，还是一线教学工作者；D2 看作者的头衔，了解他们的学术地位及是否为经常性的研究者。

研究对象层次（D3）。主要是了解研究者研究的是哪个教育阶段的问题。根据实际情况，分泛指、大学及以上、中学、小学、学前教育、其他这 6 类。

研究内容（D4）。主要分为"综合分析""刷题主体及需求""刷题载体""刷题方法""具体题目""教学理念"6 类。其中，"综合分析"是指研究内容具有一定综合性的文章；"具体题目"是指文章"就题论题"只涉及具体的某些题目，"业务性"强，缺乏推广意义；"教学理念"是指文章主要表达了研究者的某种教育理念。"刷题主体及需求""刷题载体""刷题方法"这 3 类，都是将"刷题""题海"当作一种手段去进行细致研究的。

研究类型（D5）。它分为"一般性分析""描述性分析""理论检验和理论建构"等。"一般性分析"包括各种"应然问题的探讨"[4]；"描述性分析"是指基于经验调查开展的相关"题海"现状的分析；"理论检验"是指"对理论框架中某些具体研究假设进行验证"；理论建构是指"从调研资料和数据中派生出概念和分析框架建

---

[4]　"一般性分析"的实际情况可以理解为"泛泛而谈"。事实上，根据梳理的情况来看，相关研究基本上都是泛泛而谈。

构理论"。

研究方法(D6)。 研究方法的分类框架较为复杂,一般而言,教育研究方法的基本范式分为思辨研究与实证研究,这也是科学研究领域的两种基本研究范式。有观点认为,教育研究方法分为思辨研究、定量研究、质性研究三种类型,[5] 从教育研究方法产生的过程来看,一般分为哲学思辨研究、量化研究、质性研究和混合研究,[6] 其中量化、质性及混合研究可以归属于实证研究的范畴。在教育研究方法体系中,实证与思辨两大研究范式具有其相应的方法论地位,适用于不同的研究目的和研究内容。思辨研究关注解决"应然"问题,关注建构概念、理论和观点,通过逻辑推理来解决概念的、规范的问题,而实证研究关注解决"实然"问题,基于收集和分析数据信息来推论研究结果。[7] 笔者在此将研究方法分为思辨研究和实证研究两大类。

文献学术性(D7、D8)。 主要是对文献的学术性进行一个简单的评价,包括"参考文献数量"(D7)和"被引次数"(D8)。通常来讲,一个较为扎实的学术研究应当借鉴许多前人的研究成果,因此会有较多的参考文献附在文尾;而一个学术性强的文献,被相关研究者引用的数量也应当较多。

三、文献的描述与分析

(一)主要研究群体

为了解研究群体是哪些,笔者统计了这些文献作者所在单位的性质和作者的头衔。[8]

研究者的单位性质统计结果下表所示。与预期相符,中学教师是研究"题海"问题的主力军,所占百分比为62.4%。所谓"题海",其实主要是中小学阶段,特别是中考、高考备考阶段所面临的一种问题,因此作为一线教学工作者,中学教师自然会对题海给予较多关注。考研、公考等考试虽然也需要大量做题,但是多为考生自主学习,一线教学者多为私立辅导机构从业者,没有什么评职称发论文的需求,对"题海"进行专门研究也就相对缺乏。高等院校也是"题海"研究队伍中一支重要力量,所占百分比为18.8%。但是笔者注意到,在"题海"相关研究者

5　高耀明,范围.中国高等教育研究方法:1979—2008——基于 CNKI 中国引文数据库(新)"高等教育专题"高被引论文的内容分析[J].大学教育科学,2010(03):18-25.

6　张绘.混合研究方法的形成、研究设计与应用价值——对"第三种教育研究范式"的探析[J].复旦教育论坛,2012,10(05):51-57.

7　Golding,C. Must we gather data? A place for the philosophical study of higher education[J]. Higher Education Research and Development,2013,(1):152-155.

8　遇有多名作者的情况,头衔取最高者。

中，来自顶尖高校的研究者较为稀缺。此外，教育研究机构的占比达4.7%，力量发挥不足。

研究者的单位性质统计表

单位性质	频数	频率
党政职能部门	1	1.2%
高等院校	16	18.8%
中学	53	62.4%
小学	3	3.5%
教育研究机构	4	4.7%
其他组织	0	0%
未注明	8	9.4%
总计	85	100%

下表显示了作者头衔的统计情况。我们可以观察到一个突出的现象：92.9%的文献中并没有标注出文章作者头衔的相关信息。在仅有的6篇标注出作者头衔的研究中，也并没有副教授或教授这个层次的研究者出现。在学术研究中标注出详细的作者信息，是一个权威学术期刊的起码要求，也是一篇严肃的学术论文的"标配"。相关研究的权威性、严肃性、学术性可见一斑。

作者头衔统计表

作者头衔	频数	频率
本科及以下	1	1.2%
硕士/博士	3	3.5%
讲师	2	2.4%
副教授（副研究员）	0	0%
教授（研究员）	0	0%
领导职务	0	0%
未注明	79	92.9%
总计	85	100%

（二）研究对象层次

在研究对象层次上，我们按照受教育程度进行了划分。下表显示了研究对象层次的统计情况。

研究对象层次统计表

研究对象层次	频数	频率
泛指	20	23.5%
大学及以上	2	2.4%
中学	58	68.2%
小学	4	4.7%
学前教育	0	0%
其他	1	1.2%
总计	85	100%

可以看到,在研究对象层次的选取上,中学占了多数,达68.2%,如果再考虑到"泛指"所占的23.5%的多数其实也是针对中学的,可以推定关于题海的研究对象层次与主要研究群体表现出较高的一致性,主要集中在中学层面。

(三)研究内容

在研究内容上,如下表所示,教学理念类占比最高,达57.6%。这一类文章多是泛泛而谈,根据日常经验,表明一种观点和态度,可以简单概括为"对刷题持负面评论"。针对具体题目的研究所占百分比为32.9%,但这一类研究普遍太过具体,只是试题分析,缺乏普遍性。综合分析类的占比很少,仅为8.2%,相应的分析全部是经验分析,并没有较为全面的文献梳理,学术性欠缺,难以使人信服。唯一一篇关于刷题方法的研究,其实也只是从软件设计的角度对软件进行优化,并没有涉及的"题海"或"刷题"等内容。

研究内容统计表

研究内容	频数	频率
综合分析	7	8.2%
刷题主体及需求	0	0%
刷题载体	0	0%
刷题方法	1	1.2%
具体题目	28	32.9%
教学理念	49	57.6%
总计	85	100%

(四)研究类型

下表显示了研究类型的分布。从表中可以看出,研究类型呈现出惊人的一致性:一般性分析占了98.8%!也就是说,绝大部分文章就是在泛泛而谈!

研究类型统计表

研究类型	频数	频率
一般性分析	84	98.8％
描述性分析	0	0％
理论检验	1	1.2％
理论建构	0	0％
其他	0	0％
总计	85	100％

（五）研究方法

下表显示了样本论文的研究方法的使用状况。从表中可以看出，研究方法同样呈现出惊人的一致性：思辨研究占了98.8％！教育研究方法与范式的发展是教育学的科学化进程和教育研究自身发展的重要方法论基础。[9] 可见刷题领域研究范式仍然存在单一化问题，思辨研究仍然是主要研究方法，实证研究虽然逐渐受到重视，但比例太小。

科学的进步离不开研究方法的发展。科学方法强调依据相关理论或观察事实，提出研究假设，设计研究方案，收集分析资料，验证或否定假设，以探讨和认识事物真相。一个学科之所以被称为科学，关键在于它有系统的、区别于其他学科的研究方法体系。[10] 教育研究方法是决定教育研究质量的关键因素，它是人们在进行教育研究时所采取的步骤、手段和方法的总称。[11] 对于教育学的学科发展而言，研究方法决定着教育学的科学性质。在研究方法普遍单一的情况下，相关研究的整体学术性自然不会太高。

研究方法统计表

研究方法	频数	频率
思辨	84	98.8％
实证	1	1.2％
总计	85	100％

令人感到欣慰的是，虽然还没检索到有关刷题或题海战术的综述性文献，但已经有不少研究者对教育领域特别是研究方法方面进行过大量的文献回顾。

---

9   鲍同梅.教育学方法论的内涵及其研究视角[J].华东师范大学学报(教育科学版),2008(01):27-32.

10   姚计海.教育实证研究方法的范式问题与反思[J].华东师范大学学报(教育科学版),2017,35(03):64-71,169-170.

11   侯怀银.教育研究方法[M].北京:高等教育出版社,2009:3.

在学前教育研究领域,刘晶波等抽取三所高校学前教育专业 1996—2006 年的硕士、博士学位论文 273 篇,采用内容分析法对近 11 年来我国学前教育领域研究方法的运用状况进行了统计分析[12];在职业教育领域,何文明以人大复印报刊资料《职业技术教育》杂志 2008 年 1～12 期刊发的全部论文为研究对象,对其所用的研究方法进行分类统计[13];在高等教育研究领域内,丁洁以高等教育研究的 5 种主要期刊在 1999—2004 年内发表的 3 909 篇论文为研究对象[14],田虎伟[15]和赵苁蓉[16]分别以 85 篇和 258 篇高等教育学博士学位论文为样本,丁学芳、周燕使用人大复印资料《高等教育》收录的 1980—2007 年间的论文[17],钟秉林等以 2006—2008 年间的教育类核心期刊中涉及高等教育论文的 1 720 篇文章为样本[18],高耀明、范围以 CNKI 中国引文数据库(新)收录的 1979—2008 年间高等教育专题论文中 4 253 篇高被引论文所使用的研究方法为研究对象[19]等,分别对高等教育研究方法的类型和演变进行了统计描述和分析。

此外,陆根书等对 9 种教育领域权威期刊在 2013—2015 年间发表的 2 900 篇学术论文为研究对象进行了分析;[20]姚计海等系统随机取样 5 种期刊 2001—2011 年共 1 073 篇教育类学术研究为研究对象,探讨我国在 2001—2011 年十年间教育研究方法的特点。[21] 这些研究,虽然不是针对"刷题"或者"题海"的,但对教育研究方法的分析和探讨还是有一定参考价值的。

(六)文章学术性

参考文献是一篇学术论文的重要组成部分,客观地反映了作者的研究过程。参考文献的广泛度,意味着研究者的深度和广泛性。参考文献的标引,也表达了作

[12]　刘晶波,丰新娜,李娟. 1996—2006 年我国学前教育领域研究方法的运用状况与分析——基于三所高校硕士、博士学位论文的研究[J]. 学前教育研究,2007(09):15-23.

[13]　何文明. 职业教育研究方法的现状分析——以 2008 年人大复印报刊资料《职业技术教育》为例[J]. 江苏技术师范学院学报(职教通讯),2009,24(04):14-19,23.

[14]　丁洁. 我国高等教育现行研究方法分析[J]. 高教探索,2005(04):77-80.

[15]　田虎伟. 高等教育研究博士学位论文中研究方法的调查分析[J]. 学位与研究生教育,2007(08):31-37.

[16]　赵苁蓉. 2000 年以来我国高等教育学博士学位论文文献计量分析[D]. 苏州大学,2010.

[17]　丁学芳,周燕. 高等教育研究方法的演变——基于人大复印资料《高等教育》(1980—2007)的分析[J]. 理工高教研究,2009,28(02):22-27.

[18]　钟秉林,赵应生,洪煜. 我国高等教育研究的现状分析与未来展望——基于近三年教育类核心期刊论文量化分析的研究[J]. 教育研究,2009,30(07):14-21.

[19]　高耀明,范围. 中国高等教育研究方法:1979—2008——基于 CNKI 中国引文数据库(新)"高等教育专题"高被引论文的内容分析[J]. 大学教育科学,2010(03):18-25.

[20]　陆根书,刘萍,陈晨,刘琰. 中外教育研究方法比较——基于国内外九种教育研究期刊的实证分析[J]. 高等教育研究,2016,37(10):55-65.

[21]　姚计海,王喜雪. 近十年来我国教育研究方法的分析与反思[J]. 教育研究,2013,34(03):20-24,73.

者对引文作者的致意。对于引文作者来讲，引证说明了论文研究的学术价值，引用频次高，意味着研究成果得到的认可度高、学术价值高。同时，论文传播依靠传播载体，传播载体的论文被引用，是载体的成果展示，是对传播载体工作的肯定。传播载体的论文引用比例越高，引用次数越多，表明载体的学术水平越高，影响力越大。[22]

下面 2 个表显示了样本文章的整体学术性。根据统计，样本文章的平均参考文献数量仅为 1.15 篇，平均被引用次数仅为 0.75 次，更是有 61 篇文章"0 引用"、62 篇文章"0 被引"！"0 引用"和"0 被引"，说明这些研究者既不看别人的研究，也没人看他们的研究！

参考文献数量统计表

平均数/篇	1.15
"0 引用"文章数/篇	61
参考文献最大值/篇	16

被引用次数统计表

平均数/次	0.75
"0 被引"用文章数/次	62
被引用次数最大值/次	22

这样的研究现状实在令人忧心。我在读本科期间，经常会遇到需要撰写小论文的课程。同学们所写的论文，就算是"很水"的论文，也会像模像样地找几篇参考文献来装点门面。除非是泰斗级的学术大佬，一般的学术研究，哪敢说"本文不必参考任何文献"啊！[23]

四、小结与建议：时代呼唤高质量的刷题研究

上文中，我以定量的方法，相对客观地分析了与我国刷题、题海相关研究的现状，发现在教育越来越得到重视的背景下，我国开始有了一些有针对性的学术研究，但是研究的数量、质量明显不足，低层次、重复性研究多，创新突破少，特别是缺乏理论研究、实证研究，研究对象的空泛使得研究结果难以有针对性地被直接应用。因为采用了这个领域研究中很少使用的内容分析方法，结合数

---

[22] 马智峰. 参考文献的引用及影响引用的因素分析[J]. 编辑学报，2009，21(01)：23-25.
[23] 中科院院士，物理学、力学、应用数学家钱伟长，在 2002 年 5 月发表的一篇论文中有这样的表述："本文不必参考任何文献……"

量分析与内容阅读,我发现了一些平时较少被关注的问题。当然,在研究内容的编码、内部一致性上还存在一定的研究误差,研究维度也有待在未来的努力中进一步丰富。

那么为什么会出现这样的局面呢?为什么相关的研究数量少、质量低、影响力不大呢?我认为主要有以下几点原因。

一是重视程度不够。 刷题研究不被认为是学术研究的"富矿",较少得到重视,相关的研究自然较少。

二是传统文化与思维方式的制约。 一方面,传统文化因素制约着教育研究方法的使用与完善。另一方面,思维方式中缺乏精益求精的精神,使教育研究缺乏精确性。

三是在我国的教育研究方法培养体系中,逻辑学和统计学方法训练有限。 缺乏逻辑学的训练,使得研究者在开展实证研究过程中,比如在进行文献综述和分析讨论时,经常偷换概念、以偏概全,用貌似符合逻辑的前提,推论出错误的结论或观点。缺乏统计学的训练,使得研究者难以开展实证研究,尤其是量化研究,也就制约其通过对数据的深入分析来获得规律性或事实性的科学结论。

四是实证研究论文的审稿机制不完善。 仍有一些教育期刊的审稿机制缺乏规范,有的期刊甚至只采用审稿人审稿的方式。

教育是一种非常复杂的社会现象:一方面,教育活动是实践主体(包括教师和学生等)不断进行价值选择和实现的过程;另一方面,教育活动又以客观事实的形式展现出来,这是教育实践的一体两面。[24] 诚然,教育学研究方法离不开基于"应然"的价值判断对教育现状及其理论发展的严谨思辨,也需要基于"实然"的事实判断对教育具体问题与规律开展广泛深入的实证研究。

笔者认为,今后的刷题研究,不仅要充分关注价值判断的取向,也要充分强调事实判断的取向。在当前教育研究方法发展背景下,有必要把研究的事实判断取向放在一个重要的位置上,构建更为丰富的教育学研究方法体系,从而有助于建立真正的教育科学。[25]

一是要加强对应试手段特别是刷题的基础理论研究。 基础不牢,地动山摇。一个研究领域成熟的标志是出现了一个能够指导本领域中常规科学活动的范式。

24　仇立平.社会研究方法[M].重庆:重庆大学出版社,2008:32.
25　姚sær海.教育实证研究方法的范式问题与反思[J].华东师范大学学报(教育科学版),2017,35(03):64-71,169-170.

目前刷题领域研究的一个核心问题就是缺乏对基本问题和基础理论的深入探讨。现有的研究缺乏系统的视角对刷题各环节、各要素及其内在联系和逻辑关系的研究，无法有效揭示其生成机理、运作机制、内部结构和变迁路径等。因此，相关学者有必要加强理论研究，使得有关研究在得到夯实的理论基础上更好地指导现实问题，并能够在理论交锋中不断走向成熟。

二**是要增强研究结论的实操性和针对性**。刷题是一项实践性很强的活动。虽然考生的刷题需求、刷题内容、刷题方法有一定的共性，但我国考生数量众多、考试类型繁杂，考生的刷题需求也是高度多样化、个性化的，既包括知识、能力等大类，又包括知识和能力的多种构成要素，如决断能力、沟通能力等。使事情更为复杂化的是，知识和能力不是抽象的，从来不存在抽象的刷题，只有具体的刷题，而空泛的、缺乏针对性的研究往往达不到应有的研究效果。在未来的研究中，学者应加强和考生的联系与互动，通过理论与实践的紧密结合，基于不同的考试类型特点、考生个性需求，有针对性地开展调查、分析和探索，并最终落实到具有实践性的刷题实操上来。

三**是要注重研究方法的规范性**。科学的研究方法是实现研究目标的关键因素。无论是认识论中的规范性研究和实证性研究，还是方法论上的定性研究和定量研究，都要遵循一定的研究规范。从上文的研究中我们看到，受我国传统研究方式和价值取向的影响，加之在研究方法上接受的系统性培训不足，相关学者在进行与刷题有关的研究时，往往局限于应然地、定性地、简单经验总结类的分析，缺乏调查研究和相关数据的支持，也缺少严密规范的理论归纳和演绎。在未来的研究中，相关学者应秉承"道术兼修"的理念，全面提升自己在这一领域的研究能力和理论构建能力[26]，更好地推动相关研究深入开展。

第二节　整合刷题的价值理性与工具理性

刷题，就是一个短时间、集中性、针对性、大容量、高频次的备考策略。说白了就是"多做题"。对考生个体而言，刷题是一种备考策略的个人选择，从宏观角度看，刷题同样也是一项公共政策，这种政策的理性精神是其生命和灵魂，刷题本身的技巧性和复杂性更凸显了理性精神的重要。

26　蓝志勇，刘洋.建设"学习型组织"推动"组织学习"与制度创新[J].学海，2012(03)：95-101.

在我国现行政策体系下,刷题不是一个被传统话语体系鼓励的事物,也不是一个被系统研究的领域,却是一个在备考实践中被不断使用乃至受到推崇的策略选项。然而我们对刷题是否真正了解?刷题是否有其功效?刷题作为一种备考策略是否值得被施行?广大考生对高效备考方法的需求和社会对教育的日益重视,迫切需要强化刷题策略的"合理性"。

本文从"合理性"的角度审视刷题。马克斯·韦伯将"合理性"分为价值理性和工具理性。根据前文对刷题的文献回顾,可以看到刷题是一个典型的固有价值盲目、政策工具不成熟且绝对价值理性和绝对工具理性存在一定程度背离的政策领域。笔者将针对需要厘清的价值争议问题,刷题工具的效力和无力及如何整合价值理性和工具理性作出探讨,以期为广大考生备考策略的制定提供理论依据和决策参考。

一、刷题的价值理性和工具理性

按照韦伯的理论,政策的价值理性强调政策决策对固有价值的纯粹的、无条件的信仰,认为只要决策动机端正、程序正当,不论结果如何,政策都是合理的;而工具理性是种工具崇拜和技术主义,重视定量化、规范化和精确化的方法论,其核心目标是效率最大化。[27]

具体到刷题,不单是一个私人化的备考方案,同时也是作为一项公共政策的存在。公共政策是公共权威当局,为解决某项公共问题或满足某项公众需要,所选择的行动方案或不行动。[28] 刷题作为一种政策,就是主体对刷题的采纳与不采纳、施行与不施行,其价值基础具有明显的主体依赖性,不同的主体基于不同的价值观而对刷题采取不同的态度。

我们可以看到,在备考实践中,关于刷题有四种迥异的价值观念居于主流地位。

第一种是以相对保守的价值取向为基础,以风险规避为重要目标,以沿袭旧例为主要表现形式,以相关部门、校方、教师为代表的"佛系刷题"模式。

众所周知,每年各个省份、各个地市都要组织多次大规模的模拟考、质量检测、联考等考试。考试过后又是各种的排名、分析、反思。学校有升学压力,家长有升

27　马克斯·韦伯.经济与社会(上卷)[M].林荣远,译.北京:商务印书馆,1997:56.
28　张成福,党秀云.公共管理学(修订版)[M].北京:中国人民大学出版社,2007:96.

学焦虑，考生有成绩压力，再怎么强调综合素质，可高考的指挥棒就在那里，压力层层传导下来，只要还是"一考定终身"的选拔方式，只要优质教育资源仍然是稀缺的，那么系统性的"佛系刷题"就不可避免。

第二种是以相对经验性的价值观念为基础，以从众做法为主要表现形式，以考生、考生家长为代表的"心灵刷题"模式。

对于家长来说，虽然已经远离校园多年，但高考记忆仍然鲜活。典型话语就是"我以前就是这么复习的，我的孩子自然也要这么复习""老师毕竟是专业的，那孩子就得听老师的"。

考生大多还未成年或刚刚成年，心智不成熟，社会阅历也不够丰富。通常会想："布置的作业大家都做，那我也做就是了（即便我也觉得这些作业好像没啥用）。"其实很多考生不知道为什么这么做，也不知道自己到底在做什么，就是这么稀里糊涂地随大流。

第三种是以相对自由的价值观念为基础，以还原主义为指导，以市场化手段为原则，以相关行业从业机构为代表的"金钱刷题"模式。

我们要明白一点，不可能说有钱了就一定会成绩好，人民币并不能必然转化为高分数，天底下没有这样的道理。

第四种是以学术领域为代表，以"致命的自负"为支配，认为刷题没价值、不值得研究。

从前文的文献回顾中我们有一个明显的感受，就是我国研究者普遍认为，刷题似乎并不是个值得认真研究的领域，似乎不具备太大的学术研究价值。他们认为，刷题不过是"雕虫小技"，真的没什么可研究的。他们陷入了一种"致命的自负"里，不可自拔。有哲人曾这样说："我们必须自我警惕，切不可认为科学方法的实践增强了人类理智的能力。以为在一个或数个科学领域里出类拔萃的人士，在思考日常事务上也会聪明过人——与经验相悖者，莫此为甚。"我们会在下文的技术理性中看到，刷题是完全值得被研究的。

现代社会价值的多元性和包容性使得否定某种价值观成为一种略显狭隘的表现。虽然看起来很难判定这四种价值观念孰优孰劣，但是对优秀成绩的向往和对优质教育资源的珍视是这四种价值观毋庸置疑的共同价值意识。无论是相关部门还是校方，无论是家长还是辅导机构，无论是专家学者还是考生本人，谁不希望考生能考出一个好成绩？谁不希望考生尽可能地获得更优质的教育资源？谁不希望考生综合素质强悍、自身全面发展？那些说学生考不上好学校也有很好选择的人，这"福气"给你自己家孩子要不要啊?

不可否认,这四种价值观念都有一定的合理性。但当我们的视角转移到刷题的工具效力,却发现对刷题工具效力的质疑是广泛存在的,有关刷题的"五个悖论"和"三个怪象"大行其道,这应当引起任何一个有上进心的考生的警惕和反思。

以下是"五个悖论"。

①刷题有害论。这种论调的核心意思就是刷题有害,刷题不好。至于怎么不好,那"罪名"可多了去了,诸如"扼杀创新""有违素质教育""不够现代化""培养不出人才"乃至"误国误民"等。

②刷题无用论。这种论调的核心意思就是刷题无用,起不到提高成绩的作用。主要依据有"自己尝试,但失败了""别人尝试,但失败了""有人的成绩提高了,但没刷题""刷题过时了""老师说刷题没用"等。

③刷题简单论。这种论调的核心意思就是刷题很简单,是个没有技术含量的事情。常见表述有"不就是刷题嘛""不就是多做题嘛""不就是熬夜嘛""我已经刷了××资料了""我去刷点题"等。

④三轮复习论。这种理论的核心表述是:高三(初三)备考要采取三轮(阶段)复习的划分方式,第一轮复习打基础,第二轮复习做专项,第三轮复习做套卷。可以说三轮复习论在我国中高考复习中占据统治地位。

⑤高考例外论。这种论调的核心意思就是高考跟其他所有的考试都不一样,任何应试方法都不适用。与之类似的还有"小升初例外论""中考例外论""公考例外论""考研例外论""期末考试例外论"等。可以简单理解为,考生要参加什么考试,这个考试就是最特殊的。

上述关于刷题的"五个悖论",也相应引发了关于刷题的"三个怪象"。

①在关于刷题的研究上,搞"刻板印象""有罪推定",刷题成了人人喊打的过街老鼠。

②在对待刷题的态度上,说一套做一套,"形式上反对"与"实际支持"共存。

③在刷题的具体操作上,像没头苍蝇一样,急于求成,毫无成效可言(下文中将其命名为刷题的"斯芬克斯之谜")。

为什么不能正视刷题呢?

《三体》中的一句话或许能够解答:弱小和无知都不是生存的障碍,傲慢才是。这"五个悖论""三个怪象",林林总总,归根结底,就是人们心中对刷题的那种居高临下的傲慢，它遮蔽了人们的双眼、堵塞了人们的耳朵。正如毛主席所说："我们许多同志缺乏分析的头脑，对于复杂事物，不愿作反复深入的分析研究，而爱作绝对肯定或绝对否定的简单结论。"[29]

那么多人说刷题"十恶不赦"，可是他们没有告诉过你刷题为什么不好？不好在哪里？不刷题怎么提高成绩？有没有可以替代的策略？

所以，要真正面对自己的内心，培养独立思考的习惯和能力，以务实的态度去对待刷题。

(1) 对"刷题有害论"的反驳

第一，不能脱离剂量谈毒性。

一味药对人体有没有毒，实际是要看它的摄入量。正常人每天摄入不超过5克维生素C就能满足身体需求，如果摄入得过多，则可能会出现"维生素C中毒"，症状有腹胀、皮疹、结石、指甲发黄等。

任何药物都有副作用，过度用药还会产生药物性肝损伤，那么我们生病就不吃药了吗？显然不是的，我们只能说，相比于药物的副作用，它的正面作用更大，相比于吃药带来的损伤，不吃药带来的损伤也更大。

退一步讲，即便刷题有害，我们也是可以和它和平共处的。我们都知道有些细菌对人的身体有害，可有研究认为一个100斤（1斤＝500克，全书同）重的普通人，肚子里就有大概2～3斤的细菌！如果两个人接吻10秒，就会交换8 000万个菌群！

就算刷题有害，只要副作用在可承受、可控制范围内，那用一下也无妨吧？

同理可得，脱离刷题的"量"，来空谈刷题的"毒"，是没有实际意义的。再者说，刷题有害，不刷题就无害了吗？也许不刷题无害，可不刷题确实很难考出满意的成绩。

第二，题目本身就是知识，刷题就是一种"逆向研究"，刷题能力更是考生综合素质的重要体现。

我们都知道"知识就是力量"，可力量不会凭空存在，它一定要显现在一定的物体上，作用在一定的物体上。知识的存在形式、获取来源有很多种，课本上讲的知识是知识，卷子上的题目也是知识，只不过是一种碎片化的知识。

整体和碎片，就是共性和个性、一般和个别之间的关系。普遍性存在于特殊性

29 中国中共文献研究会编订. 毛泽东箴言[M]. 北京：人民出版社，2009：351.

之中,特殊性中包含着普遍性。我们不可能脱离一个又一个的具体题目去空谈知识体系。比如说,我们要去认识"森林"这个概念,我们既可以通过卫星图片来看到森林的全貌,也可以走进森林,通过发现一棵又一棵的树木来认识森林。

对于应试来说,对知识体系整体的理解和对每一个具体题目的掌握同等重要,我们不能因为题目的碎片性来否认题目本身的价值。问题的关键在于,我们如何去充分适应并利用题目的碎片化特点,如何在一个又一个的碎片中深化对整体的认识,进而将一个又一个的碎片搭建成一个属于自己的"小知识体系",用自己的"小知识体系"去应对考试。

正是在辨别、识记一个又一个碎片的过程中,我们的记忆能力、理解能力、创造能力得以提升,能够真正用自己的"小知识体系"去理解把握"大知识体系"。

整体和碎片不可偏废,但在备考实践中,我们往往强调对整体的把握而忽视了对碎片的强调。"矫枉"还需"过正",这也是本书反复强调刷题的用意所在。

题目是知识,那么作为一种识记、理解、整合题目的方式,刷题更是考生综合素养的重要体现。再高的综合素质,终归需要一个客观的评价标准。如果考生的综合素养真的超级强,那刷题也一样会很强,成绩也一样会很高。如果考生的应试成绩很差,只能说明他(她)的综合素养还不是真的强。在绝对的高素质面前,一切刷题都不过是砍瓜切菜;在绝对的硬实力面前,一切题目都不过是送分上门。

第三,有害的是错误的、低效的、机械的刷题方式。

我们都说跑步有益身心,可错误的跑步姿势只会危及自身;我们都说匕首不好,可凶手用匕首杀人,罪过在匕首身上吗?所以怎么会是刷题有害呢?明明是错误、低效、机械的刷题方式有害,而不是题目本身有害,更不是刷题有害。

错误的刷题方式如同药不对症,对目标的实现毫无用处,甚至是背道而驰;低效的刷题方式有如老牛拉破车,缓不济急,等到出现成效黄花菜都凉了;机械的刷题方式呆板刻意,空耗精力。如果陷入了这样的刷题方式中,只会让人丧失信心,进行错误的归因,把罪过一股脑地推到刷题头上。刷题有很多种方式方法,一种不行可以换其他的啊!

(2)对"刷题无用论"的反驳

第一,刷题一定有用,无非是用处大小罢了。

我们在生活中所经历的任何事情,所做的任何尝试,都会有收获,都会有其用处,无非是收获大小、用处大小罢了。生活是个连续的统一体,我们对未来的理解植根于我们对过去的理解,正所谓"凡是过往,皆为序章",过去的一切只是我们今后故事的一个序言罢了,那我们存在的此刻,也同样是未来的过往,也同样是未来的序章。再坏无非就是"负作用",那就是经验教训喽。

刷题一定有用,只是这种用处可能一时感受不到或者理解不了罢了。好比生病吃药,用药见效尚且需要一个过程,更何况刷题呢!

第二,经过刻意练习,人人都可能成为行家。

熟能生巧,古人早就认识到刻意的训练对于技能掌握的重要性了,战国时期的庄子就写过《庖丁解牛》来说明这个道理。

著名钢琴演奏家郎朗曾说过:"音乐,不管你是谁,如果不练,也不行。昨天弹得再好,和今天没有任何关系;今天弹得再好,和明天也没有任何关系。"[30]现代心理学上有一个"刻意练习"的理论,更加系统地说明了练习的意义。

所谓练习,就是怀着实现某个既定目标的有意的意识与意图,来反复参加某项活动。

练习与学习相似,但并不相同。练习这个词意味着我们的意识与愿望的存在。而学习这个词则不存在意识与愿望。我们在练习某件事时,本着达到某个特定目标的意图,刻意地、反复地参与练习过程。刻意和意图这些词,在这里是关键,因为它们定义了主动练习某件事情与被动了解某件事情之间的差别。[31]

 知识链接

刻意练习[32]

刻意练习原则的研创者是美国心理学教授安德斯·艾利克森,他研究多个行业或领域的专家级人物后认为:"不论在什么行业或领域,提高表现其水平的最有效办法,全都遵循一系列普遍原则。"他把这种通用的方法命名为"刻意练习"。依据他的观点,普通人如果能够掌握正确的训练方法,即时获取反馈,并且保持刻意练习,便能够逐渐掌握一项技能,甚至达到大师水平。而要实现这个目标,关键在

30　郎朗谈练琴:哪怕你是神,如果不练也不行![EB/OL].搜狐网,2019-06-04[2022-05-06]

31　托马斯·M.斯特纳练习的心态:如何培养耐心、专注和自律[M].王正林,译.北京:机械工业出版社,2019:2,31.

32　陈有正.刻意练习原则在复习中的实践[J].中学政治教学参考,2020(01):68-70.

于是否"在足够长的时间内进行正确的练习"。

对于学生来讲,习题练习是学生最基本的独立学习活动,是学生巩固知识、形成技能的重要手段。[33]在刷题的循环反馈中,学生学习的自主性更强,主体地位更突出,也更有利于培养和开发学生独立思考的思维能力。

题目不经练习,怎么可能熟悉呢? 即便最反对题海战术的人,也不能彻底否定做题的意义吧?

第三,无用的最坏结果无非是失败,然而失败恰是成功之母。

心理学上有个概念叫成就动机,是指个人追求进步以期达成自认为重要或有价值目标的内在动力。成就动机包含的内容很多,如地位、名誉、声望、实力、绩效、优势等。有研究者认为,成就动机包含着两种彼此抵消的心理作用,即希望成功和恐惧失败。[34] 一个人的成就动机越高,希望成功的动机就越强于恐惧失败的动机,并且为了获得成功后的快乐,他(她)倾向于选择比较困难的工作;反之,一个人的成就动机越低,对失败的恐惧就越大于对成功的期望,因此为了避免失败的痛苦,他(她)只能选择比较容易的工作。

作为考生,其实最不值得恐惧的就是失败。失败有两种:一种是无关痛痒的失败,另一种是不容有失的失败。对于高三考生来说,只有高考是不容有失的,别的什么模拟考、联考都只有参考意义而已。对于参加中考、公考、考研的考生来说也是一样的。

实践的失败往往是认识变革的开始。[35] 我们如果想取得最终的胜利,那就必须多积累经验。不过同时也要注意,"失败确是成功之母。但是虚心接受别人的经验也属必须,如果样样要待自己经验,否则固执己见拒不接受,这就是十足的'狭隘经验论'"。[36]

失败并不可怕,多次失败也不可怕,可怕的是看不到希望。既然刷题能给你希望,那么你连尝试一下的勇气都没有吗?

第四,刷题虽然"老土",可"老土"的东西就一定要淘汰吗?

有的考生认为,刷题作为一种提分手段已经过时了。这样的看法实在是没有

33　王福文.高中生物学习题练习教学反馈的有效性[J].生物学教学,2019,44(07):43-44.
34　黄希庭,郑涌.心理学导论[M].北京:人民教育出版社,2015:216.
35　张文木.世界地缘政治中的中国国家安全利益分析[M].北京:中国社会科学出版社,2012:15.
36　中国中共文献研究会编订.毛泽东箴言[M].北京:人民出版社,2009:170.

道理。几百万年了,人类也是用嘴吃饭;几千年了,人们把文字印在纸张上面,现在依然把文字印在纸张上面,即便出现了电子介质,纸质材料也永远不会被淘汰。古老的东西未必是不可行的,时代怎样变迁也改变不了它们的价值,它们依然有存在的意义。我们当然不需要大肆鼓吹刷题,因为刷题需要下苦功夫、硬功夫、笨功夫,如果你有其他的"灵丹妙药",欢迎尝试。

(3)对"刷题简单论"的反驳

第一,如果刷题很简单,那么人人都能考出好成绩。

通常来讲,你认为很简单的事情,大多数人也都会认为很简单。可如果刷题真的特别简单,那么人人都能轻松掌握,人人都能考出好成绩。如果刷题那么简单,就无法解释人与人之间成绩的巨大差异,每个考生的成绩区间应该都很接近才对。显然这是与事实相悖的。

我们都知道,一个班级里的优等生是有限的,一个省里的一本名额也是有限的。正是因为刷题有一定难度,有一定"技术含量",所以掌握刷题技巧的只能是少数考生,而不是大多数考生。

第二,认为刷题简单,还只是停留在"看山是山,看水是水"的认识阶段。

宋代禅宗大师青原行思提出了参禅的三重境界:参禅之初,看山是山,看水是水;禅有悟时,看山不是山,看水不是水;禅中彻悟,看山仍是山,看水仍是水。[37]

认为刷题简单,就说明这种认识还处于参禅的第一层境界,仅仅是认识到了刷题的概念,了解到了刷题的大概内容,并没有明晰其真正内涵。在开始正视刷题、认真研究刷题后,会发现刷题并没有那么容易,也是一个复杂的系统工程,变得困惑、迷茫,这也就进入了第二层境界。等到真正领悟了刷题的原理和要点,掌握了刷题的各种技巧并亲身实践之后,这才进入第三层境界。这就是对刷题的认识在哲学层面的一种解释。

心理学上邓宁-克鲁格效应与之类似。它是一种认知偏差现象,指的是能力欠缺的人在自己欠考虑的决定的基础上得出错误结论,但是无法正确认识到自身的不足,无法辨别错误行为。这些能力欠缺者们沉浸在自我营造的虚幻的优势之中,常常高估自己的能力水平,却无法客观地评价他人的能力。研究者通过大量研究发现:能力差的人通常会高估自己的技能水平;能力差的人不能正确认识到其他真正有此技能的人的水平;能力差的人无法认知且正视自身的不足以及不足的极端

37　蓝志勇.谈中国公共管理学科话语体系的构建[J].国家行政学院学报,2014(05):33-38.

程度。如果能力差的人能够经过恰当训练大幅度提高能力水平,他们最终会认知且能承认他们之前的无能程度。

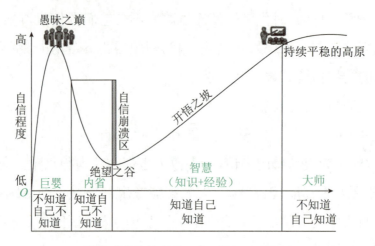

邓宁-克鲁格效应(Dunning-Kruger Effect)

以此来看,认为刷题简单,只是还处于"不知道自己不知道"的愚昧山峰阶段!

第三,低效刷题特别简单,科学高效刷题特别难。

低效乃至无效的刷题和"三天打鱼两天晒网"式的刷题谁都可以做到,但科学高效刷题不是一个人人都能掌握的技能。可以说,刷题是入门易、精通难,开始易、坚持难,"易为而难成,难成而易败"。

因此,认为刷题简单,实在是个致命的误判。

(4)对"三轮复习论"的反驳

故事越简单,就越容易理解,也就越容易传播。很多我们津津乐道的故事,也许真的就是些故事而已。它们被精心包装、设计,抑或在传播过程中被添油加醋,距离真实越来越远。没有人愿意去揭穿它们,大家都心照不宣。

"三轮复习论"就是这样一个既简单,又广为流传,但没什么实际价值的"故事"。

日常生活中,我们最常听到的无非就是各种逆袭的故事了。但故事里的主人公们不会告诉你的是:在这个过程中,有多少比例是运气的作用,有多少比例是实力的作用,还有多少比例干脆就是随机和偶然性;他们曾做错过什么,走了哪些弯路,吃了什么亏,错过了哪些机会,付出了什么样的机会成本。说了这么多,那么对于成功的考生,我们应该关注和学习的是什么呢?那就是可复制的成功经验。

这也正是我提出许涵仁有限刷题法的本意:创设一套可普遍应用的刷题方法来惠及更多的考生。

简而言之，可以用以下三个标准去筛选一下：①这套方法，是为了解决一个什么问题？②跟传统方法相比，这套方法能将效果提升多少？③我能够复制这套方法吗？

而一切的立足之本都应该是：这对我有什么启示，我能从中学到什么？否则，听再多故事，拥有再多谈资，读了再多观点，成功也不会自己来敲门。

下面，我们来具体驳斥一下"三轮复习论"。

第一，"三轮复习论"并无科学理论支撑。

"三轮复习论"在高三教学实践中处于统治地位，影响力之大无出其右。但这种理论不仅没有拯救广大学生于水火，相反，它还在教学实践中被推向极端，甚至导致了众多考生应试失败，这个现象值得我们深思。

通过文献回顾，我们可以看到，有关三轮复习的大量论文中，几乎没有任何实证研究。也就是说，学术界始终没有对以下 3 个涉及三轮复习的问题进行有力的回应：

①三轮复习的理论依据是什么？

②为什么要在教学实践中大规模地推行三轮复习？

③三轮复习到底有没有用？用处有多大？影响实际效果的因素有哪些？如何改善？

这让我想起了一句话：我们为何要遵从大多数呢？是因为他们更合理吗？不是的，只是因为他们更强势。[38] 虽然"三轮复习论"大行其道，但未必值得我们每一个考生去采用。我们必须审慎辨识值得学习的东西是什么。[39]

第二，主体缺位是"三轮复习轮"的重大缺陷。

"三轮复习论"中看似有刷题的一席之地，但实际上刻意淡化了刷题的作用。"三轮复习论"秉持"以课本为中心、以讲授为手段"的应试理念，而刷题则坚持"以题目为中心、以练习为手段"的应试理念。这二者之间是有巨大差别的。

课程讲授的主体是教师，题目练习的主体却是考生。主体的差异自然导致了效果的差异。应试的主体是考生而不是老师，老师讲得再好，考生做题不多，照样会一败涂地。老师的讲授往往缺乏主体针对性，一味地跟随老师的进度走，很可能导致考生学习的被动。举例来说，一个班有 60 名学生，但数学老师只有

38 帕斯卡.人是一根会思考的芦苇：帕斯卡的哲思语录[M].李东旭,编译.苏州：古吴轩出版社,2018：139.

39 刘小枫.拥慧先驱：走向政治史学[M].上海：华东师范大学出版社,2019：337.

一位。60名学生的情况各有特点,遇到的学习难题也各有不同,但老师不会为每个学生设计不同的教学计划,去帮助单个学生有针对性地解决他(她)的难题,老师只能制定一个相对普遍的教学方案以保持基本协调的进度。所以,学习能力较差的学生很容易掉队;学习能力特别好的学生也很难得到老师足够的精准支持。

第三,"三轮复习论"的致命缺陷在于其"无限记忆"的理论假设。

"三轮复习论"的致命缺陷在于,"三轮复习论"是建立在"无限记忆"假设之上的,而这种假设在现实中并不成立,"三轮复习论"理论上的合理性与实践上的不可行性之间存在着根本冲突(事实上,就连理论上的合理性也很勉强)。

复习分成三个阶段,其隐含意思就是考生的记忆不是无限的。通过一次性记忆到的内容,不足以支撑整个应试要求,因此必须拆解成三个阶段。这三个阶段的划分和主要任务的规定是一个线性的排布,先有第一轮,再有第二轮、第三轮。可是"一尺之棰,日取其半,万世不竭",这每一轮的内容是否能够完全记住呢? 很难。如果是对第一轮的内容再重复两遍或许还有点作用。考生是不具备无限记忆能力的,第一轮的内容根本就没记住,就被裹挟到了第二轮、第三轮,虽然三轮都跟着复习了,可效果很难尽如人意。

建立在"无限记忆"之上的"三轮复习理论"实际上是个悖论。产生这个悖论的原因是沿着这条路线应试的同学,大部分是"配不上"这条路线的——他们没有足够的记忆能力去实现既定目标。

这种悖论可能是历史没有提供足够多的教训,也可能是应试失败者都不愿再旧事重提。这带来的结果是,历史教训不仅没有引起广大考生们的警觉,相反,"三轮复习论"在大量的后发学霸中、教学实践中还得到激赏并被大规模地推向实践。"三轮复习论"反映了传统教学模式自身不可克服的内在矛盾,有相当的经验教训值得汲取。

(5)对"高考例外论"的反驳

第一,和别的事情相比,考试不过是件小事。

鲁迅曾写道:"楼下一个男人病得要死,那间隔壁的一家唱着留声机,对面是弄孩子。楼上有两人狂笑;还有打牌声。河中的船上有女人哭着她死去的母亲。人类的悲欢并不相通,我只觉得他们吵闹。"近年来每年参加高考的有一千多万人,可中国有14亿人,0.7%的比例罢了。在同一时刻,有很多国家在打仗,有很多难民在流浪,有很多人在做着几百亿的大生意。在考生眼中天大的考试,在别人眼里真的也就那么回事。一切都会过去的，对考试当然要重视，但也没必要极端在意。

第二，和别的考试相比，高考没什么特殊的。

总是有学生、家长强调高考的特殊性。作为经历过中考、高考、公考、考研等诸多大型考试的我，可以很负责地说，高考相比于别的考试，没什么特殊性，没必要抱着高考例外的论调。小升初、中考、考研、公考、司考，哪个比高考轻松？只要优质资源还是稀缺的，只要考试还是公平的，就没有一个考试会是轻松的。

高考和别的考试相比，无非就是参与的人数多一点，社会的关注度高一点，规范性更强一点罢了。高考是闭卷的，别的考试也是；高考是排名的，别的考试也是；高考有复习材料，别的甚至连往年真题都找不到（比如考研中部分的专业课就很难找到真题）。

第三，和别的技能相比，高考也没什么特殊的。

高考需要练习、需要备考，考驾照就不需要吗？高考需要琢磨各种解题技巧，修理汽车就不需要琢磨吗？从本质上讲，高考就是个熟能生巧的事，看上去复杂得不得了，掌握了之后，也就那么回事。高考和修车、修飞机、保洁没什么本质的区别，它们都没有超脱巴甫洛夫发现的条件反射现象。

在经典条件作用原理的框架内，技能的获得主要就是习得与消退。说白了，学会一项技能，然后忘了，然后再学，再忘……

有习得，就有习得性无助。所谓习得性无助，是指个体经多次痛苦的折磨所形成的绝望心态，即使有摆脱痛苦的机会也没有勇气去争取。在高考这样一个竞争激烈的环境下，要想出类拔萃，必须付出许多艰苦卓绝的努力，特别是对于一个快要成年的孩子来说，要克服更多心理上的压力来面对高考这个"成人礼"。

以上是对这五个悖论的反驳，下面是对三个困局的破解。

（1）破解关于刷题的研究困局

通过文献回顾，我们可以看到一个令人困惑的图景：在关于刷题的研究上，大搞"未审先判""有罪推定"，几乎没人为刷题"说好话"，刷题成了人人喊打的过街老鼠，但刷题为什么有"罪"，"罪"在何处，却罕有人研究。

其实大家从生活经验也能感受出来。平常老师们说起来就是"光做题没用""题海战术不可取""必须看课本""要先打基础"之类的话，专家们的观点全都是"不要就知道做题"之类。我们先找一篇报道来具体分析一下（下画线为笔者标注）。

"考试风格"变身背后　专家:"题海战术"行不通[40]

考试季,中高考试题又成为人们的谈资:有赞赏,有懵圈,有质疑……

"普高生默默走开,美术生你们赢了。维纳斯,你成功引起了'00后'的注意!"

"本来以为数学换汤不换药,谁知今年连碗都换了。刷题无数遍,败给一片云。"

在高考数学考完后,全国Ⅰ卷、全国Ⅲ卷的数学题就立马上了热搜。

"昨晚做梦得了89分,以为是噩梦。今天一考试才知道,是美梦。"

在接下来的地方中考数学中,也得以窥见考生的心酸。

在一段时间内,人们常常会发现,高分段学生有不断增加的趋势。今年试题风格如此转换,让人一时摸不着头脑:试题是变难了吗? 有超纲没有? 难度增加是不是会加重学生负担? 课外班会不会又火爆了? 试题风格转变背后,传递的信息是什么?

Q疑问:试题难,是否超纲?

A专家:每道题都经过专业审定,不可能超纲。

难,可以说是网上对这次高考数学试卷最直接的概述。

"根据学生的反馈,今年上海高考数学比去年要稍难些,但没有超出上海高中教材的范围。"上海海事大学附属北蔡高中高三数学教师傅顺林表示,具体的难度还是要等上海市的平均分值公布之后,和去年做个比较,才能有比较客观的评价。

"考试的难和易总是相对的。考试难度的确立标准是适中,即试卷的难度指数大约在0.5左右,不宜低于0.3,也不宜高于0.7。"北京大学考试研究院院长秦春华介绍,中高考命题是非常严肃的事情,不会由某一个人来完成或主导。每一道题目都经过命题组的反复研究斟酌,以求万无一失。

如何看待高考、中考这种大规模选拔性考试的难易度?

"考试难度可以分为两种:一种是内容难度(绝对难度),另一种是相对难度。"浙江省教育考试院副院长、研究员边新灿解释,按照测量专家卢正勇的定义,内容难度(绝对难度)是根据教学目标要求衡量的试题难易程度,主要依据试题所属的

40　环球网."考试风格"变身背后　专家:"题海战术"行不通[EB/OL].2019-06-29[2022-05-06].

认知水平层次，试题考核的知识面、知识深度，解题的推理步数、技能技巧等方面综合评定。相对难度则是实测难度，是考试后根据实际成绩统计形成的难度。《2019年普通高等学校招生全国统一考试大纲总纲》提出，高考应具有较高的信度、效度，必要的区分度和适当的难度。

"每年命题，难度系数基本要求保持平稳。高考命题不允许超纲，对每一道题是否超纲都有专业审定，不可能超纲。"中国教育在线总编辑陈志文说。

"一套试卷里的试题总是有易有难，整卷难度应该适中，让不同水平的同学都有获得感、成就感。"边新灿认为。

Q 疑问：考试风格是否变了？

A 专家："题海战术"行不通。

在教育变革的时代，考试无疑也处在变革之中。

"新的题型在考试中越来越常见，对能力要求的提升，实质上意味着通过'题海战术'来提分已经行不通。"傅顺林表示，"高考完全靠题海战术是拿不到高分的，只能得到一些基础的分数。就拿每年的'压轴题'来说，学生往往会觉得比较难。单个知识点比较简单，如果两个以上知识点融合在一起再拔高，一些学生往往没有能力综合在一起，它更要求学生把知识点横向、纵向连贯起来解决问题，这涉及阅读理解、分析问题、解决问题等多种能力。"

教育部考试中心命题组专家在对 2019 年高考数学试卷进行分析时提出，试卷着重考查考生的理性思维能力，综合运用数学思维方法分析问题、解决问题的能力。突出学科素养导向，注重能力考查，全面覆盖基础知识，增强综合性、应用性，以真实情境为载体，贴近生活，联系社会实际，在数学教育、评价中落实立德树人的根本任务。可见，渗透数学文化，稳中求新，引导学生从"解题"到"解决问题"能力的培养正是近些年数学中高考命题所强调的。

北京多位教科研专家在对 2019 年北京中考数学试题解析时表示，试题着重考查了学生对学科本质的理解，从数学的角度思考问题和运用数学知识解决实际问题的能力，让学生在数学的学习中有获得感，引导教学回归学科本质，关注数学思维，做到学以致用。

"做卷子一做半米高，三年能做五千张。"一些专家给记者这样描述部分考生的题海战术训练。相对于其他学科来讲，数学本身就是一门启发人思维的学科，需要创新意识。在采访中，不少老师也表示，教学应该让学生找到自己的兴趣点和发展方向，拓展自己，而不是反复为一个知识点来做重复训练，泯灭创新意识，为分数

"锱铢必较"。

Q疑问：课外班是否又一票难求，负担会不会越来越重？

A专家：学生学习的主渠道还是学校。

"这下好，暑假起一堆补奥数的班又该火爆了。"一些家长感慨。

很多家长有这样一个心结：到外面学肯定可以多学一些。傅顺林说，题目变难会使一些家长认为学校的教学难度达不到，就跑到课外学。对于学有余力的学生，报一个课外班也是可以的，但学生学习的主战场还是学校。无论是教师还是学生，都要提高课堂效率，课堂效率提高了，学生的成绩提高，各方面能力也得到了培养。"因为学校的教学是一个整体，高中阶段有完整的教学计划，课外班毕竟只是局部和补充。高考是公平竞争的，试卷的难易对每个人都一样，没有必要为高考试题难度焦虑，还是要着眼于教材、大纲中的能力要求。"

"学生的学习要随考试的要求而改变，主渠道仍然应是学校。"记者在采访中，不少专家认为面对考题的变化，学校应当有相应的调整，家长需要有足够的判断能力，要结合学生的强项、弱项来做好复习。

北京师范大学附属实验中学教师于晓冰建议，高二和初二的考生不要因为有个别学科、个别试题的变难就乱了阵脚，去钻研那些偏难险怪的试题，仍旧要在基础知识、基本能力上打好基础，即使要提高，也应该在"双基"扎实的基础上提高。虽然有一些试题看起来很难，但使用的公式定理等，仍旧属于"双基"范畴，并未超纲，关键是要对这些内容能够透彻理解灵活运用。

好的命题，凸显考试的价值。这样一种文理兼容，走向生活的命题，这样一种"真实"的、以解决实际问题为导向的学习，将对中学教学提出什么挑战？

傅顺林表示，在平时的教学中，老师不仅要把知识教给学生，更要把分析问题、解决问题的思路传授给学生，还要对不同层面的学生提出不同的要求，能力强一些的学生更侧重于解决问题，弱一些的学生更注重夯实基础，但无论是哪一类学生，最终还是培养其分析和解决问题的能力。

当前，考试对于教学的影响作用或者说指挥棒作用还是比较明显的。秦春华认为："当下要完全破除围绕升学开展教育教学的状况恐怕并非易事。一个比较现实的选择路径是，承认考生和家长追求上好大学这一理想的合理性，在他们实现理想的过程中，用一只'看不见的手'引导他们自动实现教育政策制定者希望实现的目标。"这只"看不见的手"就是深化考试命题改革，通过优化考试内容，创新试题形式，科学设置试题难度，加强命题能力建设等措施，再加上与高校招生制度改革的互动,从而切实提高基础教育育人水平,为学生适应社会生活、接受高等教育和未来职业发展打好基础,实现基础教育的目标。(记者　靳晓燕　周世祥)

这篇报道看上去足够理性、中立、客观,也非常典型,它不仅适用于2019年全国卷的数学,把报道里边的2019换成2010、2020、2025、2030都可以,数学换成语文、英语、综合,也都可以套用。专家的观点正确吗?当然正确,不仅正确,而且对教学实践具有一定的指导意义。但是对于考生来说,有什么用吗?没什么用。

凡事就怕认真,我们就来逐句分析一下专家的观点:

原文:

新的题型在考试中越来越常见,对能力要求的提升,实质上意味着通过"题海战术"来提分已经行不通。

点评:

题目本就分为各种类型,每年出现一些新题型是很正常的事情。大的变动不常出现,年年都是"稳中有进""稳中有变",没什么大惊小怪的,更不要少见多怪。试卷难一点、简单一点,都是很正常的,比本年度高考难得多的试卷也不止一次在历史上出现过,2003年江苏高考,全省数学平均分仅有67分,据说女生都是哭着跑出考场的。到了第二年,平均分一下子就变成了95分。

对能力要求的提升,恰恰说明更加需要科学高效的刷题方法,而不是"题海战术"已经行不通了。举个例子,青春期的孩子,随着个头的增长,对营养的要求也越来越高。怎么补充营养?不还是靠吃饭吗?无非是,对营养的需求大了,改善一下伙食,饭量加大点,饭菜种类丰富点罢了。再比如,随着航天事业的发展,我们越来越需要更大推力的火箭。我们的努力方向一直都是在牛顿力学的框架内来进行的,一直都在想着怎么能提高发动机的效率(比冲),不也一样满足了航天需求吗?同理,对能力要求的提升,完全可以在刷题的模式下增加刷题的容量、改善刷题的方式,在提高刷题的效率上下功夫,而不是想当然地断言刷题无用。

原文:

高考完全靠题海战术是拿不到高分的,只能得到一些基础的分数。就拿每年的"压轴题"来说,学生往往会觉得比较难。单个知识点比较简单,如果两个以上知识点融合在一起再拔高,一些学生往往没有能力综合在一起,它更要求学生把知识点横向、纵向连贯起来解决问题,这涉及阅读理解、分析问题、解决问题等多种能力。

点评:

靠题海战术拿不到高分,那请问多高算高? 只能拿到基础的分数,难道还不知足吗? 我想不少考生在考试结束分析试卷的时候都能感觉到,真正完全不会做的题很少,大部分题都是能做出来的,但就是没有拿到分或者没有拿满分。这些题就是基础题啊。能把基础题的分数拿全了就谢天谢地吧,别总抱着做出压轴题的期望,数学没考满分的状元多了去了,单科没考满分的"状元"那更是多了去了。

事实上,不光是压轴题有两个知识点,包含多个知识点的基础题也很多啊! 恰恰是各种知识点的排列组合太多了,因此需要更广的见识、更多的练习才行啊! 阅读理解能力、分析问题能力、解决问题能力等多种能力怎么提高? 不还是靠做题吗?

原文:

可见,渗透数学文化,稳中求新,引导学生从"解题"到"解决问题"能力的培养正是近些年数学中高考命题所强调的。

点评:

哎,这个话放到哪一年说都是正确的。不是说题干中出现个维纳斯就有多新奇了。年年都有很新奇的题,但年年解决的还是"题"而不是问题。这是高考卷子又不是公考申论卷子,要一个高中生解决什么问题? 这些试题,说白了就是"新瓶装旧酒"罢了,我们来看看这个引起网络热议的维纳斯:

4. 古希腊时期,人们认为最美人体的头顶至肚脐的长度与肚脐至足底的长度之比是 $\frac{\sqrt{5}-1}{2}$($\frac{\sqrt{5}-1}{2}\approx0.618$,称为黄金分割比例),著名的"断臂维纳斯"便是如此。此外,最美人体的头顶至咽喉的长度与咽喉至肚脐的长度之比也是 $\frac{\sqrt{5}-1}{2}$。若某人满足上述两个黄金分割比例,且腿长为 105 cm,头顶至脖子下端的长度为 26 cm,则其身高可能是

    A. 165 cm   B. 175 cm   C. 185 cm   A. 190 cm

简单看一下这道题就知道,这题跟维纳斯没半毛钱关系,最后要计算的是"某人"的身高,也不是维纳斯的身高,只是以维纳斯来考查黄金分割这个知识点而已,真实的维纳斯身高雕像高达 204 厘米。这让我想起了一个经典的脑筋急转弯:小明坐公交车,车里 10 个人,第一站上来 3 个、下去 2 个,下一站上来 6 个、下去 8 个,

下一站上来1个、下去3个，下一站上来6个、下去1个，下一站小明下车了，那么请问，小明坐了几站公交车？

原文：

"做卷子一做半米高，三年能做五千张。"一些专家给记者这样描述部分考生的题海战术训练。相对于其他学科来讲，数学本身就是一门启发人思维的学科，需要创新意识。在采访中，不少老师也表示，教学应该让学生找到自己的兴趣点和发展方向，拓展自己，而不是反复为一个知识点来做重复训练，泯灭创新意识，为分数"锱铢必较"。

点评：

一年365天，三年就是1095天。1095天做5 000张卷子，平均一天做4.57张卷子。请问你觉得可能吗？很难相信仅仅是卷子就有半米高，各种课本、辅导资料、试卷、错题本加起来半米高还差不多。我中考后整理了一下各种资料，确实有近一人高（我当时身高接近1米8），可中考成绩却是初中三年来最差的一次，仅排名年级第38名（我初中三年基本没出过年级前10名，初三的三次大型模拟考试都在年级前4名）。而高考后我整理资料，也无非两个小袋子就装满了，成绩却是年级第3名，是高中三年里最高的一次。其实想想就能明白，一天做5张卷子，连续三年，那只能是每一张都囫囵吞枣、不求甚解，啥也记不住，徒做无用功。

不光是数学需要创新意识、需要兴趣，哪门课都需要。没有必要特别强调数学的特殊性，搞"数学例外论"。

为了一个知识点反复训练就会泯灭创新意识？怕不是把学生都当成智障了吧？一个知识点没有完全掌握，当然要重复训练。就算是创新，也必须得在一定的基础上创新。最常见到拿来论证刷题泯灭创新意识的有两个"神话"。

"神话"一：大概是说某个作家的作品登上了高考试卷，可大作家自己也做不对，拿不到满分。所以，高考不好，刷题不好，blablabla……

同学们千万不要被这样的"故事"给忽悠了，这样的"神话"很多就是媒体刻意博眼球制造出来的新闻。你就是让诺贝尔文学奖得主来做高考卷，试题以他（她）本人的作品为素材，估计也拿不了几分。为什么？一方面，"文学创作"和"应试训练"是两个完全不同的概念。请问哪个作家在创作文学作品的时候是看着闹钟定时定点创作的？请问哪篇传世经典不是经过一遍又一遍地修改才完善的？好的文学作品，都是"批阅十载，增删五次"才得到的，没有经过认真打磨的"急就章"，传世经典你能说上来几个？文学创作追求字斟句酌、精益求精，应试训练追求掌握技巧、快速得分，完全是两回事。另一方面，作品是唯一的，但是对作品的解读是多样的。一定要去确定一个"标准答案""正确答案""唯一答案"是不容易的，因为你说你有理，我说我有理，那么到底听谁的？听命题人的。这体现的就是"专家型权力"。文学作品的创作者和命题人之间的思路是不同的，一个侧重于创作，一个侧重于解读，那么对同一个作品的理解也可能是不同的，如果命题人就是创作者本人，那好了，那他（她）就能拿高分了。

"神话"二：大概是说 1901 年诺贝尔奖首次颁出以来，获奖者中，几乎没有哪一年少了美国人的身影，而且美国人不止一次地包揽过三大科学奖。所以，我们的高考不好，刷题不好，创新意识不行，blablabla……

这样的"神话"听上去是很唬人的，因为有数据有例子，结论也"似乎符合"我们的常规认知。但是我要告诉你，美国的科技实力强，诺贝尔奖得主多，和它的教育制度关系大不大我不知道，但是和两次世界大战的关系是非常大的。20 世纪诺贝尔奖设立之初，德国获奖者人数居世界第一。开始颁奖的头十年（1901—1910 年），德国的获奖人数占总获奖人数的 33.3％，远超法国的 16.7％、英国的 11.1％和美国的 2.8％。在 1901—1918 年期间，美国只获奖 2 次，一次化学奖，一次物理学奖。在两次世界大战期间和"二战"结束之后，随着大批科学家的转移，美国才开始取代德国成为诺贝尔奖的最大赢家。所以，美国的科技强大，主因是其教育先进吗？我看未必。更不要因此就"拉踩"我国。我国用了几十年的时间，就达到了现在的高度，是非常了不起的！我们当然要看到我们的不足，但同样也要看到我们取得的成就！

除了这两个"神话"，我们再看一个表演方面的例子。戏剧大师桑福德·迈斯纳独创了一种表演基础训练模式——"重复练习"。在迈斯纳的所有方法中，"重复练习"是最为特殊、也最具辨识度的一种训练模式，是迈斯纳整套体系的基础与核心。通过"重复练习"，演员能逐步掌握基于情感冲动和本能的表演方法，提升"在想象情境中真实地生活"的能力。包括"重复练习""即兴反应""情绪准备""独白与对白练习""白日梦与幻想力训练"等核心内容。迈斯纳的"重复练习"首先从注意力（倾听）训练开始，经过接收（观察）训练、反应（感受）训练，再到基于"重复练习"基础之上的"敲门练习"等，层层深入，环环相扣，系统地完成这一套练习差不多需要两年的时间。举个例子，在注意力（倾听）训练中，A 和 B 面对面坐着，A 集中注意力观察 B，然后把看到的 B 的某一些外在特征简单地用语言说出来；B 集中注意力听 A 说话，然后重复 A 说的每一个字。A 和 B 就这样一直专注对方，循环往复地说同样一句话，一般持续 10～20 分钟，直到被老师叫停为止。[41] 可见，重复训练，恰恰是创新的基础。

至于要不要对分数"锱铢必较"，想必每个考生心里都有数，不必多言了。

原文：

无论是教师还是学生，都要提高课堂效率，课堂效率提高了，学生的成绩提高，各方面能力也得到了培养。

点评：

提高课堂效率，这话没错，可课堂效率和学生成绩之间、课堂效率和学生各方面能力之间恐怕没有必然联系。不去大量地"做一做""刷一刷"，仅靠课堂上"听一听"就能提高成绩，这种想法过于美好了。

原文：

高考是公平竞争的，试卷的难易对每个人都一样，没有必要为高考试题难度焦虑，还是要着眼于教材、大纲中的能力要求。

点评：

前头三个短句都没问题，最后一个短句有待商榷。教材、大纲中的能力要求，主要不是对学生说的，也不是给学生看的。学生看了会有点用，因为大方向是一致的，但对考生提高成绩未必有很大用处。因为大纲是"纲"，是指导性的，不是具体性的。各种能力要求复杂多样，具体考查还是要看题目。

原文：

高二和初二的考生不要因为有个别学科、个别试题的变难就乱了阵脚，去钻研那些偏难险怪的试题，仍旧要在基础知识、基本能力上打好基础，即使要提高，也应该在"双基"扎实的基础上提高。虽然有一些试题看起来很难，但使用的公式定理等，仍旧属于"双基"范畴，并未超纲，关键是要对这些内容能够透彻理解灵活运用。

点评：

这话没毛病。

原文：

在平时的教学中，老师不仅要把知识教给学生，更要把分析问题、解决问题的思路传授给学生，还要对不同层面的学生提出不同的要求，能力强一些的学生更侧重于解决问题，弱一些的学生更注重夯实基础，但无论是哪一类学生，最终还是培

41 何雁，游溪. 迈斯纳方法中的"重复练习"研究[J]. 戏剧艺术，2017(05)：70-78.

养其分析和解决问题的能力。

点评：

从教学的角度讲，这话没问题。从考生的角度讲，不能过分依赖老师，归根结底还是要发挥自主性。

这篇文章中专家的观点，就是学界众多研究的一个缩影。通过逐句分析，我们可以看到，刷题的"罪"未经"审判"，大多"罪名"根本就经不起推敲，也根本就不是刷题该背的"锅"。专家们在表达观点的时候，真的应该采取更为审慎、更为负责任的态度，而不是一味地贬低刷题。我们当然可以对刷题进行批判，但是把刷题批判得一无是处，把刷题弃之不顾，又没有可以替代的手段，"先破而后不立"，那就麻烦了。更为务实的态度应当是：在对刷题进行批判的同时，不能放弃以批判的态度去刷题，要以先进科学的理念对刷题的方式、方法进行调试、改进。

（2）破解关于刷题的态度迷思

在对待刷题的态度上，无论是官方还是考生，都秉持着"说一套做一套"的思路。

以相关部门、校方、教师为代表，在形式上都是反对刷题的，出台的各项政策，没有看到直接表态支持刷题的，比如在《中国高考评价体系说明》中，就有这样的表述：[42]

……当前，部分高中教学中还存在着"满堂灌"、机械重复训练、实验教学和实践教育不足、忽视高阶能力发展等问题。……同时，"四翼"也十分注重综合性、应用性与创新性，通过设置真实的问题情境，考查学生灵活运用所学知识分析、解决问题的能力，允许学生从多角度作答，使"死记硬背""机械刷题""题海战术"的收益大大降低，引导学生的关注点从"解题"向"解决问题"、从"做题"向"做人做事"转变。

不难看出，至少"机械刷题"是不被官方提倡的。但是在实际操作中，许多行为却在助推着刷题的推广。

齐心协力抓高三　排除万难求突破
——××教育中心 2018 年××市高三第一次质量检测分析会侧记[43]

幸福不会从天而降，梦想不会自动成真。××的渭水河畔，这所占地 274 亩（1 亩≈666.7 平方米），按照省级标准建设的知识殿堂，拥有着无比先进的现代化

42　教育部考试中心.中国高考评价体系说明［M］.北京：人民出版社，2019：17-18.

43　百度百家号文章.齐心协力抓高三　排除万难求突破——××教育中心 2018 年××市高三第一次质量检测分析会侧记［EB/OL］.2018-01-29［2022-05-06］.

硬件设施,以她独有的靓丽姿容在地区教育中独领风骚。从 2016 年 8 月正式启动到现在,一直发扬着"厚德、博学、励志、笃行"的××精神。善良智慧的××人凝心聚力、不断创新图进,经过一年半的发展,基本实现了"名校战略"的第一步,学校各项工作都取得了突破性进展,多次获得县委、县政府、县教体局的高度肯定。为了实现明年高考新突破,加大跨入××区域名校行列的步伐,1 月 24 日下午学校召开了"××高级中学 2018 年××市高三第一次质量检测分析会"。

本次会议,学校各部门高度重视,这是××教育中心校长室高度重视高三教育教学工作系列,为实现 2018 年高考新突破所采取的又一重大举措。以××校长为核心的所有班子成员亲临现场,全体高三老师认真参会,意在实现奋斗目标,开创美好未来,奋力打好今年的高三复课攻坚战。会议由副校长××主持,议程主要由校长××、副校长××、高三年级部主任××以及优秀班级班主任和优秀备课组组长的讲话组成。

会议开始,首先由××主任就××市高三第一次质量检测,把握全市,锁定全县,立足学校,从考试总成绩、考试总人数、模拟上线人数、各科成绩推进率、临界生瞄点确定、班级成绩比较、弱势学科分析等多个方面对本次考试作了详细而务实的分析报告。值得欣喜的是理科全县前 20 名中我校有 8 人进入,且分列第一、第二、第三名的均为我校学生。在为取得成绩感到欣慰的同时,他也向全体与会者表明了决心,在今后的高三教学中,将以学校工作为指导,严明纪律、严抓管理、咬紧复课工作不放松,凝心聚力求发展。

优秀班主任××、××老师,优秀学科备课组长××老师,他们向高三全体老师作了班务管理、教育教学等方面的经验交流。万语千言汇成浓情一语:育生用师者的脑,爱生用师者的心,用清眸透析心灵,用宽容善待学生,他们务实而精彩的发言,获得阵阵热烈的掌声。

主管高三工作的副校长××高屋建瓴,对高三教师整体的工作风貌给予了充分的肯定,也详细分析了目前高三复课工作中的问题与不足。他希望在下一阶段的复课工作中,全体高三教师应树立"校兴我荣"的责任感,高度重视学校高考生命线,把握正确的复习备考方向,败不馁、胜不骄,咬紧牙关、乘势而上,为学校教育发展作出自己的贡献,争创 2018 年高考佳绩。

最后,校长××做了题为"齐心协力抓高三、奋力拼搏,排除万难求突破、瞄准第一"的总结发言。××校长激情满满,句句切中高三复课工作的要害。他号召全体与会者,把这次会议当作集结号、新起点、强心针、生死状,拼命 132 天,一门心思抓高考,不放过每一分每一秒,让每个细胞都紧张起来,决胜2018年高考。

这是一次高三质量分析会,也是一次稳抓实干的复课推进会,更是一次齐心协力、志筑名校的誓师会,实现2018年高考新跨越,大美××中,力争辉煌!

反观考生,不少考生却是采取形式支持、实际怀疑的态度。看似也在刷题,老师布置的题都做了,自己也会买辅导资料进行练习,但是"身在曹营心在汉",内心并不相信刷题的功效,也没有从自己的成绩上看到刷题的效果,感觉再怎么努力刷题都是白费的。

这种"说一套做一套"的现象广泛存在于备考实践中,却没有引起应有的重视。对待刷题,"相信不绝对,就是绝对不相信"。是否刷题以及怎样刷题,是一个涉及考生整体备考策略的战略问题。对考生来讲,应当有言行一致的魄力。既然选择了刷题之路,就勇敢地走下去,不要瞻前顾后、犹疑不定。

(3)破解关于刷题的操作难题

在刷题的具体操作上,不少考生热衷于大干快上、急于求成。许多有上进心的考生,虽然也尝试刷题,但不得要领,缺乏耐心,成效不明显。这其实是考生自主学习能力不强的表现。

自主学习主要是靠个体完成学习的过程。20世纪末,美国学者齐莫曼建立了一套特色的自主学习理论,认为"当学生在元认知、动机和行为三个方面都是一个积极的参与者时,其学习就是自主的"[44]。有研究者以初中数学为例,认为自主学习能力是指在学习中学生积极获取数学知识,熟练掌握必要的数学技能,提升数学素养,获得发展的能力,它包括自我计划、自我监控和自我反省能力。

针对初中数学的研究认为,执行能力低反映在学生学习过程中容易产生急躁或畏缩、恐惧心理,缺乏克服困难和挫折的勇气和毅力。数学最本质的特征是高度的抽象性,需要学生有较强的运算能力、应用分析能力和逻辑思维能力,很多学生尽管学习很努力,但数学成绩仍然不理想。另外,由于初中学生心智发育还不成熟,所以在遇到难度较大的数学问题时往往缺乏持之以恒和啃硬骨头的精神,即使自己制订了学习计划,也很难照计划执行。检验和反思水平低是指初中学生在学习活动后,很少自觉地、有意识地对自己的学习过程进行检查,较少考虑对自己的数学学习结果进行评价,解题时以得到一个正确答案、获得一种解题方法为满足,

44　庞维国.论学生的自主学习[J].华东师范大学学报(教育科学版),2001,20(02):79.

较少反思学习过程和总结解题的经验教训。[45]

可见，提升自主学习能力，加强对刷题训练是十分有必要的。具体的操作手段，会在本书后半部分的有关章节详细说明。

二、寻求价值理性和工具理性的整合与统一

价值理性和工具理性虽然在很多情况下存在矛盾，但也不完全是一个非此即彼的问题：价值理性需要工具理性作为实现的载体，而工具理性需要价值理性的指引。[46] 问题的根源不在于价值理性和工具理性的矛盾，而在于两种理性的绝对化。其实工具理性和价值理性都无法居于统治地位抑或相互超越，工具理性对价值理性的完全排斥是徒劳的，反之亦然。真正的理性精神必然是价值理性和工具理性的整合和统一。[47] 现实的备考策略不一定是个完全理性的最优选择，而应该是有限理性的最适选择。

备考策略的选择既是一个隐含价值判断的工具问题，也是一个需要工具支持的价值实现问题。各种应试工具可以在不同程度上帮助考生应考，但工具在解决问题的同时也会衍生出更多的问题，而这些问题又使得对高效工具的需求更加强烈。科学高效的刷题策略是万千考生梦寐以求的。下面，我们从"技术创新"的角度来理解刷题的工具理性，以期再次论证刷题的现实意义与存在合理性，探求更加高效的应试成绩提升之道。

（一）大背景："内卷"

"内卷化"最初是学术概念。"内卷化"一词最早出现在德国著名哲学家康德的《判断力批判》里，康德把"内卷"与"演化"相对照进行论述，认为内卷与进化是两种完全不同的演进方式，他将其称为"锁人理论"。[48] 后来美国人类学家戈登威泽用"内卷化"来描述一类文化模式：当达到了某种最终的形态以后，既没有办法稳定下来，也没有办法使自己转变到新的形态，取而代之的是不断地在内部变得更加复杂。这样，一个无法回避的结果就是：渐进的复杂性，即统一性内部的多样性和单调下的鉴赏性，这就是内卷化。[49]

45　高雁,游波. 初中学生数学学习的自我监控能力调查与分析——以山东泰安市为例[J]. 当代教育科学,2014(14):54-57.

46　彭国甫,张玉亮. 追寻工具理性与价值理性的整合——地方政府公共事业管理绩效评估的发展方向[J]. 中国行政管理,2007(06):29-32.

47　曹琦. 健康保障政策的价值理性和工具理性[J]. 中国行政管理,2013(04):40-43.

48　康德. 判断力批判[M]. 宗白华,韦卓民,译. 北京：商务印书馆,1964:85.

49　刘世定,邱泽奇. "内卷化"概念辨析[J]. 社会学研究,2004(05):96-110.

　　把内卷化概念用于某种农业经济过程的概括,始自格尔茨1963年出版的一部研究印度尼西亚的著作:《农业的内卷化:印度尼西亚生态变迁的过程》。[50] 格尔茨在研究印度尼西亚爪哇岛的农业经济发展时发现,爪哇岛由于缺乏资本,土地数量有限,加之行政性障碍,无法将农业向外延发展,使得劳动力不断填充到有限的水稻生产中,从而使得该地区发展成为劳动密集型模式。格尔茨用"农业内卷化"来说明劳动人工的大量投入并不能带来收益的显著提高,只会带来过分欣赏性的发展,一种技术哥特式的雕琢,一种组织上的细化和复杂。农业生产长期原地不动、未曾发展,只是不断地重复简单的再生产。

　　黄宗智在《华北的小农经济与社会变迁》一书中,把内卷化概念用于分析中国乡村经济及社会变迁,指出在有限的地上投入大量的劳动力来获得增长的方式,就是一种过密型或内卷化的增长,并在《长江三角洲的小农家庭与乡村发展》一书进一步发展了内卷化概念,认为内卷化是一种"劳动投入增加下的劳动报酬降低"。此后,内卷化概念被广泛应用于社会治理、经济发展、文化类型的分析。其核心的含义是指"事物发展到某种特定程度而出现的原有方式无休止地叠加缠绕、自我复制,并伴有内耗加剧、自我锁定的样态"。[51]

　　所谓"教育内卷化"则是指由于总体收益锁定(升学率锁定),为获得有限教育资源,由竞争方式同质化导致同龄段学生、同类型教育机构、同时期家长之间展开激烈而无效的竞争,在个体边际成本增大的情况下,出现边际收益不变甚至下降的情形。在"内卷化"模式下,家长是无辜的,孩子是无辜的,学校也是无辜的,教育管理部门也是无奈的,但在升学指挥棒引领甚至是控制下的"教育内卷化"又是难以避免发生的,这种个体理性驱使下的群体非理性竞争正是在全球蔓延的"教育悲剧"。[52]

　　从生僻的学术词汇,到流行的社会表达,"内卷化"破壁出圈了。"内卷化"呈现"三性":内部性,只有发生在事物内部并产生关联,才称得上"内卷";有限性,卷出来的结果往往是因为资源有限、机会稀缺;重复性,"内卷化"在很多领域被赋予了"简单地生产""不断地重复""机械地运转"等标签。当"内卷化"出现在某一特定领域、特定阶段时,会阻滞新事物出现、限制新活力迸发。无意义的精益求精、将简单问题复杂化、为了免责而被动的应付式工作、低水平的模仿和复制、限制创造力的

　　50　Geertz,Clifford. Agricultural Involution:The Process of Ecological Change in Indonesia[M]. Berkeley, CA:University of California Press,1963:62.
　　51　高水红. 内卷化:学校教育过程的文化再生产[J]. 教育研究与实验,2020(04):13-18.
　　52　陈友华,苗国. 升学锦标赛、教育内卷化与学区分层[J]. 江苏行政学院学报,2021(03):55-63.

内部竞争都属于内卷的典型案例。

看问题要辩证地看，如果努力没有意义，那也就不存在"内卷"了。"内卷"的现象中仍有深钻、精细、精益求精的意味蕴含其间。如此看，"内卷化"本身描述的是事物发展过程中的一个阶段、一个区间而已，理应辩证对待。

一条车轨很难承载无数人提速前行的梦想，唯有多维才能开拓，唯有多样才能精彩。无论是个人成长还是社会发展，以开放吸纳新事物、新思维、新力量，需要不断激活发展的春水，不断架设立体的新赛道。本书认为，在没有技术进步或变革的情况下，陷入"内卷"是一种必然。破解内卷的关键在于技术创新，在于方法论层面的"降维打击"，在于开辟新的"赛道"，在新的"赛道"上实现"换道领跑"。

换句话说：创新带来质变，质变改变内卷！唯有创新，方可一往无前、一骑绝尘！

（二）开辟新赛道：刷题是一个需要不断进行创新的技术范畴

社会上流传一种观念，特别是在高中文理分科、高考填报志愿的时候，总有些家长反复念叨，希望孩子能学门技术，将来靠技术吃饭。在他们看来，理工科是学"实实在在"的东西。

但是客观来讲，有些家长们对"技术"的理解有些局限。"世事洞明皆学问"，理工科是"技术"，文科也是"技术"，理工科的"技术"更"实在"、更"客观"，文科的"技术"更"虚"、更"主观"。无论是哪一科，要想学好、学精都不容易。

技术，是解决问题的方法及方法背后的原理，是指人们利用现有事物形成新事物，或是改变现有事物功能、性能的方法。刷题，就是用来解决我们前文所述的"记忆—遗忘"这个问题的一门技术。

1.刷题具备明确的适用范围和适用主体，但主体和外力之间的关系需要协调

刷题的适用范围就是考试，刷题的适用主体就是考生。这个考试可以是高考、中考、小升初考试，也可以是公考、考研、考博。相应地，考生可以是中小学生，也可以是成人，除了认知能力上的差异，本质上没有什么区别。

相信很多读者都见过各式各样的IQ测试题。我第一次见到时也是感到头大，完全不知道这是什么玩意儿。可后来经过简单练习后，也能取得不错的成绩。为什么？"无他，惟手熟尔。"

改革开放之初我国恢复高考，参加高考的考生小到十五六岁，大的已成家立业、多年未曾学习，那怎么考试？做题呗！

刷题的主体只能是考生本人，任何人都代替不了。但刷题必然是需要一个借

助外力(外脑)的过程。这个外力,可以是人(老师、培训机构、家长、同学等),也可以是物(教材、教辅、标准答案等)。如何处理内力与外力、内因与外因、内脑与外脑的关系,是一个颇具挑战的技术问题。

比如,遇到不会做的难题,是要继续死扣、钻研,还是知难而退?抑或是机械地记下答案?

解题到何种地步才应该去求助外力?有不懂的问题,是问同学还是问老师?

诸如此类,主客体之间的关系需要协调,而如何协调至关重要,这需要在技术层面进行审慎处理。

2. 刷题有明确的限定条件和通用的简易原理,但不同条件之间可任意搭配,最终效果差距甚大

刷题的时间有限,时间管理难度大。往大了说,是总复习的时间有限,通常是半年甚至更短。往小了说,平均下来,每天能用来刷题的时间也不过几小时而已。既然时间有限,那就必然涉及如何分配这有限的时间的问题。

比如,是先复习再刷题好,还是边刷题边复习好?

比如,是一门心思刷题,乃至全脱产刷题好,还是边听课边刷题好?

比如,一天中,是刷题1小时好,还是10小时好?刷题时,是1小时休息一次好,还是半小时休息一次好?休息时,是休息10分钟好,还是20分钟好?

诸如此类,不同的时间分配方式必然产生不同的刷题效果,做好时间管理意义重大。

刷题的目标特定,但目标区间伸缩范围较大。

刷题的目标是什么?简而言之,就是做更多的题、记住更多的题、获得更强的解题能力。但多少才算多?多强才算强?这就具有很大的自由裁量了。自由裁量权,就是在一定原则支配下,可以自由支配的权力,是一个模糊地带。在模糊地带里如何进行取舍?这既是一个经验问题,更是一个技术问题。

刷题的表层模式相似,但深层原理和最终效果差距甚大。

大家都知道刷题就是大量做题,但是不同考生的刷题效果差距甚大。

比如,世人皆知跑步就是要迈开腿、前后摆动双臂,但是一般的跑步爱好者岂能与专业的运动员相比?

再比如,同样是炸弹,TNT炸药的毁伤能力岂能与核弹相比?

从以上对比可知,表层模式相似,但深层原理和最终效果有着质的区别。1765年,瓦特发明了设有与汽缸壁分开的凝汽器的蒸汽机，早期蒸汽机毛病多、稳定性差、实用性有限。但是历史证明了蒸汽机的划时代意义，它引发了工业革命，改变了历史的进程。宋朝的弓弩可以远射数百米，比早期的火枪射程远多了，但终究是冷兵器而已。这就是说，表层原理虽然相似，但本质上的差别，完全会带来迥异的结果。考生都知道做题才能提高成绩，但是如果不对做题方法、模式进行革命性的改进，就难以带来本质上的改变。

3. 以技术视角看待刷题，需要对刷题技术进行研究、练习和创新

刷题技术需要研究，对刷题技术主动钻研，去寻求根本性原因与可靠性依据，对刷题的性质、特点、规律不断地进行积极探索，由不知变为知，由知少变为知多。

刷题技术需要练习。我们都知道，实践是检验真理的唯一标准。我们之所以要对刷题技术进行研究，就是要将研究得来的知识和刷题实践相结合，让理论和现实相贯通，通过想象、判断和推理，将科学、技术、数学和实践经验应用到具体刷题实践中。

道不可坐论，德不能空谈。要想提升刷题技术，就必须坚持知行合一，注重学用结合，通过反复不断的练习，不断地进行巩固、强化。当然练习也是需要技巧的。练习背后的原理，我们会在后文"刻意练习"部分讲到，这里就不展开了。

相比研究和练习，对刷题技术进行创新是最为关键却最易被忽视的。创新是指在现有综合知识、信息、技能和方法的前提下提出新方法、新观点的思维能力和进行发明创造、改革，以及革新的意志、信心、勇气与智慧。创新者会以现有的思维模式提出有别于常人思路的见解，利用现有的知识和物质，本着理想化的需要或为满足特定需求，对事物进行改进或创新，从而获得一定的有益效果。

讲到创新，我们往往认为这是科技领域所必需的。事实上，创新不单单是科技领域所必需的，更是想要逆袭的考生所必需的。刷题技术的进步在于创新，只有在不断创新的前提下，考生的刷题技术、应试能力才能得到不断发展。

敢为天下先是战胜自我、实现逆袭特别需要弘扬的品质。对于考生来说，创新意味着能够打开一个新的价值空间，大的创新往往能够创造出一个大的刷题生态，而小的创新往往也能够推动刷题水平的提升。

创新需要一个积累的过程，也要善于运用平台的力量，这会很大程度上降低创新的风险和成本。考生要想创新，就必须根据自身的能力选择适合的突破口。通过对学校、老师、教材、同学等多方面的了解来减少创新失败的风险，降低创新的机会成本。

（三）"万国牌"永远比不上自主创新

刷题的技术创新有两种技术路线，即"万国牌"和自主创新。[53]

"万国牌"多用于军事技术方面，一般指武器、装备和大型项目等，因为其不能形成完整的制造体系从而只能东拼西凑零件，往往受制于人。所谓技术创新上的"万国牌"，就是东一榔头、西一棒槌，朝三暮四、朝秦暮楚，今天学这个、明天学那个，没有个固定的章法和套路。

自主创新本是发展经济学的概念，指以人为主体积极、主动、独立地去发现、发明、创造的活动。对于考生来说，自主创新是实现弯道超车、换道领跑、后来居上的根本途径。

因为刷题技术的获得和进步，都是个性化的，都需要考生靠自己，而不是靠其他任何人、任何教辅、任何机构。即便"万国牌"带来了短暂的排名提升，也只是暂时性的、低层次的提升。

自主创新所带来的自立自强精神是永远的宝贵财富。通过自主创新实现逆袭的考生，更倾向于掌控自己的人生，实现真正意义上的人生逆袭。

1. 从刷题技术的性质来看，刷题技术的获得是个体性的、经验性的，刷题技术的进步是累积性的、内生性的，所以技术引进永远不能代替自主创新

想要实现刷题技术进步，在一定时期内学习别人的技术、经验，都是不可避免的，也是很有必要的。在现代条件下，任何考生都必须经过基础教育的知识和技术训练，这种训练对考生而言已经属于某种"外部性"了，何况技术创新过程始终存在着了解和参考他人所作所为与外部知识进展的需要和可能性。因此，"关起门来自己搞"的标签与自主创新没有关系。

刷题技术的获得是个体经验性的。

我们可能在电视上看过一种传话游戏：几个人排成一排，除了传话和听话的两个人，其他人都戴上耳机隔绝外界声音。接收信息后，接收者依次传递给下一个人。我们往往会看到传话发起者和最后的信息接收者，在对信息的表述上有着很大的差别。这个例子说明：我们对信息的接收和表达一定是个性化的，一定是基于自身的理解能力和表达能力的。同理，刷题技术的获得也是个性化的，这种个性化就体现在刷题技术获得的个体经验性方面。

"缄默知识"的存在凸显了技术获得的个体经验性。

53　本书对技术创新的理解，受路风教授所著的《走向自主创新：寻求中国力量的源泉》和《走向自主创新2：新火》启发甚大，在此表示感谢。

刷题技术应该被理解为由一组特定的实际做法和一组围绕这些做法并解释它们为什么可行的通用知识组成,即刷题技术由两种性质的知识组成:通用(或显性)知识和缄默(或隐性)知识。

通用知识是原理性、原则性的,是可以用语言和文字符号来明确表达的,所以围绕着刷题技术的通用知识总是存在着传播和扩散渠道,并因此而使技术在一定程度上具有产品的性质,比如各种学习方法类书籍、辅导班等。但同一种技术还包括缄默知识及其衍生出来的各种诀窍和操作细节。获得缄默知识的途径是经验,只能从实践中摸索而来。

例题:

已知集合 $U=\{1,2,3,4,5,6,7\}$,$A=\{2,3,4,5\}$,$B=\{2,3,6,7\}$,则 $B\cap\complement_U A=$($\quad$)

A. $\{1,6\}$　　　B. $\{1,7\}$　　　C. $\{6,7\}$　　　D. $\{1,6,7\}$

这是 2019 年高考新课标文科数学Ⅰ卷的第 2 题,可以说是送分题。题中 $U=\{1,2,3,4,5,6,7\}$,$A=\{2,3,4,5\}$,则 $\complement_U A=\{1,6,7\}$,又因为 $B=\{2,3,6,7\}$,所以 $B\cap\complement_U A=\{6,7\}$,故选 C。但是在实际运算中,因为涉及多个集合,考生容易粗心导致计算失误拿不到分。四个选项"长得"非常相似,也容易手抖而选错答案。

在后文中我们会提到一个原则:在数学刷题或考试时,不要试图一遍过关,要采取多轮次、先易后难、遇难而退的方式。这是一个大的原则,但是在具体操作中,考生对"难""易"有着个性化、多样化的理解。有的考生在卷子中的第 7、第 8 道题就觉得很难了,有的考生到第 11、第 12 道题才觉得有难度,而这种具体的操作细节,就需要考生在大量的练习中来把握了。

例题:

已知集合 $A=\{x|x^2-3x-4<0\}$,$B=\{-4,1,3,5\}$,则 $A\cap B=$($\quad$)

A. $\{-4,1\}$　　　B. $\{1,5\}$　　　C. $\{3,5\}$　　　D. $\{1,3\}$

例题:

设 $\{a_n\}$ 是等比数列,且 $a_1+a_2+a_3=1$,$a_2+a_3+a_4=2$,则 $a_6+a_7+a_8=$($\quad$)

A. 12　　　B. 24　　　C. 30　　　D. 32

例题:

已知 A,B,C 为球 O 的球面上的三个点,$\odot O_1$ 为 $\triangle ABC$ 的外接圆,若 $\odot O_1$ 的面积为 4π,$AB=BC=AC=OO_1$,则球 O 的表面积为($\quad$)

A. 64π　　　B. 48π　　　C. 36π　　　D. 32π

　　以上三道例题,分别是2020年高考新课标文科数学Ⅰ卷的第1、10、12题。从实际难度上讲,三道题的相对难度是依次递增的,但绝对难度都是不难的。即便如此,第一道题这种送分题,也还是有考生做错了。

　　刷题技术的学习是一个个性化的过程,它不仅需要对先进刷题技术的模仿,而且需要理解和解决复杂的问题。解决问题需要遵循一些规则和惯例,其中大量的细节知识无法全部用明确的语言表达清楚。由于信息传递的低效和复杂性,嵌入惯例之中的知识大多是"缄默知识"。这些惯例和缄默知识决定了考生在遇到问题上的决策逻辑和行为。而这种能力只能由考生通过自主创新、内生地发展出来,而没有任何考生本人之外的力量和过程可以替代。

　　当然,刷题技术的获得不可能仅仅依靠经验获得,书籍、课程都是为了储存和利用来自经验的知识,力图把缄默知识编码化、流程化(好比餐饮领域一直有试图对中餐进行流水线发展的努力)。尽管刷题技术的进步越来越多地依靠别人教授,但技术能力的来源仍然离不开考生个体对刷题技术的持续使用和不懈探索。

　　能力是学不来、抄不来、买不来的,只能依靠独立自主的技术创新才能发展起来。刷题技术当然可以引进、可以学习、可以借鉴,但创新能力无法借鉴,因为刷题的技术能力从根本上讲是内生性的。因此,实现技术创新能力的关键不是基础的强弱或智力的高低,而是进行独立自主技术创新的努力和决心。

2."万国牌"或许会带来一定的成绩提升,但改变不了排名的层次

　　长期以来,在关于刷题的普遍理解上,占主导地位的是直线式思维,这种思维顽固地存在着,以致从刷题领域影响到整个学习领域。直线式思维是一种单维的、定向的,视野局限、思路狭窄,缺乏辩证性的思维方式。在刷题领域,这种思维的典型思路是:成绩好的人必定方法科学,自己成绩差一定方法不对头,只要学了别人,就一定能快速提高。

　　直线式思维的最大谬误在于,把刷题技术看作可以在不同主体之间自由移动的物品,却排除了自己从事刷题的技术创新时对于掌握技术并推动技术进步的关键作用,反而因为看不到自己能力成长的前景,而产生了只能跟随的宿命错觉。

　　自主创新的成功不仅取决于技术因素,也取决于主观因素。恰恰是因为存在这些不确定性,所以刷题的技术创新并非技术学习的必然结果,而取决于自主创新的努力程度。许多成功者的例子都证明,只要把自主创新当作刷题技术学习的关键手段,落后者仍然可以实现赶超。因此,必须在思想层面摒弃直线式思维,转而采取战略性思维。

战略性思维的实质是在力量或资源有限且存在不确定性的条件下，仍然相信存在获胜的机会，并据此作出最有利于获胜的行动选择。为什么像华为的任正非这样的成功企业家会屡屡引用伟人的名言？无非就是因为战略性思维的重要性。

以战略性思维审视刷题的两种技术创新路线，我们可以发现一个非常隐蔽的事实：“万国牌”或许会带来一定的成绩提升，但改变不了考生排名的层次。

我们可以这样直观地理解：在一个 1 000 人的年级中，以每 100 名为一个层次的话，可以分为 10 个层次。如果一名考生的排名是 880 名，或许他（她）会因为刚开始使用“万国牌”所带来的“红利”而进步个二三十名，但是依然在第八层里打转，永远不会跑到第一层里去。为什么会这样？因为第 1～100 名和第 800～900 名这两个层次中的考生，他们的成绩和能力相比较而言并不单单是“量”的差异，而是“质”的差别。

为什么走自主创新的技术路线可以改变考生的排名层次？

第一，自主创新的持续性进步成本更低。一时的努力或进步是容易实现的，真正的高手能够做到持续性进步。《法华经》中有句话：日拱一卒无有尽，功不唐捐终入海。这句话的意思就是每天都努力一点，辛勤就不会荒废，最终会有所成就。日拱一卒的真正含义是强调安排好进度之后，既不可用力过猛，一下子用尽全部的精力，也不可因为用力过猛，就心安理得地中断努力。想要成长为刷题高手，进而实现逆袭，不能依赖一时的激情，更不能依赖东拼西凑的技术来源，真正可靠的只有考生自己不断精进的创新能力。只有坚持自主创新，才会让考生有着更强劲的动力来源、更低的心力成本。

第二，照抄的技术未必先进，而自主创新的技术一定适用。我们要明白一个道理：学习方法和学习成绩并不配套。成绩优异者未必是因为方法科学，也有可能是因为基础更好；成绩落后者的技术未必落后，也可能只是方法尚未见效。所以说，照搬照抄的技术不一定是最先进、最管用的技术，可能只是学来了人家的皮毛。自主创新的技术，因为是原创的、不断调试的，所以一定是最适合考生本人的。

第三，自主创新的刷题技术具有更强的动态适应性。自主创新能力的强弱决定了技术的竞争力，对一个又一个成功逆袭者的研究证明，自主创新者在理解刷题技术方面比“万国牌”更敏感、更准确。只要具备自主创新能力，这种能力就能够形成符合考生逆袭需求的技术方法，并通过试验性的使用转化为具有竞争力的刷题技术。坚持自主创新者，不仅能够发展出自主创新能力，而且能够发展出把握刷题技术创新的全过程的整合能力。

3. 自主创新所带来的自立自强精神是永远的宝贵财富

坚持自主创新的技术路线并没有那么难，那么阻碍众多考生自主创新的根本因素究竟是什么？

是没有必要吗？前文已经大段陈述了坚持自主创新的必要性，以及坚持"万国牌"的严重后果。

是成绩差吗？成绩差正是因为没有坚持自主创新，那么为什么不坚持自主创新呢？落后并不可怕，因为落后同时能够带来以赶超先进为目标的学习机会，只要把差距当作确立战略意图的依据即可。

是老师和家长反对吗？反对是因为有风险，是因为没看到效果，但并不应成为拒绝尝试的理由。

是缺乏学习技术的机会吗？书店里琳琅满目的学习方法书籍，网络上充斥屏幕的刷题技术大全，怎么会没有学习技术的机会？

那么，回答什么是自主创新的根本障碍，必须寻找造成这个结果的更深层原因。我认为，阻碍考生坚持自主创新的主要障碍是缺乏抱负、勇气、信心和进取精神。

落后考生要发展就必须进行技术学习，而有效的学习必须通过自主创新。由于先进考生形成的壁垒以及对赶超者的"技术封锁"，后进考生的技术学习是困难的，需要坚定的意志和勇气，往往需要付出难以想象的艰苦努力。因此，考生的战略远见和赶超决心对技术创新和刷题能力的进步具有决定性作用。当考生经历过这样一次"英雄的冒险"（本书后文有专门阐述），必然会带来心智上的磨炼和成熟。考生在刷题过程中培养出自立自强精神，是能够使考生终身受益的宝贵财富。

（四）自主创新何以可能？

《孟子·梁惠王上》中有这样一段话："挟太山以超北海，语人曰：'我不能。'是诚不能也。为长者折枝，语人曰：'我不能。'是不为也，非不能也。"

孟子这段话说的是可行性、能力和意愿之间的关系，即"何以可能""何以愿为""何以可行"三者之间的关系问题。

这部分内容主要阐述自主创新"何以可能"，后文有限刷题法操作要领部分主要阐述自主创新"何以可行"。自主创新"何以愿为"的主要内容在后文"高考逆袭是一场'英雄的历险'"一节中着重阐述。

创新是落后者的特权：后发优势带来弯道超车的机会。

实现刷题自主创新的可能性，最大的理由就是后进考生所拥有的后发优势。

这可以简单理解为"落后有理、创新无罪"。

"后发优势"这一概念主要来源于西方经济学理论,于 1962 年,首次被亚历山大·格申克龙明确界定和使用。世界经济的发展史,就是一部后进国家追赶先进国家的发展史。从美国、德国、意大利,到日本、韩国、新加坡,直至发展势头正强劲的中国,后进国家赶超先进国家的情况在历史与现实中比比皆是。

综观中外学者们的论述,后发优势是多维的,集中表现在以下五个方面：[54]

第一,经验借鉴优势。后发国家可以借鉴先发国家的发展经验与教训,选择适合本国国情的发展模式,减少失误,以较少的代价取得较大的成就。

第二,采借技术优势。技术引进和模仿的成本比较低,后发国家可以通过学习借鉴先发国家的先进技术,降低研发成本,缩短时间和代价,实现经济的快速发展。

第三,利用外资优势。后发国家可以通过各种措施吸引先发国家的闲置资金,借鸡生蛋,解决本国经济发展资金不足问题,缩短积累资金的时间。

第四,精神动力优势。由于先发国家与后发国家的差距十分显著,这种相对落后产生的压力能够转化为加快发展的动力,有利于增强民族的归属感和凝聚力,进行有效的社会动员。

第五,人力资源优势。与先发国家相比,后发国家人力资源丰富、劳动力价格相对低廉,可以大力发展劳动密集型产业,参与国际市场竞争,促进经济增长。

如果将国与国之间的发展竞争和考生间的竞争相比较,本质上没有什么不同,我们同样可以得出后进考生的劣势和优势,即后进考生的"后发优势"。

①越是落后,机会成本越少,越可以轻装上阵。

②越是落后,对技术的关注就越多,越有实现技术变革的动力。

③越是落后,所面临的关注和打压就越少。

④越是落后,就越是可以借鉴领先者的技术和经验,减少试错成本。

前人栽树,后人乘凉。领先者之所以领先,必有其可学习、可借鉴之处。后进者虽然落后,但是虚心学习领先者的技术和经验,就会减少自己犯错的可能,相应就会付出更小的试错成本,也就是常说的"站在巨人的肩膀上"。

（五）自主创新何以可行？

依托较为广阔的进步空间,形成后进考生自己主导的刷题技术,是后进考生实现跨越发展和技术进步、从"追赶型"转变为"赶超型"的关键。一般来讲,追赶者可以通过引进、模仿先进者的技术而缩小与先进者的差距。但在这种模式下,由于追

54 李云智."后发优势"：理论基础、现实困境与破解路径[J].学习与探索,2021(02):17-22.

赶者的技术轨道是由先进者主导的,所以二者之间的差距可以缩小,却无法消除,而且有可能在出现技术变化的时候被再次甩下。相比较而言,赶超者的路径是形成不同于先进者的自主技术,而一旦自己的技术轨道在一定范围内成为主导,赶超者就会在技术前沿站住脚,并以"扬长避短"的方式保持技术进步的势头。

技术创新过程中需要注意以下几个重要事项。

1. 要避免闭门造车

技术自主创新,必须处理好"技术引进"和"独立自主"之间的关系,避免从一个极端走向另一个极端。全盘引进的"万国牌"在前文中已经被我们彻底否定,但是切不可因此落入另一个极端——闭门造车。

我们要知道,历史发展到今天,任何技术上的进步都一定是积累性的,一定都是在前人取得各种进步的基础上进行的。为了做出一道数学题,我们难道要重新推理一遍各种数学定理吗?为了造汽车,我们难道要重新发明一遍轮子吗?显然不是的。

闭门造车忽视了刷题技术的积累性和综合性,同时也断绝了考生之间的相互交流,不利于技术进步。

2. 要有远见、勇气和坚定的意志力

考生的个人素质也是影响成败的关键。

要有远见。俗话说:"山有峰谷,一高一低;海有波澜,一起一伏。"考生的眼光绝不应受困于眼前、局限于一隅,而应当着眼长远,及时掌握目前以及未来的趋势,从不同视角来看待事物,为技术迭代保持充足的可能性。

要有勇气。没有勇气的人就好像无人浇水的花儿一样会枯萎,没有生机。在独立自主创新的路上,会面临各种各样的艰难险阻,如果没有勇气,很多困难都将难以逾越。

要有坚定的意志力。意志力是心理学上的一个概念,是指一个人自觉地确定目的,并根据目的来支配、调节自己的行动,克服各种困难,从而实现目的的品质。考生之间的竞争,在某种程度上可以理解为意志力间的较量。当考生善于运用这一有益的力量时,就会产生排除万难的决心。

3. 要加强刷题的"基础设施"建设

在自主创新过程中,技术开发无非是通过这样三条途径启动:从自主形成的想法开始,从改进别人的技术开始,或者从实施逆向工程的模仿开始。无论什么途径,形成考生自主知识产权的关键都是必须至少完成一整个周期的刷题的过程,并

把这个过程持续下去。这就需要刷题的"基础设施"建设。

基础设施是指为社会生产和居民生活提供公共服务的物质工程设施，是用于保证国家或地区社会经济活动正常进行的公共服务系统，是社会赖以生存发展的一般物质条件。我们常见的道路、桥梁、医院、邮电等，都属于这个范畴。

刷题的"基础设施"主要包括以下几种。

第一，有形的技术支持设施。包括环境设施（如书房、学习桌等）、刷题载体（如试卷、错题本、教辅等）等。

第二，无形的技术支持系统。主要指积累起来的经验知识以及使这些经验知识能够发挥作用的思维模式系统。仅仅靠描述和理解有关原理的理论知识是远远不够的，成功的刷题还需要大量的缄默知识贯穿其中。

第三，外部技术支持系统。任何考生的技术创新都会或多或少地依靠外部供应，全部地自行提供也必将导致闭门造车的情况出现。

（六）独立思考，破除"迷信"，起身行之

本章从技术理性的角度澄清了对待刷题技术创新的诸多误解，我们最后围绕着刷题的技术创新再重申几个重要观点。

第一，刷题是一个需要不断进行创新的技术范畴。刷题具备明确的适用范围和适用主体，但主体和外力之间的关系需要协调；刷题有明确的限定条件和通用的简易原理，但不同条件之间可任意搭配、最终效果差距甚大。以技术视角看待刷题，需要对刷题技术进行研究、练习和创新，但相比于研究和练习，对刷题技术的创新最为关键却最易被忽视。

第二，刷题的技术创新有两种技术路线，即"万国牌"和自主创新，"万国牌"永远比不上独立自主。因为刷题技术的获得和进步，都是个性化的，都需要考生靠自己。由自主创新带来的自立自强精神是永远的宝贵财富。通过自主创新实现逆袭的考生，更倾向于掌控自己的人生，实现真正意义上的人生逆袭。

第三，后发优势带来弯道超车的机会。虽然后进考生暂时落后，但是依然有通过技术创新实现逆袭的可能。

第四，自主创新要扬长避短，克服各种错误倾向，特别是要避免闭门造车。考生本人也要有远见、勇气和坚定的意志力，并注重加强刷题的"基础设施"建设。

考生一定要牢记，只有坚持自主创新，才能掌握"核心技术"。在自主创新的赛道上，必须起而行之、迎头赶上、奋起直追、力争超越。

第二章

"有限性"是关键所在

刷题是一种技术,任何技术脱离了人的使用,就失去了实际意义。如果忽视了考生在刷题中的主体作用,忽视了考生的所思所想,忽视了考生的进步发展,没有解决"何以愿为"的问题,那再好的刷题技术也是白搭。考生千万不要急于求成,上来就想着怎么掌握刷题技术,怎么去实际操作,而要先解决以下两个问题。

第一个问题:我为什么要刷题? "躺平"不香吗?

第二个问题:刷题过程中的主要矛盾是什么? 高效刷题的关键点是什么?

第一个问题其实是刷题的动力机制问题,这个问题不解决,考生就没有动力去刷题。一旦刷题过程中遇到一点困难险阻,就会放弃乃至"躺平"。要想彻底解决这个问题,就要先对考生上"思想政治课",进行"思想动员"。

第二个问题涉及对刷题实质的认识,这个认识如果不够深刻,那就不可能掌握刷题的底层逻辑。要想解决这个问题,必须提升考生的哲学素养,为考生赋予有限性哲学思维的力量和智慧。

本章的目的就是要为考生回答好、解决好这两个问题,让考生重整"思想行囊",轻装上阵。

第一节　高考逆袭是一场"英雄的历险"

为什么好莱坞的电影初看都非常精彩,但是又感觉似曾相识?

因为不同的好莱坞电影,背后都是同样的套路——"英雄的历险"。

考生的刷题之旅,也将以一段冒险经历的形式呈现,它是由一些人类命运的象征性承载者的故事混合而成的,包含不同的阶段和环节。对于考生个体成长而言,刷题就是一场"英雄的冒险",是"小镇做题家"的逆袭初体验。

本节主要从神话学的角度出发,通过介绍"英雄之旅"的过程,详细分析考生逆袭之旅的坎坷荆棘,引导考生超越日常烦琐的羁绊,从内心深处建立对未来成功的向往,将自己锻造为人生之路上的真正英雄。

一、神话存在于每个人的心中

神话,是远古人类表现对自然及文化现象的理解与想象的故事。自古以来,英雄神话故事作为人类心灵的宝库,以隐喻和象征的方式滋养着人类的精神,指导着人类心灵的成长。[55]

关于英雄,卡莱尔曾这样定义:世界历史是人类所取得的种种成就的历史,实质上也就是世界上英雄的历史。他们是民众的领袖,而且是伟大的领袖,凡是一切普通人殚精竭虑要做或要想得到的一切事务都由他们去规范和塑造,从广义上说,他们也就是创造者。[56] 在这种语境下,英雄是区别于普通人的拥有特殊能力的群体,可以根据产生时间的先后将其归纳为:"奥林匹斯式英雄""原欲型英雄""尼采式英雄"[57],无论哪个时期的英雄故事,都具有典型的象征作用,具有参考价值。

西方著名学者约瑟夫·坎贝尔从这些极具代表性的英雄故事入手,通过对数以万计的东西方神话、童话和宗教故事的研究发现,虽然各个民族神话中英雄的具体面貌千差万别,其冒险经历也迥然不同,但是英雄们的冒险总是不约而同地遵循着"启程—启蒙—回归"这一相对稳定的故事叙述模型,即"英雄的历险"。基于此,他创造性地提炼出了英雄之旅的故事模型:英雄离开生活的世界,进入全新的世界冒险,获得馈赠并再返回自己的世界,并认为这是"单一神话的核心单元"。也就是说,所有题材的神话中都能够找到相同的故事结构,这是一种具有普适性的结构。他认为,当代电影中所呈现的主流"英雄",本质上和荷马史诗中历经波折千里归乡的奥德赛以及莎士比亚笔下在死亡和生存中两难的哈姆雷特没有区别,他们是浓缩后的英雄符号。故事中的英雄踏上冒险的旅程,事实上暗示的则是每个人日常工作、学习和生活中所面临的各种挑战。

坎贝尔认为,英雄只有一个,不同时代、不同民族神话中的英雄尽管千姿百态,但实际上是同一个英雄在不同文化和时代中的变体而已。神话中英雄历险之旅的

---

55 本书关于英雄之旅的理解,主要参考了约瑟夫·坎贝尔所著的《千面英雄》《英雄之旅:约瑟夫·坎贝尔亲述他的生活与工作》和约瑟夫·坎贝尔与比尔·莫耶斯合著的《神话的力量:在诸神与英雄的世界中发现自我》,在此表示感谢。

56 卡莱尔.英雄和英雄崇拜[M].何欣,译.上海:上海三联书社,1988:1-2.

57 季文.西方英雄主义与个人主义的关系[J].学术界,2015(05):146-153.

标准道路是成长仪式准则的放大。英雄是我们每个人内心都隐藏着的神性，只是等待着我们去认识它，使它呈现出来。为了实现这种成就，我们要像神话中的英雄一样，接受冒险的召唤，跨越阈限，获得援助，经受考验，被传授奥义，最终回归。

根据坎贝尔的理论，我们可以这样总结英雄的历险之旅：

神话中的英雄从他们日常的小屋或城堡出发，被诱惑、被带走或自愿走向历险的阈限。在那里，他们遇到一个守卫通道的幽灵。英雄打败或驯服这种力量，活着进入黑暗王国(兄弟之战、恶龙之战、献祭、符咒)；英雄或者被对手杀死，坠入地狱(被肢解、被钉死在十字架上)。超越阈限后，英雄要穿过一个充满各种不熟悉，但又异常熟悉的力量的世界，有些力量严重威胁着他(她)(考验)，有些则会给予他(她)有魔力的帮助(帮助者)。当他(她)来到神话周期的最低点时，他(她)经历了最重要的考验并获得了回报。胜利可能表现为英雄与女神兼宇宙之母在性方面的结合(神圣的婚姻)，被天父兼创世者认可(与天父和解)，他(她)自己变成了神(奉若神明)或者如果力量依然对他(她)不友好，他(她)就盗取他(她)为之而来的恩赐(偷走新娘、盗取火种)。本质上看这是意识的扩展，因此也是存在的扩展(启示、变形、自由)，最后的任务是回归。如果各种力量保佑英雄，他(她)便在保护之下出发(使者)；如果不是这样，他(她)便逃跑并且会被追捕(变形逃跑、克服障碍逃跑)。在回归的阈限处，超自然的力量必须被留在后面，英雄离开可怕的王国，再次出现(归来、复活)。他(她)带回来的恩赐修复了世界(长生不老药)。

坎贝尔的这一理论对 20 世纪以来电影的制作产生了重大影响。特别是好莱坞众多编剧、作家在阅读了坎贝尔的著作《千面英雄》之后纷纷意识到"英雄叙事模式"对文化创意产业的重要性，并将这一模式运用到具体实践中。[58]

英雄在探险过程中，一些在生活中不受欢迎的角色离开日常世界进入神秘世界探险，他们的旅程充满了类似成年礼中需要经历的各种考验。他们最终克服重重阻碍，拯救了世界，成为英雄归来。从具有里程碑意义的《星球大战》、《黑客帝国》和《阿凡达》等科幻巨制，到美国迪斯尼、梦工厂等公司出品的动画，都可以看到这种叙述模式。近年来爆火的一些国产电影，如《我不是药神》《哪吒之魔童降世》等，也在自觉或不自觉地借鉴他的理论。在现代社会批量化生产的大潮中，英雄探险模式传播到世界许多国家，成为广为人知的叙述结构。[59]

58　张默茉. 约瑟夫·坎贝尔的神话理论对电影制作的影响[D]. 陕西师范大学, 2019.
59　张洪友. 约瑟夫·坎贝尔：好莱坞帝国的神话学教父[J]. 百色学院学报, 2017, 30(05): 4-10.

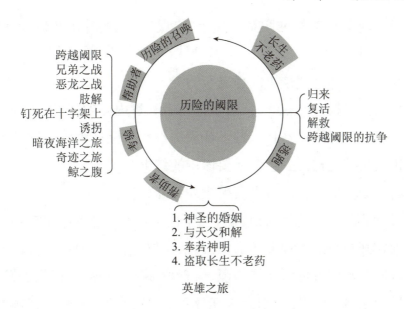

英雄之旅

英雄旅程的三个阶段无非是我们看到的外在旅程,然而"英雄之旅"的真正核心则是其"内在旅程",即英雄在荆棘丛生的冒险历程中不断地发现自我和神性的心灵之旅。这恰恰是坎贝尔神话理论的根基所在。

坎贝尔的神话学理论之所以广泛传播,其中一个重要的原因就在于,他提出了神话能够指引人的心灵的功能:神话并不仅存于远古时代,或者电影、书籍之中,也存在于每个人的心中。对每一位想要逆袭的考生来说,有一个神话存在,总比原本一潭死水的未来要强得多。也正是坎贝尔赋予神话的这种现实引导意义为他吸引了大批的关注者。他的理论可以为我们看待自我与世界打开一个新的视角,帮助我们与自身和解,进而把自己摆在一个更客观的位置上看待自身与社会、与世界的关系。[60]《星球大战》导演乔治·卢卡斯曾在采访中表示:"在阅读《千面英雄》这本书的过程中,我发现《星球大战》的初稿遵循着经典的主题,于是我修改了下一稿,使它看起来更加连贯,接着我又阅读了《上帝的面具》等其他书籍。"[61]

英雄历险的全部阶段,将以一段冒险经历的形式呈现,它是由一些人类命运的象征性承载者的故事混合而成的。下面我们按照坎贝尔的描述,仔细审视一遍这个过程。

第一个阶段是分离或启程,包含以下五个子部分。

(1)"历险的召唤",即英雄使命的迹象

一般来说,英雄的冒险历程是这样开始的:英雄生活在平凡的世界里,突然间,一个错误、一个完全偶然的事件触发或者打开了一个未知的世界,英雄和他(她)所

---

60 杨扬. 约瑟夫·坎贝尔的神话学理论研究[D]. 浙江大学,2018.
61 Larsen,Stephen and Robin. Joseph Campbell:A Fire in the Mind[M]. Inner Traditions,2002:541.

不熟悉的力量之间存在着某种联系。这个"错误"可以被看作新命运开始的契机、催化剂、导火索或触发器。

(2)"拒绝召唤",即逃离神祇的愚蠢行为

英雄在之前面对冒险的召唤时,通常都会有一番内心的挣扎,仿佛心中有两个小人在打架:究竟是否要接受召唤,踏上征程去经历冒险。因为这次的征程或冒险可能会让英雄付出甚至比失去生命还要惨重的代价。

(3)"超自然的援助",即历险者获得意外帮助

通常,英雄们准备踏上冒险征程后,英雄们会与超自然的援助不期而遇,帮助英雄完成从内在到外在的各种准备工作,包括保护、指导和训练英雄,甚至赠送"魔法"礼物。这样,英雄们就可以获得知识、信心和必要的武器来克服恐惧,开始新的战斗。当英雄拒绝召唤时,导师则会在其身后给予英雄外力,然后直接把英雄推到冒险的征程上去。

(4)"跨越第一个阈限"

在坎贝尔看来,阈限是英雄所生活的日常世界与冒险世界之间的边界。这个阶段有两个含义:它不仅代表了物质世界的边界,也代表着英雄精神方面的变化。

(5)"鲸之腹",即进入黑暗王国的通道

当英雄穿越了第一道阈限后,英雄踏入了一个变幻莫测的冒险世界。在这重生之地中,他(她)将历经种种考验,这也是众多冒险故事中深受人们喜爱的部分。坎贝尔用"鲸之腹"来象征英雄的重生之地。在这一阶段,英雄必须除去旧的自我,才能进入新的世界。

第二个阶段是"启蒙过程中的考验与胜利",包含以下六个子部分。

(6)"考验之路",即众神危险的一面

踏上"考验之路"意味着一个持续漫长且危险的征程的开始,英雄必须穿越种种困难与障碍,并将赢得初步的胜利,并感受到了前所未有的狂喜。

(7)"遇到女神(玛格纳玛特)",即婴儿重新获得幸福

当英雄通过考验后,根据坎贝尔的"英雄之旅"路线,英雄将"遇见女神"。女神代表世界上任何充满诱惑和带来幸福的事物。她是灵魂的完美化身和保证。一个成功归来的英雄能与女神完婚,是英雄追求的福祉。在神话中,女神象征着英雄们能知道的所有秘密。

(8)"妖妇的诱惑",即俄狄浦斯的领悟与苦恼

"妖妇的诱惑"是人性中许多悬而未决的问题,比如贪婪、炫耀、骄傲、自卫等,这些在英雄的身上也会出现。也许起初英雄没有意识到或不愿承认,但当他(她)

突然发现或被迫注意到自己的问题时,他(她)常常对这些缺陷感到强烈的厌恶。坎贝尔认为,如果在这个阶段,英雄能够超越自己的天生缺陷,摆脱并拒绝这些缺陷的诱惑,那么他(她)就可以进入另一个冒险的领域。

(9)"与天父重新和好"

"与天父重新和好"标志着英雄的成长。英雄不仅需要女神的怀抱,更要开始学会面对复杂的世界。从精神层面上来看,英雄就进入了"父亲"这个定义的范畴。因为坎贝尔受到了弗洛伊德精神分析的影响,之前遇到女神的阶段,还暗含了一层与父亲争夺宇宙控制权、取代自己父亲的含义,所以在这个阶段,通过与父亲这个角色的和解,英雄就会进入更广阔的世界。女神代表着善与恶,父亲则代表着竞争、对抗、控制和更加强烈的复杂性。父亲的力量可以有效清除掉英雄身上所有孩子气的执着,帮助英雄公正地使用权力,不会被自我的偏好、怨恨等潜意识的动机左右。它甚至能帮助英雄得到重生,自己成长为父亲,也可以开始发挥启蒙者和导师的作用。英雄已经可以从简单地分辨善与恶,提升到了能够了解和体验更广阔的宇宙法则。事实上,在每个人的成长过程中,是否能够理解所有生命的必然性,平静地承受所有的痛苦,是一个人真正成熟的标志。

(10)"奉若神明"

"奉若神明"代表了一种神圣的状态,他(她)超越了由无知引起的恐惧。在这个阶段,英雄通过冒险释放他(她)的潜能。他(她)没有被痛苦和幸福包围,而是拥抱痛苦和幸福,变得非常平静。这个阶段也标志着英雄冒险和磨难的结束。所有的障碍都消失了。英雄获得了新的智慧和另一种提升,也就是说,他(她)不再只考虑自己,而是更加致力于整个社会。

(11)"最终的恩赐"

经过艰辛的旅程,这位英雄将在征程中幸存下来。此时此刻,他(她)将得到最后的礼物,即享受胜利的喜悦。英雄获得了他(她)正在寻找的东西,比如财富、秘密、自信、能力等。更重要的是,在冒险之旅后,英雄将获得新的能量、新的理解和新的洞察力,自我觉醒使英雄们能够看到自己和自己在一切事物中的位置。他们将获得洞察力,提高感受力,这使他们的生活更有意义。

第三个阶段将通过以下六个子部分来探讨这些可能发生的情况。

(12)"拒绝回归",即摒弃世人

当英雄完成冒险后,他(她)需要返回原本的世界,在那里,他(她)所得到的恩惠、能力,能够复兴社群、国家,乃至整个地球或者宇宙。而我们的英雄通常会在一开始拒绝这个责任。

(13)"借助魔法逃脱",即普罗米修斯的逃脱

众神或者魔鬼如果不想让凯旋的英雄回归尘世,那么神话的最后障碍就会是一场惊心动魄且非常滑稽可笑的追逐。用巫术制造的障碍和用魔法实现的逃避使得这场追逐变得异常复杂。

(14)"来自外界的解救"

英雄需要外界的协助才能从他(她)超自然的历险中返回。

(15)"跨越归来的阈限",即回归平凡的俗世

英雄离开我们熟知的世界去另一个世界冒险,于是他(她)的回归被描述为从遥远之地返回。

(16)"两个世界的主宰"

英雄能够从时间幻象的世界跨越到因果关系的深层世界,这种跨越的自由是一种重要的象征。

(17)"生活的自由",即终极幸福的性质和作用

在这一阶段,无论英雄是屠夫、骑士还是国王,他(她)都能看到一切,冷静自如地行动,不再担心自己行动的结果。他(她)将以冒险旅程中获得的永恒原则为核心,使自己脱离捆绑做他(她)该做的事。神话中这一阶段的隐喻是个体意识与宇宙意志的协调统一,可以消除无知,使人们理解无常与不朽的关系。

神话和传说代表了人类心理最深层的渴望。上文讲到的英雄冒险故事能够帮助我们理解人类精神,照亮生活的意义,为生命提供不息的动力源泉。我们至少可以从英雄的历险旅程中得到以下几点启示。

第一,人类在共用着同一个原型。在所有有记载的人类历史当中,在各种各样离奇古怪的文化伪装之下,在男人、女人的性别掩饰之下,在成功、普通和失败的人生之下,其实所有人都共用着一个故事原型。

第二,完整的英雄之旅包含 3 个阶段,17 个环节。很多具有现实功用的英雄之旅的变形,将 3 个阶段和 17 个环节混杂在了一起。其实,坎贝尔的研究结论是:每个人都会经历的一系列标准变化,全部都可以归于三个阶段:启程—启蒙—归来。启程包含 5 个环节,启蒙包含 6 个环节,归来包含 6 个环节,一共 17 个环节。每个人独特的人生旅程中,可能将三个阶段都完整地进行了一次次的循环体验,但在每一个阶段当中,都可能只经历了其中的部分环节,而并非每次都会是 17 个环节的完整轮回。

第三,英雄之旅与时间和金钱无关。英雄之旅是内在的启悟,是改变的力量,是坦途和困境的抉择,是寻找的焦灼,是善恶的搏击,是破局的勇气,是坚守的毅力,这一切唯独与两样东西无关,那就是时间和金钱。个人的觉醒不需要这两样东西带来能量,也不是真正的"最终的恩赐"。

第四,帮助者非常重要。在路途的三个阶段中,有一个角色频频出现、必不可少,那就是帮助者。在启程时,他(她)会给你意外的帮助,让你具备跨越两个世界的力量,从固守现状到勇敢突破;在启蒙阶段,他(她)会在难熬的、痛苦的试炼中给你带来希望,让你憧憬幸福;在回归阶段,他(她)会助你逃脱貌似成功但实则短暂的"舒适区",促使你完成回归并与现实重新融合。

第五,追随你的直觉。英雄启程后,会发现眼前有很多条路途可选,可能是成功人士的忠告、父母的建议、朋友的经验,但这些都不能成为选择的唯一而最终的标准,你只能凭借自己的直觉,放弃他人的扶助,选择从未有人走过的独特的专属于你的那个小径,只有在未竟之地,你才能发掘出未被别人触碰过的宝藏,它在那里已经静候你多时。这才是真正的你应该获得的"最终的恩赐"。

二、野生学霸的逆袭之旅

英雄必须经历冒险,而考生的逆袭之旅,就是人生中的一个神话体验。坎贝尔在《英雄之旅》中曾对英雄下过定义,英雄并不一定来自传说、并不一定能战胜邪恶,英雄正是因为反抗某种未知,才成为英雄。坎贝尔认为每个人都拥有自己的、未被识别出来的、不成熟的,但蕴藏着强大能量的梦中的万神殿。[62]

在宣扬所谓"美国梦"的电影中,每个人只要足够努力,他(她)就可以成为英雄,可以拯救世界,所有的质疑和阻难都是英雄成功路上的点缀。一场伟大的胜利正在呼唤着他(她),整个世界都在享受英雄诞生的狂欢。

一个经历创伤的个体,并不会因为自己与众人不同的经历而成为被抛入荒诞情境的异类。与众不同的创伤,恰恰是打开此人通向英雄征程的门径。创伤不是在孤独的异域漂泊,而是寻求恩赐的征程。创伤甚至可以说是人借此与自己的内在本质和宇宙本质进行对话的契机。智者会在混乱与挣扎中诞生,因为他们经历了常人无法经历的苦痛,他们才会获得超越常人的智慧。[63] 寂寞与孤独的另一面便是自由。当我们将生活掌握在自己手中时,我们便能塑造我们自己,成为我们人生故事的作者。[64]

事实上,每一个反抗自己"差生"命运的考生,每一个敢于打破常规、打破偏见、

62　约瑟夫·坎贝尔.千面英雄[M].黄珏苹,译.杭州:浙江人民出版社,2016:28-29.
63　张洪友.约瑟夫·坎贝尔:好莱坞帝国的神话学教父[J].百色学院学报,2017,30(05):4-10.
64　维克多·特纳.庆典[M].方永德等,译.上海:上海文艺出版社,1993:171.

勇于冒险的考生,都是自己的英雄。而流行于互联网上的"小镇做题家",无论他们如何自嘲,无论他们如何懊恼于自己的原生家庭,无论他们如何不满成年人的生活,但他们在此前为高考所付出的辛勤努力以及在高考应试中所取得的成绩,足以被称为"英雄"。

（一）从原生家庭说起

这几年,原生家庭,成了一个非常火热的话题。在一些网络观点看来,几乎所有问题,似乎都可以用原生家庭来解释。[65]

自卑?那多半是因为被原生家庭忽视,从小缺失足够的肯定和赞赏。处理不好亲密关系?很可能是因为你缺爱,从小在一个严苛的环境中长大。有心理障碍?那八成是童年时期受过家庭什么创伤……更有许多人,习惯于将自己的毛病和问题都归咎于原生家庭。他们最常用的词是摆脱和反抗。比如,如何才能摆脱原生家庭对自己的影响?如何才能化解原生家庭对自己的伤害?如何才能跟原生家庭对抗,塑造自己的人格?

然而,原生家庭,真的能承受得起这么重的指责吗?

我当然不是在否定原生家庭的影响。我们成长的环境,父母的教养方式,对我们的性格会有非常大的塑造作用。从这个角度来讲,原生家庭的地位是不容忽视的。

但把一切问题都归咎于原生家庭,其实是一种走偏了的做法。它的本质是什么呢?在某种程度上是一种逃避。

你把自己摆在了受害者的角度,把自主决定的权力交了出去。真正的伤害其实来自哪里呢?并不是你的原生家庭带给你的缺点,而是你心中对它(们)的指责和建构方式。这才是问题所在。

原生家庭,无论对你影响多大,是正面还是负面,它永远都是过去时。当你一直把过去放在心上时,就说明你一直被它影响着。这对于解决问题是没有益处的。真正解决问题的方法,是去改变你的视角,从过去看到当下和未来。

更好的思维方式是什么呢?无论是优点还是缺点,都是"现在的我"的一部分。既然是我的一部分,那我就要接纳它们。而如果对现在的我不满足,那我一定是看到了一个更理想的目标。或许是另一个人,又或许是自己理想中的样子,那么,就想办法让自己向目标靠拢,成为像他(她)一样的人。这才是更有效的做法。

（二）"野生学霸""小镇做题家""英雄"

"小镇做题家"指"出身小城镇,埋头苦读,擅长应试,但缺乏一定视野和资源的

65　Lachel.你的知识库,是时候更新了[EB/OL].微信公众号"L先生说",2019-08-15[2022-05-06].

青年学子"。2020年6月起,这个新词引发青年群体的共鸣。"小镇做题家"源自豆瓣网的一个聚集5万多名成员的小组。该小组在简介中称,组群的主要功能是给一流大学的"失败学子"来"分享失败故事",从而达到"自救"的目的。

他们或来自偏远的村镇,或来自县城,他们都有一个共同的特征,就是善于解题,通过征战题库,遨游题海,考入名校,成为令人羡慕的天之骄子。他们被形象地称为"小镇做题家",指的是出身村镇的学子。

他们在中学阶段依附于"题海战术",迫于师长的压力与管教而取得优异学习成绩,从而脱离小镇考入一流名校。但在步入大学后,有人感叹错过时代红利,有人学业荒废,哀叹前途迷茫。挣不脱小镇的束缚,进不了城市的围墙,成为他们心态失衡的主要原因。在一些媒体报道后,这个话题在青年群体中持续发酵,学业压力、职场焦虑、经济困境、社交困惑等内容在一些青年人中较为普遍。在这些讨论中,最常见的话题是初入大学时的自卑和踏入社会后的无所适从。来自小城镇和农村的青年学子的"学霸光环",在进入大学或踏入职场后迅速瓦解,眼界、社交能力等都是短板,感到似乎自己拼尽全力也追不上来自大城市的同龄人,忧虑自己将碌碌无为。

但同时,不少"小镇做题家"没有停留在哀叹命运不幸的阶段,他们也积极地梳理和分析自己的过往历史并寻找出路。比如有人看到,"小镇做题家"不应该只是自我责备,还应该看到更大范围的社会结构可能存在的不平等。在一篇文章里,作者回溯了自己从高中到工作的经历,她从边远省份以小城状元身份考入一所沿海地区的大学,曾在繁难的课业与文化冲击中陷入自我怀疑;她劝慰有同样情况的人在时运不济时不要过度责备自己,更重要的是,以后也可以不去责备别人身陷窘境"是因为他们不够努力",因为过往的经历让她认识到,个人奋斗固然重要,但还有更多原因能够决定一个人的成败。[66]

"小镇做题家"这一称谓,更多含有自嘲和负面否定的色彩,似乎这些人"四体不勤、五谷不分",只会做题而已。在我看来,"小镇做题家"这一称谓,其实更为符合一个"逆袭英雄"形象。因为他们或许是社会生活中的失意者,却是应试阶段的得意者。而愿意成为这样的"逆袭英雄"的群体,则是无数卧薪尝胆的"野生学霸"们。

所谓野生学霸,有两个构成要素:一个是"野生",另一个是"学霸"。

野生学霸与先天学霸相对,是指那些天资聪颖、有着强烈进取心,但因为原生

66 百度百科. 小镇做题家[EB/OL]. [2022-05-06].

家庭支持不够以致落后在起跑线上的考生。野生,是指考生原生家庭为考生所提供的支持不够,是"已经落后了的起跑线",是一个起始位置;学霸,是指考生本人的性格特质和心理特点,是考生本人的主观意愿。既属"野生"状态,又有"学霸心态"的考生,就是所谓的"野生学霸"了。需要注意的是,学霸并不意味着应试成绩高,也可能只是态度好、积极性高。

有野生学霸,就有"人工学霸"或者"先天学霸"。所谓"人工学霸",就是指那些原生家庭对考生提供了足够的支持,让考生一路领先,占据了更好的初始位置的考生。

有一个结论我想大家都不会有反对意见,那就是考生的学习成绩,肯定和家庭背景有关系。以我自己所见到的来说,我所在的小学、初中,都不是什么"好"学校。我现在工作单位旁边就有几所全省顶尖的中小学,但从上下学的接送来说,父母一般都非常上心,大多是开着车甚至是豪车来接送,如果没有接送的,也都有校车接送或者直接在附近租了房子。我上的小学和初中呢?父母接送的很少,多是同学们三五成群自己走回家,或者骑自行车回家,校门口的秩序也比较混乱,打架斗殴屡见不鲜。显然,"好"学校的家长普遍比"差"学校的家长更"牛"、更有钱,在孩子身上付出的成本更高。我楼下的便利店店长家的孩子,只能蜷缩在便利店的一角来学习功课,周末甚至还要帮父母来收银。与此同时,那些"有钱人家"的孩子,却在不停地参加各种辅导班,请名师、上网课、学才艺、长见识。经年累月,差距怎么能不大呢?

从某种意义上讲,考生之间的竞争不是考生在孤军奋战,而是考生背后家庭之间的竞争,甚至是几代人之间的竞争。

野生学霸是以一己之力和先天学霸背后整个家族几代人的努力在竞争。人们常说"富不过三代",但是随着社会的不断发展,越是"有钱人",越注重在孩子身上投资,所以往往出现优秀家庭的孩子更加优秀的现象。下面来看一个案例。

案例:吴越钱氏家族

吴越钱氏家族是指吴越国开创者钱镠及其后裔,钱镠为五代十国时期吴越国的创建者,对杭州和江浙一带的经济发展起到了奠基作用,其子孙代代有名人,如清代乾嘉学派的代表人物钱大昕,当代政治家或学者钱其琛、钱正英、钱学森、钱伟长、钱三强、钱锺书、钱复、钱穆皆是其后裔,主要生活在江苏东南部、浙江、上海等地。

钱镠是浙江临安人,是一位很富有传奇色彩的历史人物,在唐末平定战乱时立下赫赫战功。他在907年,开创了中国历史上第一个也是唯一的钱姓王国,定都杭州。虽然吴越国统辖的只有杭、越、湖、福等十三州之地,但经过三代五王几十年的精心治理,该地区富甲东南。更令人称奇的是,钱镠不仅治国有方,修身、治家也十分谨严。他订立的"十训"虽包含了一些封建思想,但大部分体现了人生智慧,一直激励着后人。钱氏后人始终文脉绵延,代有才人出。

野生学霸身上有哪些特点?如何判断一个考生是不是野生学霸呢?我们可以从"野生"和"学霸"两个维度来分析。

"野生"方面侧重于原生家庭,主要看以下六个指标。

第一,家境大多一般甚至较差。家庭是考生启蒙教育的第一站。家庭对孩子来说,其重要性不仅体现于"现在",而且关系到"将来"。孩子小时候的家庭生活,包括物质条件、父母性格、教育方式等,对孩子的将来有很大的影响,甚至在某种程度上能左右其未来。通常来讲,家境不好的孩子,更难以获得优质的培养和教育,其父母往往缺乏对孩子未来的整体规划,自然也就容易陷入"野生"的境地。有人说"寒门难出贵子",其实并不绝对。导致寒门难出贵子的重要原因,就是代际贫穷导致的父母教育思维贫穷,在某段时间困住了孩子的发展。

第二,阅读量和阅读能力不高。"非读书,不明理;要知事,须读史。"关于阅读的名言警句实在太多,阅读的重要性再怎么强调也不为过。一个人的直接体验是有限的,大量的认知必须通过阅读来实现,阅读的过程就是一个快速便捷认知世界、认知自我的过程。大多数学习成绩不高的考生,一个较为突出的表现就是阅读量不够多(不包括漫画、言情小说等)。

第三,活动半径较小、旅游频次较低。在某顶尖大学的本科生入学第一课上,老师做了一个统计,上大学以前到过境外的同学占40%左右,未出过省的为0人。而另一个普通院校,上大学前出过国的只占2.3%,未出过省的则占22%。出过国并没有什么值得骄傲的,没出过省也没什么可丢人的,但是孩子的活动半径对于孩子的成长、学习无疑是有重要作用的。人们常说"读万卷书,行万里路",旅行可以培养人的挑战精神、丰富人的阅历、启迪人的智慧、磨炼人的心性,可以说,孩子在空间上走得越远,就能在今后人生道路上走得更远。野生学霸的家庭教育,缺乏这样的豁达,比如假期了,他们的父母更倾向于让他们在家里学习,而不是四处"瞎玩"。

第四,社交经历少、范围小。有社会学家认为,对孩子成长最有影响的是四个方面:家庭、学校、同龄人环境、大众传媒。与同龄人的社交,对孩子的影响是至关重要的,人们常说的"近朱者赤,近墨者黑"就是这个道理。野生学霸的社交经历往往没那么多,范围也更小,这在一定程度上影响了他们的全方位发展。

第五，参与家庭事务多、决策少、程度浅。 从小让孩子参与家庭事务，从小培养孩子的主人翁意识，是对孩子教育的重要一环，而这不是一时就能培养起来的。野生学霸的家庭往往面临更为复杂的家族环境，比如老一辈人之间的历史积怨、张家长李家短等，野生学霸往往被动地卷入诸如去不去谁家串门、买菜做饭之类的小事，而对关乎家庭、家族前途命运的重大决策（比如买房、工作等），往往缺少发言权。

第六，仪态不佳（以牙齿为标志）。 牙齿不仅仅是器官，它也是身份的象征和成长环境的一个体现。一口整齐健康的牙齿，不仅是社交名片，更成为一种阶层符号，体现了他们的消费能力和生活方式。一方面，牙齿是"非必需的""次要的"健康议题，头疼脑热会即时发作，牙齿问题则更容易被人忽视，更容易一拖再拖；另一方面，牙齿的健康有赖于父母在孩子成长时期的前瞻性养护，经济收入好的中上层阶层对牙齿的爱护有一种偏执，把看牙科当成一种生活习惯。此外，牙齿的健康有赖于个人的生活习惯和健康意识，这点往往是野生学霸所缺乏的。

"学霸"方面侧重于个人特质，主要看以下六个指标。

第一，成绩较差但有波动。 这个成绩，指的是学生平时的测验成绩。我在《高考逆袭：中等生如何考上名校》中讲过，平时成绩无法完全地反映学生的水平，也决定不了考生高考（中考）的成绩或者排名。但是平时的成绩差说明学生基础确实没那么好，是通常讲的"差生"。平时的成绩有波动，则说明学生有一定提高的潜力，只是实力还无法稳定地提升到一个新的水平。

第二，专注、毅力、忍耐、执拗。 《论语》有言："可以托六尺之孤，可以寄百里之命，临大节而不可夺也。君子人与？君子人也！"野生学霸身上是有古君子遗风的，他们深知"任重而道远"，所以弘毅且坚忍，能够专注地去实现自己的理想。

第三，野性、不认命。 想要逆袭，必须有一股野性在心里，逆袭不是温良恭俭让的事。没有一股子野性是克服不了各种障碍和困难的。人有时候就是不能认命，就是要争那一口气。有那么一口气在，就会有无穷无尽拼搏的动力。就像知名企业家刘强东在接受采访时说的那样："我就不想认命，我不想认我的命，生下来那样，我就必须得死在那村子里，烂在那村子里；我不想认命，生下来就是个平庸者；我不想认命，生下来就是社会最底层的人，所有人都可以把我忽略；我不想认命，说我的竞争对手我永远打不败，这就是我的性格。"[67]

第四，进取心、自尊心、"求生欲"。 人常说"只要思想不滑坡，办法总比困难多"。人只要充分发挥主观能动性，那就一定会最大限度地克服不利的客观条件，

---

[67]　好看视频网.刘强东：我不想认命，我不想烂在村子里！[EB/OL].[2022-05-06].

去创造各种条件、机会来改变现状。所以野生学霸往往有着强烈的进取心、自尊心,他们不甘心于平凡的生活、平庸的成绩,强烈地希望改变这一切。面临绝境,他们会展现出令人钦佩的"求生欲"。

第五,历史感、洞察力、"宏大场面综合征"。 看到多远的过去,就能看到多远的未来。历史感,说到底是一种历史意识和文化自觉,是从历史中汲取经验和智慧。野生学霸往往喜欢精读历史、深读历史,在读通、读透中收获"历史的通感",锻炼深邃的历史视野和现实洞察力。

第六,行动力。 无论是逆袭的后进"学霸",还是一路优秀的"学霸",往往都有一个特征,就是行动力非常强。但现实中,许多考生却会有一种心态:我不是不愿意行动,但我觉得还没有准备好,我想等一切都准备好了,再去行动。这就会导致什么结果呢?要么错失良机,要么就是一直都在准备的路上。很多时候,错过了就是错过了,不会再有机会了。他们的计划、目标,轻而易举地被定下来,又被他们抛诸脑后,不见天日。实际上,行动力的缺乏很可能就是他们难以逆袭成功的一个重要原因。

大部分野生学霸不仅没有先天学霸那样的物质条件,而且还没有当时他们所处的历史条件。由于有父辈巨量资源的支持,先天学霸出现衰落的速度要比野生学霸慢得多,可以撑得更久。不少野生学霸,家庭内部动荡不止,自己没有信心,还面临无人指引的窘境。

先天学霸之所以能成为"学霸",是因为家族、父辈的数十年甚至更长时间的积累;换言之,正是父辈在同龄人中的领先地位,才能使得晚辈拥有在同龄人中建立绝对优势所需要的巨量的智力、物质支持;不能在父辈获得这巨量的资源支持,也是众多野生学霸不能形成天然绝对优势的原因之一。

但是,历史的辩证法是无情的。父辈的积累使先天学霸的优势在平时达到顶峰,接踵而至的就是他们转入衰落(尽管速度很慢)。中考,是第一次洗牌的时刻;高考,是成人前最大、最深刻的一次洗牌。

对于野生学霸来说,"小镇做题家"就是他们唯一可成为的"英雄",因为他们的"野生"注定了他们只能在"小镇"而不是"大都市",因为"学霸"注定了他们会成为"做题家"而不是"素质教育的优秀学子"。但是只要"小镇做题家"在"以成绩论英雄"的洗牌中能够占得优势,这就够了。刷题所要解决的问题,就是高考的那一次"重大洗牌"。

(三)野生学霸的逆袭之旅

正如坎贝尔所说,"英雄必须一次又一次地通过艰难的障碍""只有超越边界,个体才能够进入经验的新领域,或生或死"。如果不经历一次某种程度的毁灭,任何生物都无法获得更高等级的性质。

对于野生学霸来说,成为小镇做题家的路可不是轻而易举、敲锣打鼓就能走完的。这是一趟充满未知、充满挑战、充满风险的逆袭之旅。英雄是正在形成的事物的捍卫者,而不是已经形成的事物的捍卫者,因为他(她)就是正在形成的事物。[68]无论何时何地,冒险都是指超越已知,进入未知,而看守边界的力量是危险的。应对它们很危险,但对有能力、有勇气的人而言,危险会消失。下面我们就类比"英雄之旅",将野生学霸的逆袭之旅作如下的阶段划分。

1. 历险的召唤,即英雄使命的迹象

野生学霸本来生活在一个普通的世界,此时他(她)对自我和世界的认识都不够充分。因为一个偶然事件,就产生了他(她)与历险旅程的联系。这个偶然,可能是看到了一本关于学习方法的书,可能是听到了一次激动人心的演讲,或者是遇到了一个乐于指导的前辈……。这样一个偶然或者"失误",揭晓了一个未知的世界、一个全新的可能。

2. 拒绝召唤

面对未知,人的本能反应就是拒绝或者逃避,野生学霸也是如此。虽然成为英雄的前景是美好的,但是过程漫长、曲折且蕴含着极大的风险,野生学霸对此没有信心。

3. 陷入绝境

真理往往都是在克服困难的过程中找到的,困难是寻找真理的加速器,困难越大,人们离真理就越近。促使野生学霸下定决心的不是别的什么激励或者什么美好愿景的许诺,而是实打实地陷入了学习道路上的"绝境"。这个绝境,也许是努力看不到收获,也许是收获不尽如人意……

4. 第一次尝试

在陷入绝境之后,野生学霸会开始冒险的尝试。这个尝试,通常就是在学习方法上的改变。这是一次绝望之下的尝试,野生学霸对能否获胜并无信心。

5. 平台期

很快,野生学霸就陷入了平台期。这个平台期,也许是低水平的平台,也许是高水平的平台,但有两点需要注意:一是这个平台期的持续时间很长,二是这个平台期很难突破,量变未必带来质变。

---

68   约瑟夫·坎贝尔. 千面英雄[M]. 黄珏苹,译. 杭州:浙江人民出版社,2016:69,215.

6. "鲸之腹",即进入黑暗王国的通道

刷题,就是逆袭之旅的"鲸之腹"。唯有刷题,方能逆袭,舍此别无他途。

7. 斯芬克斯之谜

贯穿刷题全过程的一个问题就是"斯芬克斯之谜"。解决了斯芬克斯之谜,就掌握了成功的密码。

8. 全新的尝试

全新的尝试,就是使用全新的刷题方法来进行尝试。这对野生学霸来说是全新的,采取这一全新的尝试,野生学霸的心中也不免忐忑。

9. 天之将明,其黑尤烈

黎明之前的天空,恰是一天中最黑暗的时刻。很多野生学霸走对了路,却没有坚持下去,败在了黎明之前。

10. 最终的恩赐

熬过了最难熬的时刻,野生学霸就迎来了天亮的时刻。在这个时刻,他(她)能够"知其然也知其所以然",对自身所获能力的使用也近乎化境。

11. 奉若神明

野生学霸在重大考试中奇迹般地取得了令人难以预料的成功,成了众人眼中的"小镇做题家",成了应试教育评价体系下的赢家。

12. 拒绝回归,即摒弃世人

成为"小镇做题家"之后,野生学霸一下子怅然若失,失去了前进的方向。综合素质的欠缺,让他们在本就难以适应的新环境里处境更加艰难。他们可能更习惯于"毕其功于一役""一考定终身",但是面对全方位、全过程的"持久战"时,却显得力不从心。在这样的评价体系中,他们不再是佼佼者。

13. 跨越归来的阈限,即回归平凡的俗世

"小镇做题家"在一番犹豫之后,选择回归曾经诞生出像自己这样人物的"故乡"。这个故乡,也许是真实世界中的故乡,也许是将自己的方法传播于后辈。

14. 同世界的第一次和解

野生学霸顺利毕业,在毕业之后的工作选择,就是他(她)与这个世界的第一次和解。野生学霸的逆袭之旅也就暂告一段落了。

当然,以上 14 个阶段,不一定是按顺序出现的,也有可能跳过一些阶段。考生逆袭计划、刷题计划的制订只能把这个当作参考,不能照搬照抄。它最主要的意义在于给予考生心灵上的指导和启迪,让考生在迷茫、徘徊、犹疑时能够坚定信心并走下去。

在整个逆袭之旅的过程中,野生学霸会面临一系列的"陷阱"。

第一,中等进步陷阱。 中等进步陷阱,类似于人们常说的中等收入陷阱。就是说,野生学霸在取得了一定进步之后,陷入了一个长期的停滞状态,在这个状态,野生学霸很难通过重复的投入来继续取得进步,进而突破平台。

第二,自我怀疑陷阱。 野生学霸有时会陷入自我怀疑的境地,怀疑自己做得不够好,怀疑学习方法是错误的,怀疑学习道路是不对的……。有些怀疑是应该的,有些怀疑是无用的,要具体问题具体分析。

第三,打压陷阱(排名陷阱)。 虽然考试并不是一个零和博弈的游戏,但在一些"竞争对手"眼中,野生学霸的进步确实给他们带来了"威胁"。因此,野生学霸在逆袭过程中,可能会面临遭到打压的风险。打压,或许是基于善意,也有可能是基于恶意。所谓基于善意的打压,就是他(她)觉得他(她)是为你好,可客观上却在耽误你。所谓基于恶意的打压,则纯粹是见不得你好。

此外,排名作为一种中性的事务,也有可能产生无意的打压。排名和维系排名的能力是两码事,排名不等于维系排名的能力,排名可能具有很大误导性。2019 年 10 月,由美国约翰霍普金斯大学布隆伯格公共卫生学院、核威胁倡议(NIT)及经济学人智库(EIU)联合发布《全球卫生安全指数》报告,对全球195 个国家进行了全面评估。报告指出,在全方位的对比,多维度、多指标、多数据的综合评估下,美国、英国、荷兰、澳大利亚、加拿大、泰国、瑞典、丹麦、韩国、芬兰位居前十名,而中国仅排在第 51 名。当然,这份报告早已成为了全世界人的笑柄。

这些打压实质上都可被看作一系列的"压力测试"。在压力测试面前,野生学霸可能会承受不住,导致"崩盘",也有可能会挺过去,进而"涅槃重生"。

第四,机会主义行为。 机会主义,就是对逆袭、对刷题的信念不够坚定,对所秉持的方法论不够自信,所以不在乎原则,朝秦暮楚、朝三暮四,今天觉得这个方法好,就试试这个,明天觉得那个方法好,就试试那个,病急乱投医,既没有选择的明智,又没有坚持下去的决心和恒心。

第五,热情耗散。 走完逆袭之旅,是需要热情和激情的。没有对理想的一腔热血,很难完整地走完这趟旅程。但是除了激情,毅力、忍耐、坚持这些优秀的品质也是必需的。

第六,"凤凰男"陷阱。 俗语常讲"山沟里飞出金凤凰","凤凰男"就是借用了俗语的指向,代表了一类男性,他们出身相对贫寒,通过个人奋斗,离开了贫困的生活环境,但内心仍然保留了许多朴素观念和传统理想。当他们进入城市生活圈,极易在生活习惯和观念上与伴侣产生冲突。不过这个陷阱不易在逆袭旅程中遇到,这个是逆袭成功的副作用。

人类从来没有停下追赶神话的脚步,因为这是人类从内心通向宇宙的永恒的旅行。神话是人生的隐喻,每个人都是自己人生的英雄。

有心理学家曾做过一个实验。他发现:从短期来看,人们更容易为做错的事情感到后悔,并会想办法去补救、纠正;但一旦把时间拉长,不论强度上还是数量上,对没做的后悔程度,都会远远超过对做错的后悔程度。对做错的后悔,可能持续几周、几个月;但对没做的后悔,可能持续许多年,乃至成为记忆里一个永久的遗憾。

为什么呢? 很简单:一件事情做完了,那么它所带来的影响就终止了,哪怕结果不够好,你也可以不断去调整它、优化它;但一件事情没有做,并且再也没机会去做,我们就会对它存在不确定的损失产生厌恶,也就是说,我们知道自己损失了,但又不确定损失了什么。于是,我们会不断地给这种损失加码,不断地把各种可能的后果往这个篮子里装。这种感受是最难接受的。所以,如果你也面临做或不做的困扰,只要你的确对二者的利弊都考虑得非常全面、清楚,而它们的确又差不多——那么,优先选择去做,也许是一个更好的选择。

至少,你不会那么容易感到后悔。

开始刷题,勇敢地踏上这段"英雄之旅"吧!

第二节 有限性:破解刷题"斯芬克斯之谜"的钥匙

《红楼梦》中写道:"身后有余忘缩手,眼前无路想回头。"这深刻阐明了一个道理:何时出手不重要,重要的是什么时候收手。

无数考生都曾尝试过刷题的应试策略,但成功者依然寥寥。主要原因就在于不知道自身力量的极限,不知道什么时候收手。

应试是一个极其残酷的淘汰过程,如果说逆袭是一场"英雄的历险",那么刷题是"鲸之腹",而对"有限性"哲学的深入理解,就是破解刷题"斯芬克斯之谜"的唯一钥匙。明白自身实力的极限,掌握好收手的时机和力道,都离不开对"有限性"的深刻理解和把握。

本节内容围绕理解和把握"有限性"展开,在对有限性的哲学含义进行阐述的基础上,详细描绘了有限性在国际关系学领域(主要是地缘政治学方面)、心理学领域的存在与价值,并以中医学为例探讨了整体主义之于有限性的重要意义,以便于考生理解和把握。

一、刷题的"斯芬克斯之谜"

索福克勒斯是古希腊著名悲剧作家,他的代表作《俄狄浦斯王》是古希腊悲剧的典范作品,被亚里士多德推为戏剧艺术中的典范。

主人公俄狄浦斯是忒拜王的儿子,但忒拜王相信了一个预言——俄狄浦斯有一天会杀死父亲而与母亲结婚。于是他命人杀死俄狄浦斯。然而,这个执行命令的人不忍下手,只是将俄狄浦斯丢弃在山上。后来,一个牧羊人发现了俄狄浦斯并将他送给邻国的国王当儿子。俄狄浦斯长大后,做了很多英雄事迹,其中最著名的是解开了狮身人面兽斯芬克斯的谜语,并因此娶伊俄卡斯忒女王为妻。后来,国家瘟疫流行,俄狄浦斯才知道,他多年前杀掉的一个老人是他父亲,而与自己同床共枕的是母亲。闻知这一事实后,伊俄卡斯忒女王自杀,俄狄浦斯则戳瞎双眼,流浪去了。[69]

斯芬克斯被比喻作谜一样的人和谜语。

文学伦理学领域,则把伦理意义上的人看成是"一种斯芬克斯因子的存在,由人性因子与兽性因子两部分组成"。[70] 其中人性因子指人类在进化过程中出现的能够导致自身进化为人的因素,是人身上才具有的伦理意识;兽性因子则是人类在进化过程中的动物本能的残留,表现为人身上存在的非理性因素。[71]

从斯芬克斯之谜引申开来,其实也有一个刷题版本的"斯芬克斯之谜",这个谜贯穿刷题始终,也由此埋下了逆袭之旅中的"暗礁险雷"。对这个谜,我们可以这样表述:

很多考生都觉得刷题很简单,无非就是多做题罢了。他们也认为刷题有一定用处,可一旦付诸实践,就发现刷题对自己成绩没什么帮助,即便有,也是短期内有效、长期则无效,很难通过刷题实现应试的成功,往往陷入"不信不灵,信也不灵;别人有用,我刷没用"的困境。

《诗经》曰:"永言配命,自求多福。"考生的求福天命何在呢?"斯芬克斯之谜"的谜底何在? 我认为,答案就在于有限性哲学理念指导下的克制、节制、自制。[72]

69　柳小虹.斯芬克斯之谜的象征意义[J].才智,2011(03):222-223.

70　聂珍钊.文学伦理学批评:伦理选择与斯芬克斯因子[J].外国文学研究,2011,33(06):1-13.

71　王晓兰.《哈利·波特》中的善恶斗争与斯芬克斯因子博弈[J].南昌工程学院学报,2014,33(05):36-43.

72　本章关于有限性的哲学理解,很多参考了"彭战果、姜颖.中国古代有限性思想研究[M].北京:社会科学文献出版社,2019"的相关内容,在此表示感谢。

二、有限性的哲学理解

有限性是哲学上一个非常重要的概念,它与"有限的"这一概念相关,但又存在显而易见的差异。一般意义上,人们更多地从"无限性"视阈来规定哲学的本性,哲学在"无限性"基础上获得崇高和神圣的同时,却使人陷入一种无法自我解释的怪圈,因为哲学的"无限性"使得自身脱离了现实生活的"有限性"成为一种自我封闭的完满的存在,其完满性体现在其借助于理性逻辑和概念演绎就能解释自身和世界。[73]

中国哲学史上有许多关于有限性的讨论。在先秦诸子中,儒家展示出了鲜明的有限性特征。孔子有"五十而知天命"之说,可以理解为在深察天命"不可知"的前提下揭示了人的有限性,从而洞悟人自身塑造自身的伟大价值。为什么这样说呢?由于天命是不可知的,人会发现自身处于被抛弃的状态中,缺乏生存的最终根基;而恰恰也正是因为被抛弃,一切固定的东西都瓦解了,人具备了自身塑造自身的可能。天命不可知同时说明人的认知是有界限的,人不是全知者,这是孔子对人的有限性特征的揭示。

孔子除了从天命的角度揭示人的生存有限性,还进一步指出了认知的限度和知识传承的困难性。比如,"知之为知之,不知为不知,是知也"。人的认知是有限度的,所谓"知之为知之,不知为不知"正说明了这种限度。正是因为人们认识到自身认知能力的限度,已知的东西才因与限度之外未知领域的比照而被认定,从而成为具体的知识。更为重要的是,正是因为这个限度的存在,才给人们提供了进一步前进的空间和可能性。在王夫之看来,这恰恰是儒学最根本之处。

此外,道家亦存在有限性的维度。《老子》第七十一章明确提出了"知不知,尚矣;不知知,病也"的命题。在《庄子》中,"不知"的表达更是随处可见:《齐物论》载:"知止其所不知,至矣。"《知北游》载:"无知无能者,固人之所不免也。"《徐无鬼》中说:"人之于知也少,虽少,恃其所不知而后知天之所谓也。"《则阳》中说:"人皆尊其知之所知,而莫知恃其知之所不知而后知,可不谓大疑乎!"在庄子看来,正是人的"不知"保证了"知"。人有不知的一面,正是其有限性的体现。

庄子说:"故知止其所不知,至矣。""知止其所不知"说明了认知的边界,昭示了知识和道之间的张力。但是张力的存在并不是对认知进行限定,而是恰恰为认知提供了持续前进的保障。"学者,学其所不能学也;行者,行其所不能行也;辩者,辩

73　牛小侠,陆杰荣. 海德格尔"有限性"思想及其"实践"意蕴[J]. 学习与探索,2011(06):41-44.

其所不能辩也。知止乎其所不能知,至矣!""人皆尊其知之所知,而莫知恃其知之所不知而后知,可不谓大疑乎!"道以其不可知性赋予认知以无限的空间,知识的边界同时亦是其前进的保证。知识这种在道德保证之下持续前进的过程,即是知识对道展示的过程。由于不知是永恒的,知识和道之间的张力是永远存在的,"恃其知之所不知而后知"的过程也是持续不断的,因此所谓以其知"知天"变现为具体知识的持续被否定,在这种否定中道不断地被接近……也仅仅在于破除知识的真理性,使知识在一个过程中持续地被否定,依靠这种办法,从而达到"大通",与道融为一体。

《礼记·学记》有云:人之学也,或失则多,或失则寡,或失则易。人们的学习态度各有不同,有的人贪多求快,囫囵吞枣;有的人蜻蜓点水,浅尝辄止;有的人专找捷径,急于求成。总体上看,先秦儒家通过洞悟外在超越性存在的不确定,来凸显生存的有限性特征;先秦道家则是通过对知识的分析,揭示主体认知的有限性状况。

事实上,人以自身的方式理解世界,理解的过程就是知识产生的过程。每一种知识体系都必须采取一定的思维模式,无论何种思维模式都是一偏之见。有所见就有所不见,有所不见即无法给予人全体的、绝对的认识。承认认知的界限并没有降低人的价值,恰恰因为界限,人的意义才得以彰显,因为这为人提供了永恒前进的空间和动力,提供了塑造自身乃至创造世界的可能性。

恩格斯曾告诫我们:"蔑视辩证法是不能不受处罚的……错误的思维一旦贯彻到底,就必然要走到和它的出发点恰恰相反的地方去。"恩格斯的话对于理解有限性在刷题中的运用是有益的。

想要实现应试逆袭的考生确实需要有限性的哲学指导,想要破解刷题的"斯芬克斯之谜",就需要考生承认自身的有限性,深刻认识到自己的记忆不是无限的、时间不是无限的、能力不是无限的,真正做到"有多少干粮走多少路,有多大能耐干多大事",否则也无怪乎最后以失败收场了。

正如古希腊伟大诗人荷马所言:"可耻啊,我说!凡人责怪我等众神,说我们给了他们苦难,然而事实却非这样:他们以自己的粗莽,逾越既定的规限,替自己招致悲伤。"人世间的灾难,实际上都是人僭越了自身的能力界限所致。[74]

以上内容是关于有限性的哲学理解,有些晦涩难懂也属正常。但是理解不了,

74　王灵伦,赵亚南.试论海德格尔的有限性思想及其现代意义[J].濮阳职业技术学院学报,2014,27(01):33-35,38.

不代表我们把握不了。我本人高考逆袭的时候,哪懂得这么多大道理,也只是有个懵懂的认识而已。理解和把握是两码事,有的人"懂很多大道理,却依然过不好这一生"。当然,理解得更深入,大概率也会在实践中把握得更好,二者显然是正相关的。

为了加深考生对有限性的理解,在首先进行哲学阐释的基础上,我们重点从国际关系学领域(主要是地缘政治学方面)、心理学领域、中医学领域进行阐释。可能有的考生要问了,你就讲怎么考试、怎么刷题就行了,讲什么国际政治呢？ 讲什么中医呢？ 这和刷题有什么关系？ 因为这涉及一个重要的定理——哥德尔定理。

哥德尔是著名的奥地利数学家,哥德尔定理的主要内容如下。

第一定理:任意一个包含一阶谓词逻辑与初等数论的形式系统,都存在一个命题,它在这个系统中既不能被证明为真,也不能被证明为否。

第二定理:如果系统 S 含有初等数论,当 S 无矛盾时,它的矛盾性不可能在 S 内证明。

哥德尔定理告诉我们:不可能在同一层次解决所有问题。哥德尔坚信总是存在我们不能完全知晓的东西,要想解决这个矛盾,就必须上升到更高层次。即使那么严密的数学和逻辑也有局限性,也存在既不能证明也不能证伪的东西,所以也有人将哥德尔定理称为数学上的测不准原理。[75]

哥德尔定理虽是针对数学而言的,但其原理的应用是深刻的:没有哪个系统能够解决所有问题。如果一个系统有缺陷,你也许能够发现或者能意识到,但未必能解决它。只有跳出系统,才能把原来的系统和缺陷整合到一起,使它们能够在逻辑上重新相容。

从思维角度来看,这就是跳出传统思维。如果我们要真正地理解刷题的有限性,就必须跳出刷题看刷题,跳出有限看有限,从校园的一片小天地中超脱出来,从一个更深的层次、更高的维度、更宽的视野来看待刷题的有限性。

正是基于这样的考虑,我们有必要从考试以外的领域来理解刷题的有限性。

三、国际关系的有限性之维度

命运即政治。人们以为命运就像手心的掌纹一样专属于自己,其实不然,我们的命运或多或少具有外部性:我们的好运气或许会给别人带来坏运气;反之亦然。不理解政治,我们就难以真正理解命运;不关注命运,政治学就缺乏震撼人心的力

75　胡晓峰. 战争科学论——认识和理解战争的科学基础与思维方法[M]. 北京:科学出版社,2018:84.

量。命运不是理所当然的,也不是由一个超验的神秘力量决定的。[76]

古语讲:"国虽大,好战必亡。"对有限性理解最深刻的其实并不是在考试中取得胜利的"小镇做题家",而是在复杂国际、国内政治环境中纵横捭阖的政治家群体。深刻剖析国际关系中的有限性维度,可以更好地帮助我们理解有限性原理在刷题策略中的运用。

下面从相关文献中摘录的 2 个典型的案例中一窥国际关系的有限性之维度(案例中的着重号为笔者所加)。

案例1:纣克东夷而陨其身

纣克东夷,是商王朝末期的一次重要战争。

殷商后期,生活在今山东、江苏一带的人方(东夷)逐渐强大,不断向殷商统治地区扩张,约在公元前 11 世纪初,帝辛(纣)凭借其武力,攻伐东夷。经过这次大规模的战争,东夷各部先后被纣王征服。殷纣王虽然在伐东夷的战争中获胜,但西方周人却乘机伐商,致使殷商失国,故《左传》昭公十一年载:"纣克东夷,而陨其身。"

伐东夷的战争中,纣王一方占尽优势。为了永绝后患,纣王甚至建起了一条通往东夷的大道,以便迅速调兵镇压东夷人的反抗。夷人尽管善弓,但商军的箭镞以青铜打造,精巧而锋利,其射程远、杀伤力大,而且商军作战部队中甚至出现了"象队"。古书上说:"商人服象,为虐于东夷。"大象的象牙轻易地戳穿了东夷人的胸膛,然后把尸体抛向空中,东夷的军队一批批倒了下去。被纣王指挥的商军一阵冲杀、层层包围后,东夷人的部队大部分做了俘虏。据说,商军如秋风扫落叶一样,从山东西南部一直打到胶东半岛沿海,降服了大多数东夷部落,俘虏了成千上万的东夷人,取得大胜。从此以后,中原和东南一带的交通得到开发,中部和东南部的关系密切了。中原地区的文化逐渐传播到了东南地区,使当地人利用优越的自然地理条件发展了生产。

由于东夷部族的顽强抵抗,使商军长期陷于东部作战,造成商朝内部空虚,消耗了商朝大量人力、物力。这时,周武王看到了机会,在姜子牙的建议下,周国率举国之力进攻朝歌,而商军的主力正在东方跟东夷作战,来不及回撤。没办法,商纣王只能组织奴隶和囚犯作战,奴隶和囚犯的战斗力可想而知,他们不仅没有跟周军作战,反而倒戈了。这样商朝灭亡了。

76　熊易寒.不理解政治,我们就难以真正理解命运[EB/OL].搜狐网,2018-06-26[2022-05-06].

案例 2:李普曼对美国的告诫[77]

沃尔特·李普曼(1889—1974 年)[78]是冷战年代美国最不冷静时期的最冷静的战略思想家,李普曼的文章长期受到毛泽东的关注。1950 年 11 月,朝鲜战争爆发不久,毛泽东注意到李普曼的观点,曾经要求印发李普曼的有关专栏文章,以供党内领导阅读研究。1958 年 11 月 12 日,李普曼在《纽约先驱论坛报》上发表《苏联的挑战》一文,认为西方的军事集团和基地包围政策不能遏止共产主义的发展。新华社《参考资料》第 2512 期刊载了这篇文章,毛泽东在读了李普曼的这篇文章后,写下批语:"此件印发。值得一看。"[79]

李普曼的思想可追溯到罗斯福在与苏联分治世界中有限扩张的战略,其哲学要义是"有多少干粮走多少路"。李普曼知道,虽然美国是世界上最强大的国家,但其力量也只够保住几条关键利益线,这是老牌英国治理世界的经验,也是两位罗斯福及尼克松等在危机时刻为美国赢回荣光的经验。有意思的是,李普曼的学术地位长期受到"二战"后决心向美国复仇的英国人——为了不让美国人了解——以所谓"美国新闻评论家"[80]定位的刻意淡化。在英国人的宣传中,李普曼被淡化为"记者",其著作只见于市面上畅销的《公共舆论》,而其最能体现战略远见的《冷战》《美国外交政策》则被打入冷宫。与此相反,英国舆论将最不靠谱的外交官凯南、麦卡锡及后来的布热津斯基等捧为"战略家",其大而无当的著作被炒得洛阳纸贵。李普曼因此在麦卡锡之后被美国及紧随美国的战略研究界长期埋没和淡忘——这显然是古代秦国"立庸君以弱晋,得城池而强秦"[81]手法在国际思想战中的再现。

李普曼在《美国外交政策》一书中对美国人的"世界主义"情绪提出警告,他告诫美国要避免那种意在纠正世界的传教士式的干涉主义。他写道:

美国必须在它的目的和力量之间保持平衡,使它的宗旨在它的手段可以到达的范围之内,也使它的手段可以达成它的宗旨;使它的负担和它的力量相称,也使它的力量足够来完成它的"责任":要是不确立起这个原则,那根本就谈不到什么外

77　本案例主要参考了"张文木.李普曼及其思想对当代美国的意义[J].印度洋经济体研究,2018(02):130-136,141"。

78　沃尔特·李普曼(Walter Lippmann,1889—1974 年),美国著名的政论家。1889 年 9 月 23 日生于美国纽约。在哈佛大学时他受马克思主义的影响而成为一名社会主义者,从哈佛大学毕业后,他先后在多家报社供职,曾做过 12 位美国总统的顾问。

79　中共中央文献研究室.建国以来毛泽东文稿第七册[M].北京:中央文献出版社,1992:603.

80　不列颠百科全书公司.简明不列颠百科全书·5[M].北京:中国大百科全书出版社,1986:207.

81　张分田.秦始皇传[M].北京:人民出版社,2003:33.

交政策。[82]

　　针对凯南的"遏制"政策和以此为基础的"杜鲁门主义"的危险,他指出美国安全的脆弱性,提醒美国政府不要忘记在"目的和力量之间保持平衡"的外交哲学,李普曼写道:

　　美国的军事力量是特别不适用于需要在一个无限度的期间坚持而耐心地加以贯彻执行的遏制政策。如果苏联是像日本一样的岛国,美国的海空力量是可以推行这样一个政策的。美国可以没有太大困难地实行对敌封锁。但是苏联需要在大陆上加以遏制,这样所谓"守住防线"就不能不是一种壕堑战。

　　然而美国军事力量所擅长的并不是无限期地防守阵地。这样做,需要大批驯服的人发挥巨大的忍耐力。美国军事力量的优点在于它的运动性、它的速度、它的射程和它的进攻威力。因此它并不是执行遏制外交政策的有效工具。它只能服务于一种以决战和解决为目标的政策。它可以而且应该用来挽救已为第二次世界大战所倾覆了的均势。但是它并不适合于遏制、等待、对抗、阻拦的政策,这种政策并没有具体的目标,而只求最终"挫折"敌人。很可能,在俄国人还没有被挫折以前,美国人自己倒已经为 X 先生[83]的政策所挫折而沮丧了。[84]

　　政权与政权之间的斗争、国与国之间的斗争是极其残酷的。我们可以看到,案例1的主角只是取得了战术上的短暂成功,商纣王打败了强敌东夷,收获了大量的土地、财富、俘虏,却被周武王灭国。原因何在?除了战争正义性、军事策略等方面的问题,还有一个重要原因就是商纣王的战略框架中缺乏哲学元素,特别是缺乏案例2中所倡导的"有多少干粮走多少路""在它的目的和力量之间保持平衡"的有限性哲学。

　　纵观历史上那些著名的失败者,比如拿破仑、希特勒等,他们的失败之处在于只知道对手是谁,却不知自身力量的边界。人一旦只知力量而不知边界,随之而来的就是骄横和傲慢,进而产生脱离实际的认知,最终走向失败。

　　地缘政治不应当被研究成让国家四处"拼命"的学问。[85]资源的绝对有限性与发展的绝对无限性的矛盾,以及由此引出的国家力量的绝对有限性和国家发展需求的绝对无限性的矛盾,是人类及其赖以生存的国家发展自始至终面临的基本矛盾。前一种矛盾决定了国家间的斗争贯穿人类发展进程的始终,不管这种斗争采

82　沃尔特·李普曼.美国外交政策[M].罗吟圃,译.福州:人文出版社,1944:17.
83　"X 先生",即乔治·福斯特·凯南,美国外交家和历史学家,遏制政策创始人。
84　沃尔特·李普曼.冷战[M].裘仁达,译.北京:商务印书馆,1959:12.
85　张文木.地缘政治的本质及其中国运用[J].太平洋学报,2017,25(08):1-14.

取什么形式,它是人类文明进步的基本动力;后一种矛盾使国家在对抗力接近的条件下有强弱转化的空间。国家为获利而扩张,也为过度扩张并由此透支财力而衰亡。造成这种规律性现象的原因是扩张规模如此之大以至需要更多的财力来巩固已有的扩张利益。[86]

"'灭此朝食'的气概是好的,'灭此朝食'的具体计划是不好的。"地缘政治本质上应被理解为国家"养生"和争取有方向的世界和平的学问;其要义是正确地认识国家目标与资源在特定地理空间相互匹配关系及其矛盾转化的学问。在这方面,做得比较好的人物集中存在于优秀政治家群体,其中大多数人的伟大并不在于他们对本国战略目标的认识和把握能力,而在于对本国战略目标与战略资源在特定地理空间的匹配关系及其矛盾转化节点的认识和把握能力。

古希腊哲学家赫拉克利特说:"战争是万物之王,可以使一些人成为神,可以使另一些人成为人、奴隶或是自由人。"高考就是一场"战争"。对于一个想要在应试战场上逆袭的考生来讲,应当以"政治家"或"战略家"的要求来审视自己,应当以纵横捭阖的气概在战场上排兵布阵、挥斥方遒,站到个人生死存亡的高度,牢牢地掌握刷题主动权和绝对控制权。

"批判的武器当然不能代替武器的批判,物质力量只能用物质力量来摧毁。"实现应试的成功不能靠考生不切实际的幻想或小聪明,更指望不上"三天打鱼、两天晒网"式的激情,需要的是实实在在刷题。考生采取的刷题策略,应被理解为个人的"养生"战略和争取有限度成功的学问。

高考试题的有限性与练习题目的无限性之间的矛盾,以及由此推导出的个人力量(记忆能力)的有限性和发展需求(遗忘规律)的无限性之间的矛盾,是考生在应试过程中自始至终都必须面临的矛盾。高考如此,中考、考研、公考、司考、艺考也是如此。

这两种矛盾中,前一种矛盾决定了考生与题目的博弈贯穿应试进程的始终,不管这种斗争采取什么形式,它是考生迎战考试的基本模式;后一种矛盾使考生在能力有限的情况下有伸缩转圜的空间。应试好比小孩子手中玩耍的橡皮筋,不管它翻出多少花样,它的伸展总有其自身能力承受的底线和极限。超越了极限,考生就会力有不逮,出现"消化不良"乃至"反受其咎";越过了底线,考生就会"吃不饱",出现"营养不良"乃至"饥寒交迫"。如果橡皮筋的某一边被拉断,则意味着沿此行进的考生因能力不支而失败,轻则导致考生应试失利,重则导致考生个人世界观的

---

86 张文木. "麦金德悖论"与英美霸权的衰落——基于中国视角的经验总结[J].国际关系学院学报,2012(05):1-15.

崩塌。

考生为应试而刷题,也为过度刷题并由此透支自身的能力而导致功亏一篑。造成这种规律性现象的原因是刷题范围的扩张规模如此之大,以至需要超人般的记忆力来巩固已有的努力成果。试想,考生也就是一个人、几个月,却面临着几十本书、几百套卷子,如果不进行合理取舍,任何刷题策略都是难以为继的。

刷题的原则是不能将个人能力"拉断",这是极限;应试备考的原则是不能缩得毫无斗志,这是底线。

什么是极限?举例来说,一个常年语数外不及格的高三考生,只剩 3 个月的时间,想要逆袭清华、北大、人大,这个可能性有多大?很显然,可能性一点也不大。有逆袭的这个想法是极好的,也是可以的,但如果把未完成的目标当成已经成真的现实,把"想到的"误以为是"会实现的",那就是把个人的能力极限拉断了。相反,如果一个稳居年级第一、全市模拟考遥遥领先的考生,把自己的高考目标定位为超出二本线,那就是太没追求,以致拉低了底线。

对于任何一个有追求的考生,只有找出这两点之间合理的比例关系,准确地把握战略目标与个人能力之间的匹配节点,不做好高骛远的蠢事,附着于其上的刷题理论和实践之间才能避免"纠克东夷而陨其身"式的悲剧。而要做到这一点,在相当多的情况下,仅凭课本上的知识是不够的,仅凭课堂教学是不够的,它还需要个人实施自主学习、自主刷题的战略,它还需要考生像一个"政治家""军事家"那样去思考和处理问题。但从经验观察所呈现给我们的经验看,迄今为止,很少有学生的自主刷题能够真正占领"心脏地带";也就是说,每当考生开始自主刷题,不是扩张到极限(超出自身记忆能力极限),就是不及底线(题目包含的知识和技巧总量不够),进而放弃自主学习,最终走向失败。

从某种意义上讲,包括高考应试在内的任何应试,都是在个人力量(包括能力和潜力)使用上拿捏分寸的学问。卢梭在《社会契约论》一书中说:"征服一个国家要比治理一个国家容易得多。有一根足够长的杠杆,人们只消用一个手指头便能够摇动全世界,可是要担负起全世界来,却非得有赫居里士[87]的肩膀不可了。"[88]我们也可以说,刷题容易,买几十套粗制滥造的卷子,买一根耐用的中性笔,有一个耐坐的铁屁股就可以了。可是要真正消化这些题目,却非得有"阿尔法狗"式的大脑了。

事实上,考生成功施行刷题策略的真正阻力来自自身有限的哲学素养和政治悟性,而非技术、方法、家人或是学校等任何外在因素。方法可以解决一部分矛盾,

---

87　　赫居里士(Hercule),罗马神话中的大力神,即希腊神话中的赫拉克勒斯(Hercles)。
88　　卢梭. 社会契约论[M]. 何兆武,译. 北京:商务印书馆,2003:125.

但解决不了一切矛盾，尤其是记忆与遗忘的矛盾；而当推行刷题策略的考生走上一条孤独的道路、开始"与世界为敌"的时候，其所面临的矛盾基本就是无解的。

深陷在"方法拜物教"的学生大多不承认这个道理，他们认为一切皆可由学习方法解决。一旦看到了什么学习方法、听到了什么经验分享，他们就开始想入非非，其战略制定也就容易脱离实际，其刷题目标如天女散花且大得惊人，常常大到不把自己大脑累垮则不能罢休的地步。这时，由刷题带来的收获就日益不足以弥补其为巩固原有刷题成果所付出的代价了。

老师和考生对应试的认识有显著的差别，所扮演的角色也不同。相比之下，老师更像学者，对某一个具体的学科有着较为深入的研究；而学生更像政治家，他们也许在理论上并不能那么圆满，但他们才是实践一切应试理论的主体，他们最终要为一切后果负责。

作为"政治家"的考生应当明白，个人的力量是有限的，有限的力量只能配之以有限的目标，考生不仅不要高估自己的能力，更不能盲目高估自己的意志力、判断力。如果按"超级大脑"或者"无限记忆"的假设来制定刷题战略，结果只会是在没有遭到应试打击之前便被自己的雄心壮志挫败了。这种刷题目标上的"战略多动症"是由其自身哲学素养不成熟造成的。

"真正的辩证法并不辩护个人错误，而是研究不可避免的转变，根据十分详细研究发展过程的全部具体情形来证明这种转变的不可避免性。"对于考生来说，这个"不可避免"的转变，就是从极限或底线向有限的转变。在考生开启自主刷题之前，矛盾的主要方面在于做题太少，知识的容量不足以应试制胜；在考生开启自主刷题之后，矛盾的主要方面在于做题太多，记忆的能力不足以对前期成果进行充分的消化吸收。在极限和底线之间从容应对，就是有限性的真谛所在。

四、有限性的心理学证据

关于记忆的论述古已有之。在中国古代神话中，孟婆是地府中专门掌管将生魂抹去记忆的阴使。希腊神话则把记忆拟人化，取名为摩涅莫辛涅，她是缪斯女神的母亲，所有艺术与科学都由她孕育而生。[89] 古希腊人帕蒙尼德认为，人的记忆是由明暗（或冷热）两种物质构成的混合体，只要混合体没有受到干扰，记忆就是完整的，一旦混合体发生变化就会出现遗忘现象。

在记忆问题上提出重要概念的第一人，是公元前 4—5 世纪的著名思想家柏

89　米哈里·契克森米哈赖. 心流：最优体验心理学[M]. 张定绮，译. 北京：中信出版社，2017：221.

拉图。他的理论被称为"蜡版假说"。他认为，人对事物获得印象，就像有棱角的硬物放在蜡版上所留下的印记一样。人对事物获得了印象之后，随着时间的推移，该印象将缓慢地淡薄下去乃至完全消失。这就像蜡版表面逐渐恢复了光滑一样。所谓"光滑的蜡版"相当于完全遗忘。这种学说虽然也不完善，但还是影响了许多人。

第一个在心理学史上对记忆进行系统实验的是德国著名心理学家艾宾浩斯。他对记忆研究的主要贡献有二：一是对记忆进行严格数量化的测定，二是对记忆的保持规律做了重要研究，并绘制出了著名的"艾宾浩斯遗忘曲线"。1885年他出版了《论记忆》一书，从此，记忆成了心理学研究的重要领域。

第二次世界大战后，特别是20世纪60年代以来，记忆研究越来越得到人们的重视。关于记忆的研究属于心理学或脑部科学的范畴。

把记忆视为最古老的心灵技巧以及所有心灵技巧的基础，理由十分充足。倘若没有记忆，其他所有心灵运作的规则就会随之消失得无影无踪，逻辑与诗歌也不可能存在，每一代都必须重新发现科学的基本原理。在书写记事体系发达之前，所有学习得来的资讯都只能靠记忆，由一个人传递给另一个人。即便在造纸术、印刷术等技术已经较为成熟的我国古代，记忆对于知识传承的作用仍旧无可替代。无法记忆的人，就丧失了以往累积的知识，无法建立意识的模式，也无从整顿心灵的秩序。正如布努埃尔所说："生命没有记忆，就不能算是生命……记忆是我们的凝聚、理性、感情，甚至也是我们的行动。少了它，我们什么也不是。"

记忆是原先的刺激不复存在时所保持的有关刺激、事件、意象、观念等信息的心理机能，是个体对其经验的识记、保持、回忆或再认。从信息加工的观点来看，记忆就是对信息进行编码、储存和提取。感知过的、思考过的、体验过的和行动过的都可以成为个体的经验。[90]

记忆的基本过程是由"识记""保持""回忆和再认"三个环节组成的。识记是记忆过程的开端，是对事物的识别和记住，并形成一定印象的过程。保持是对识记内容的一种强化过程，使之能更好地成为人的经验。回忆和再认是对过去经验的两种不同再现形式。记忆过程中的这三个环节是相互联系、相互制约的。识记是保持的前提，没有保持也就没有回忆和再认，而"回忆和再认"又是检验识记和保持效果的指标。记忆的这三个环节缺一不可。记忆的基本过程也可简单地分成"记"和"忆"的过程，"记"包括识记、保持，"忆"包括回忆和再认。[91]

90　黄希庭,郑涌.心理学导论[M].北京:人民教育出版社,2015:364.
91　刘颖,苏巧玲.医学心理学[M].北京:中国华侨出版社,1997:23.

记忆是一个主动的过程，记忆过程中的每一个环节都有这一特点。识记是记忆的开始阶段是获得知识经验的记忆过程。识记具有选择性。环境中的各种刺激只有被个体注意，才能被识记。从信息加工的观点来看，识记是信息的编码，人试图将当前经验同某一名称相联系。这一过程通常是自动而迅速的，因而未被意识到。进一步的编码过程是使新输入的信息同已有的知识经验建立广泛的联系，从而形成知识网络。

保持，是识记过的经验在头脑中的巩固过程，也就是信息的储存。储存也是一个积极的过程，储存的信息在内容和数量上都会发生变化。

回忆和再认是恢复经验的过程，也就是信息的提取，是指在需要的时候将经编码储存在记忆中的信息予以解码输出，并通过反应表现出来的历程。经历、体验过的事物不在眼前，能把它认出来的过程，称为再认。回忆和再认不是对原先识记材料的简单再现，而要经历重建和重整的过程。

记忆是一个系统，可分为三个不同的部分：感觉记忆、短时记忆和长时记忆。感觉记忆保持感觉刺激（光、声、气味和触压等）的瞬时映象，其保持时间很短，只有一两秒，因而也称为瞬时记忆。虽然信息在感觉记忆中保存的时间很短，却很有用。在看电影和电视时，由于有感觉记忆，眼动和眨眼的时间并不影响我们知觉的连贯性。在与他人交谈时，由于有感觉记忆，我们才能把别人的话语知觉成连贯的谈话。短时记忆保持的时间约为20秒至1分钟，除非积极加以复述，否则信息会很快在短时间内遗忘。长时记忆保持信息的时间极长，超过1分钟，甚至伴随人的一生。关于这两种记忆，我们都有经验：从电话簿上找一个号码，用过之后，很快就忘掉了，这就是短时记忆；而孩提时代的某些经验我们至今记忆犹新，这就是长时记忆。长时记忆中的信息构成了我们关于世界的各种知识。

根据记忆是否被记忆到，可以把记忆分为外显记忆和内隐记忆。在我们的大脑里保留着许多记忆，有些是我们能意识到的，有些是我们意识不到的。意识到的记忆成为外显记忆。例如，我们能记忆儿时的"九九乘法表"，记得今天早餐吃什么，记得去年植树节的活动。而无意识的记忆成为内隐记忆，即我们没有意识到但确实存在着过去的经验或记忆。例如，一些人能熟练地打字，但是要求他们立刻正确说出键盘上字母的位置，许多人往往做不到，这说明他们有字母位置的内隐记忆。[92]

关于记忆的研究是学术界的一个热点。尽管当今的科学技术已经有了长足的

92　黄希庭，郑涌.心理学导论[M].北京：人民教育出版社，2015：364-367.

发展,但现代人类对记忆的研究仍在继续。理论的生命力在于实践。对于考生来讲,对记忆的研究再深入,如果不能将之付诸实践也是徒劳的。

在第四章第四节的关于有限刷题法的操作要点中,有对记忆在刷题中的关键作用的具体阐述。关于记忆,下面说三点明确的判断。

1. 记忆能力不等同于解题能力,但解题能力需要记忆能力

每个人的记忆都是有限的,考生通常更倾向于高估自己的记忆力,进而在此基础上制定超出自己记忆力极限的刷题策略。

虽然记忆不等同于高分,但是要取得高分,就必须记住很多东西。考生要想快速、大幅提高成绩,就得大量地、快速地、高质量地做题,记忆能力关乎排名上限。

单纯的记忆并不会天然带来高分,因为记忆能力不等同于解题能力。但是记忆能力是解题能力的基础,没有记忆力就谈不上联想能力、创新能力、解题能力。很多我们熟知的大文豪,在幼年时期都经历了严格的私塾教育,经历了严格的记忆训练。你想想,几岁大的孩子能理解他们背诵的经典文章吗?我想是很难的。事实证明,不理解没关系,先记住再说,以后有的是时间来理解。随着年龄的增长,理解的程度还会不断加深,还会有新的理解,也算是一种"以时间换空间"了。下面品味一下《虞美人·听雨》。

原文:

虞美人·听雨

[宋]蒋捷

少年听雨歌楼上。红烛昏罗帐。壮年听雨客舟中。江阔云低、断雁叫西风。

而今听雨僧庐下。鬓已星星也。悲欢离合总无情。一任阶前、点滴到天明。

译文:

年少的时候,歌楼上听雨,红烛盏盏,昏暗的灯光下罗帐轻盈。人到中年,在他乡的小船上,看蒙蒙细雨,茫茫江面,水天一线;西风中,一只失群的孤雁阵阵哀鸣。而今,独自一人在僧庐下,听细雨点点。人已暮年,两鬓已花白,人生悲欢离合的经历是无情的,还是让台阶前一滴滴的小雨下到天亮吧。

解决问题的知识经验越丰富,越有利于问题的解决。善于解决问题的专家和新手的区别,在于前者具备有关问题的知识经验,并善于运用这些知识经验解决问题。例如,一个老专家和一个刚参加工作的实习医生,在面对一个具有很多症状的患者时就采取了不同的处理方式。年轻医生不确定病人患了什么病,于是便为病人开出了各种各样的医学检查单,在有了一套几乎完整的症状信息之后,才可能作出正确的诊断。有经验的老医生很可能立即认定这些症状符合某种或少数几种疾

病的诊断模式,仅仅对病人进行有限的检查后便很快作出了相当准确的诊断。[93] 同样的道理,大脑里装的东西多了,积累的经验足够了,自然有利于解题能力的提升。

2.有记忆就有遗忘,记忆和遗忘的矛盾永远不会消失,承认遗忘的存在,就是承认记忆的有限性

"有无相生,难易相成。"我们要承认遗忘的存在,科学认识并有效利用遗忘的规律为我们的刷题策略服务。

遗忘未必是个坏事。

一方面,遗忘保持了大脑的活力。我们每天都会有大量的信息进入大脑,而这些信息会占用我们许多宝贵的注意力资源。

另一方面,遗忘推动我们归整知识,有选择性地去记忆。在大脑自然遗忘的规律下,会激发出我们学习的主观能动性。哪些知识是我们喜欢的就会被长期持续地强调和重复;哪些知识是我们不想关注的,就会被自动放弃。遗忘的存在让我们认清自身能力的有限性,因此必须对记忆内容进行取舍,去粗取精,集中精力去记忆最有用的内容。

遗忘有其自身的规律。

这里主要介绍艾宾浩斯遗忘曲线。他经过研究发现,遗忘在学习之后立即开始,而且遗忘的进程并不是均匀的,其趋势是先快后慢、先多后少,呈负加速,并且到一定的程度就不再遗忘了。[94]

艾宾浩斯在以自己为测试对象,选用了一些根本没有意义的音节,比如 asww,cfhhj,ijikmb,rfyjbc 等进行记忆。测试后得到了下表数据,并据此绘制了曲线图。

时间间隔	记忆量
刚刚记忆完毕	100%
20分钟之后	58.2%
1小时之后	44.2%
8~9个小时后	35.8%
1天后	33.7%
2天后	27.8%
6天后	25.4%
一个月后	21.1%

93　黄希庭,郑涌.心理学导论[M].北京:人民教育出版社,2015:169.

94　乐国安.心理学教授谈记忆魔法——艾宾浩斯遗忘曲线[EB/OL].新浪网,2002-11-21[2022-05-06].

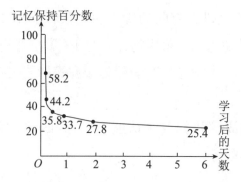

艾宾浩斯还做了另一组实验,发现要记住 12 个无意义的音节,平均需重复 16.5次;要记住 36 个无意义的音节,需重复 54 次;而记忆六首诗中的 480 个音节,平均只需要重复 8 次! 这表明记住有意义的材料更加容易,而记住无意义的材料比较困难。他还做了多组实验,以表明不同材料的遗忘规律大致是一致的。

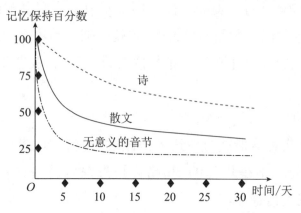

经过多次、多组实验后,艾宾浩斯总结出了"遗忘曲线"。

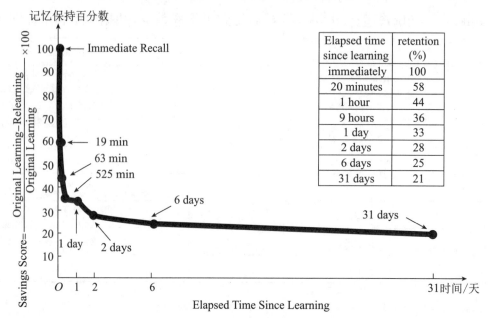

根据艾宾浩斯遗忘曲线,我们可以得到以下启示。

（1）遗忘的速度是先快后慢

我在《高考逆袭:中等生如何考上名校》中也曾多次讲到"重复"的重要性,原理就在这里。我们记忆的东西,刚开始时遗忘非常快,在短短的 20 分钟以内可以遗忘 41.8％左右,一天几乎忘掉 70％左右,甚至可能把它全部都忘掉了。但是时间再长一点,遗忘速度开始变慢了。刚开始,我们记忆的都是短期的记忆,如何把它变成长期的记忆,就需要及时地重复,不断地创造新的遗忘曲线,复习次数越多,就越可以把短期记忆变成长期记忆。

（2）相比于开头和结尾,中间更容易被忘记

这个原则告诉我们,每次记忆的材料都不能过多,需要分段记忆。假如你每天要记忆 150 个单词,那可以切分成每次只记忆 20 个,以此类推。

（3）有意义的、感兴趣的、有框架的更容易记忆

什么内容能让你更加深刻地记住呢?

最好是要有意义的。其次,是你感兴趣的。因为感兴趣,就会花很多时间了解它。你把它所有的事情了解清楚之后,知道自己想要什么,就可以把这件事情给记住了。你需要找到你自己感兴趣的事情,因为兴趣会帮助你更容易记住一些事情。

再次,有框架容易记。为什么思维导图这么火,就是它提供了一个框架,思路会更加清晰、清楚。

3. 记忆是门学问,有专门技巧

记忆是个既困难又简单的事情。说它困难,是指很多考生在记忆方面花费了大量的时间精力却收效甚微。说它简单,是指一旦考生意识到记忆是门学问、高效记忆需要方法并自觉运用科学高效的记忆法之后,记忆就变得相对简单了。

笔者从小学上到高中,每天都要早读,甚至上了大学后,还曾经有一门课程要求一大早跑到"一勺池"(人大校园里一地点,师生常在此读书、交流)去晨读。反复地诵读为了什么? 就是为了记住那些知识啊。

反复地诵读,就是一种比较原始的记忆方法。这样的记忆很低效,一方面因为无目的地浏览会让大脑感到疲倦,注意力分散;另一方面是缺乏知识评价体系,对记忆的程度难以掌握。但原始的方法就一定不好吗? 也未必。很多高考状元就是靠着如此原始的方式取得成功的。所以对传统的诵读记忆法也不能完全否定。

无论我们使用什么记忆方法,都需要耗费一定的时间、精力。而我们所能付出的时间、精力都是极为有限的。再加上摸索、调试记忆方法也需要一个过程,这再

次从一个侧面凸显了记忆的有限性,即无论使用什么记忆方法,我们最终能够记忆到的东西一定是有限的,有一个"天花板"存在。

五、刷题的医学理解

第一章第二节中提过技术创新有两条路线,即"万国牌"和独立自主。其实,如果我们以"治病"的思路来看待刷题,那么当考生决心开始走自主刷题的道路之后,也面临着两个截然相反的技术路线,即还原主义指导下的西医(祛邪)路线和整体主义指导下的中医(扶正)路线。1905年俄国在日俄战争中失败,时任大臣委员会主席的维特事后评论说:"皇上不想打仗,但他的做法却使战争无法避免。"[95]我们也可以说,考生不想失败,但选择了错误的技术路线就会使失败无法避免。

技术是为达到特定目的而采用的有效手段和方法,它包括工具(包括人自身)和对工具的运用(技能、操作规则)[96]。如果我们把医学或者医术理解为技术的话,则中医是一种传统的经验的技术,现代的西医则相当于科学的技术。[97]我们可以从中西医中找到两种不同的刷题技术路线。[98]

(一)中医基础理论和主要内容

中医学,是以中医药理论与实践经验为主体,研究人类生命活动中健康与疾病转化规律及其预防、诊断、治疗、康复和保健的综合性科学。[99]中国医药学有数千年的历史,是中国人民长期同疾病作斗争的、极为丰富的经验总结,是我国优秀文化的一个重要组成部分。在古代的唯物论和辩证法思想的影响和指导下,通过长期的医疗实践,它逐步形成并发展成为独特的医学理论体系,为中国人民的保健事业和中华民族的繁衍昌盛作出了巨大的贡献。[100]中医学理论体系是以气-元论和阴阳五行学说为哲学思辨模式,以整体观念为指导思想,以脏腑、经络和精气血津液等的生理和病理为基础,以辨证论治为诊疗特点,包括理、法、方、药在内的医学理论体系。

中医基础理论主要有七个方面的内容:

95　谢尔盖·尤里耶维奇·维特. 俄国末代沙皇尼古拉二世——维特伯爵的回忆[M]. 张开,译. 北京:新华出版社,1983:256.

96　田松. 从太和殿的建造看经验、技术和科学的关系[J]. 自然辩证法研究,1997(08):18-23.

97　田松. 科学的技术与经验的技术——兼论中西医学的差异[J]. 哲学研究,2011(02):100-106,129.

98　本书对中医理论的理解,主要参考了"郑洪新主编. 中医基础理论[M]. 北京:中国中医药出版社,2016"和"印会河主编. 中医基础理论[M]. 上海:上海科学技术出版社,1984",在此表示感谢。

99　郑洪新主编. 中医基础理论[M]. 北京:中国中医药出版社,2016:1.

100　印会河主编. 中医基础理论[M]. 上海:上海科学技术出版社,1984:1.

①**阴阳五行**。阴阳五行是我国古代的哲学,具有唯物和辩证的观点。中医学运用它来阐明人体的结构、生理、病理,并指导临床的诊断和治疗。阴阳五行,是阴阳学说和五行学说的合称,是古人用以认识自然和解释自然的世界观和方法论,是我国古代的唯物论和辩证法。阴阳学说认为世界是物质的,物质世界是在阴阳二气的相互作用下滋生着、发展着和变化着的。五行学说认为木、火、土、金、水是构成物质世界不可缺少的最基本物质,是由于这五种最基本物质之间的相互滋生、相互制约的运动变化而构成了物质世界。这种观念对我国古代唯物主义哲学有着深远的影响,并成为我国古代自然科学的唯物主义世界观和方法论的基础。

②**藏象学说**。藏象学说是研究人体各脏腑、组织、器官的生理功能、病理变化及其相互关系,以及脏腑、组织、器官与外界环境相互关系的学说,是中医学理论体系的重要组成部分,是指导临床各科辨证论治的理论基础。藏,是指藏于体内的内脏;象,是指表现于外的生理、病理现象。藏象学说,即是通过对人体生理、病理现象的观察,研究人体各个脏腑的生理功能、病理变化及其相互关系的学说。藏象学说,在中医学理论体系中占有极其重要的地位,对于阐明人体的生理和病理,指导临床实践具有普遍的指导意义。

③**气血津液**。气、血、津液,是构成人体的基本物质,是脏腑、经络等组织和器官进行生理活动的物质基础。气,是不断运动着的具有很强活力的精微物质;血,基本上是指血液;津液,是机体一切正常水液的总称。

④**经络学说**。经络学说是研究人体经络系统的生理功能、病理变化及其与脏腑的相互关系的学说,是中医基础理论的重要组成部分。经络,是人体沟通表里上下、联络脏腑组织器官、通行气血的一个完整的组织系统。

⑤**病因与发病**。中医学认为,人体各脏腑组织之间以及人体与外界环境之间既对立又统一,它们在不断地产生矛盾而又解决矛盾的过程中,维持着相对的动态平衡,从而保持着人体正常的生理活动。当这种动态平衡因某种原因而遭到破坏,又不能立即自行调节得以恢复时,人体就会发生疾病。

⑥**病机**。病机,即疾病发生、发展与变化的机理。疾病的发生、发展与变化,与患病机体的体质强弱和致病邪气的性质密切相关。病邪作用于人体,机体的正气必然奋起抗邪,而形成正邪相争,破坏了人体阴阳的相对平衡,或使脏腑、经络的功能失调,或使气血功能紊乱,从而产生全身或局部的多种多样的病理变化。

⑦**防治**。即防病和治病的基本法则。中医强调预防为主,主张"治未病",对控制疾病的发生与发展具有重要意义。治疗法则主要介绍"治病求本""扶正祛邪"

"调整阴阳",以及"因人、因时、因地制宜"等几个主要方面。

（二）西医基础理论和主要内容

现代西方国家的医学体系起源于近代西方国家,它是近代一些西方学者在否定并且摒弃了古希腊医学之后,以还原论观点来研究人体的生理现象与病理现象的过程中,所发展出来的一门以解剖生理学、组织胚胎学、生物化学与分子生物学等为基础学科的全新的医学体系。

古代西方国家的医学体系起源于古希腊,古希腊医学的奠基人是希波克拉底,古希腊医学的"四体液学说"认为人体是由血液、黏液、黄胆液、黑胆液组成的系统,而且人体的各个部分是相互联系的,人的身体中充满了各种液体,这些液体的平衡是人体赖以生存的基本条件,它们的平衡与否反映在气色、气质和性情上;同时,古希腊医学还强调心与身、人体与自然的相互联系,并非常重视保持健康,认为健康主要取决于"生活方式""心理和情绪状态""环境""饮食""锻炼""心态平和"以及"意志力"等因素的影响。到 17 世纪时,"四体液学说"遭到了猛烈抨击,因为它被认为是没有任何物质基础的空洞理论。

现代西医学体系中的基础学科分为:人体解剖学、人体生理学、人体组织学、人体胚胎学、人体血液学、人体免疫学、人类遗传学、人体细胞学、神经解剖学、神经生理学、医学生物化学、医学生物物理学、医学生物力学、医学分子生物学等。

现代西医学体系中的诊断技术更多是借助先进的医疗仪器设备和实验室做出对疾病准确的诊断,具体的诊断技术包括以下几种。

①问诊。用交谈的方式,通过病人或知情人的叙述,了解病人的情况,作出初步诊断。

②体格检查。医生利用自己的感觉器官通过视诊、触诊、叩诊、听诊、嗅诊等方法或借助听诊器、叩诊锤、血压计、体温计等工具对病人进行全面、系统的检查来诊断患者的疾病。

③实验室检查。对患者的血液、体液、分泌物、排泄物、细胞取样和组织标本等进行检查来诊断患者的疾病。

④心电图检查。通过心电图仪的记录来检查患者心脏的疾病。

⑤医学影像学的检查。利用 X 射线对各组织器官的穿透能力,使人体内部结构在荧光屏上或 X 片上显出阴影进行观察,从而了解疾病等情况的诊断方法。有些病变的部位和性质如果显示不清,应用计算机断层扫描技术(CT)和核磁共振(MRI)检查,就能作出更精确的诊断。

现代西医学针对疾病的治疗技术主要有西药治疗、手术治疗、激光治疗和化疗等。

(三)中西医的哲学之辨:整体主义 vs 还原主义

从中西医临床诊断、治疗上看,中西医治疗疾病均有实效,中医所用之方药,以多成分、多靶点、多作用途径为基本特征,其发挥实效的根本在于效应物质的组成,本质上与有明确物质结构的西药无异。中医诊断主要是通过四诊收集患者的表型,通过辨证即总结、归纳、分析来进行诊断,而西医主要是依据理化检查和相对粗略的患者症状、体征信息来诊断。二者诊断方法的侧重不同、层次有异,导致病里分证、证中分病。

从中西医预防疾病的策略看,中医强调治未病,即未病先防、既病防变、愈后防复,主要通过饮食起居、调节情志、运动疗法以及中药、针灸干预等方式;西医侧重的是利用理化检测,通过量化指标早期预测和诊断疾病。[101]

产生这些差异的根本原因在于二者的哲学基础不同。在人类历史的早期,医学是以哲学形式出现的。中西医的哲学基础分别是整体主义和还原主义(或称整体论和还原论)。整体主义和还原主义是两种相对的基本思想:还原主义将高层次还原为低层次、将整体还原为各组分加以研究;整体主义则强调研究高层次本身和整体的重要性。罗斯曼结合细胞研究对生物学中的还原论纲领与整体论态度作了详细的比较(见下表)。

生物学中的还原论纲领与整体论态度[102]

还原论纲领	整体论态度
部分构成整体,部分是整体的原因	前半句弱接受,后半句不接受
整体没有超越其构成部分特性的任何自己的特性,整体是部分的集合	反对,整体大于部分之和
部分是整体的充要条件,部分知识是对生物整体精确认识的先决条件	反对,部分知识只是整体的必要非充分条件
我们能根据事物的基本组成部分的全面知识,来达至对所有现象的理解	反对:整体必须通过整体属性来认识;不认识整体就无法认识部分

在社会学领域,迪尔凯姆坚持整体主义方法论立场。他认为社会是由个人组成,但社会不是一种简单的个人相加的总和,个人心理现象是不能解释社会现象

---

101 陶嘉磊,袁斌,张宗明,汪受传,郑海涛.从辩证唯物主义论中西医结合[J].中医杂志,2018,59(15):1261-1264.

102 斯蒂芬·罗斯曼.还原论的局限——来自活细胞的训诫[M].李创同、王策,译.上海:世纪出版集团,2006;36-39,98,111.

的，必须"通过社会去解释社会现象"。[103] 卢瑟福对此有较为全面的概括（见下表）。

社会学领域个体主义方法论与整体主义方法论[104]

个体主义方法论	整体主义方法论
只有个体才有目标和利益	社会整体大于其部分之和
社会系统及其变迁产生于个体的行为	社会整体显著地影响和制约其部分的行为或功能
所有大规模的社会学现象最终都应该只考虑个体，考虑他们的气质、信念、资源以及相互关系的理论，并据此加以解释	个体的行为应该从自成一体并适用于作为整体的社会系统的宏观或社会的法律、目的或力量演绎而成，从个体在整体当中的地位（或作用）演绎而来

刘劲杨结合罗斯曼关于生物学中肌肉收缩现象的研究案例对此进行了说明，并列出了整体论与还原论的论争框架（见下表）。[105]

整体论与还原论的论争框架

核心论争	强整体论	强还原论	弱整体论/弱还原论
对象之争：以整体为对象还是以部分为对象？	①整体大于部分之和，具有部分所没有的高层次属性。②整体决定部分的属性	①部分构成整体，没有部分就没有整体。②部分决定整体的属性	①部分构成整体，整体具有部分所没有的高层次属性。②整体与部分相互影响、相互制约
路径之争：脱离整体能否认识部分，通过部分能否认识整体？	①脱离整体、基于部分的分析方法是不适当的，部分只有在整体中才能得到理解与认识。②分割会损害整体，对一个整体，不能根据它分割后的部分对它进行认识和解释	①只有通过部分才能认识整体。②"分割"或"分解"只是一种科学程式，使我们能通过部分探究本质	①脱离整体、基于个体的分析方法是不足够的。②恰当分割是必要的，只有认识了部分才能认识整体
理论根本之争：基于整体的理论才是最根本的理论吗？	①需要有专门指称整体和整体属性的术语与描述。②基于整体的理论才是最根本的理论，需建立专门的整体论方法	①整体指称只是一种形式，个体指称才具实质意义。②基于部分（个体）之上所建立的理论才是根本和彻底的	①引入整体属性术语有利于更好地分析和整合。②根本的理论应同时包括整体与部分

103　迪尔凯姆. 社会学方法的规则[M]. 北京：华夏出版社，1999：79-91.

104　马尔科姆·卢瑟福. 经济学中的制度[M]. 陈建波、郁仲莉，译. 北京：中国社会科学出版社，1999：33-46.

105　刘劲杨. 论整体论与还原论之争[J]. 中国人民大学学报，2014，28(03)：63-71.

在还原论看来,这个确定性世界可以通过不断分解的方法去认识。不管什么事物,当这个事物很大、很复杂的时候,我们可能难以一下全部认识,但可以把它分解成小一点的部分再去看,如果还是不能认识,还可以继续分解,一直分解到我们认为能够认识它。然后,回过头来再把它逐层组装回去,形成更高层次的理解。所以,这种方法被称为"还原论方法",讲的是方法论。[106] 正如恩格斯所说:"把自然界分解为各个部分,把自然界的各个过程和事物分成一定的门类,对有机物的内部按其多种多样的解剖形态进行研究,这是近400年来在认识自然界方面获得巨大进展的基本条件。"[107]

但正如恩格斯在《自然辩证法》中指出的那样:"终有一天我们可以用实验的方法把思维'归结'为脑子中的分子的和化学的运动;但是难道这样一来就把思维的本质包括无遗了吗?"任何复杂系统都具有由组成元素的动态的非线性相互作用所涌现出来的整体特性,可把这个整体特性称为整体涌现性。这种特性能在经验上加以确认,但不能从逻辑上推导出来。

在还原主义和整体主义的指导下,有两种治疗思路,即"祛邪"和"扶正"。[108]

在中医看来,疾病过程,从邪正关系来说,是正气与邪气矛盾双方斗争的过程。正邪斗争的胜负,决定着疾病的进退。因而治疗疾病,就要扶助正气、祛除邪气,改变邪正双方的力量对比,使之向有利于疾病痊愈方向转化。

正气,与邪气相对,即人体正常功能活动的统称,包括人体正常生理功能及其产生的各种维护健康的能力,包括自我调节能力、适应环境能力、抗邪防病能力和康复自愈能力等。[109] 正气的作用主要有抵御外邪、祛除病邪、修复调节、维持脏腑、经络功能的协调。

邪气,与正气相对,是各种致病因素的总称,简称为"邪",包括存在于外界或由人体内产生的各种致病因素。邪气侵犯人体,对机体的损害作用主要体现为:导致生理功能失常、造成脏腑形质损害、改变体质类型。

扶正与祛邪,虽是两种截然不同的治则:一是针对正气不足,一是针对邪气盛实,但在疾病的发生、发展及其变化的过程中,邪正双方的盛衰变化密切相关,因

106　胡晓峰. 战争科学论——认识和理解战争的科学基础与思维方法[M]. 北京:科学出版社,2018:11-14.

107　恩格斯. 反杜林论[M]. 北京:人民出版社,1970:18.

108　"祛邪"和"扶正"的概念都源自中医学,二者不是绝对对立的,这里仅用"祛邪"的字面含义来指代西医的治病思路。

109　郑洪新主编. 中医基础理论[M]. 北京:中国中医药出版社,2016:168-207.

此,扶正与祛邪之间也是相互为用、相辅相成的。扶正,增强了正气,有助于机体抗御和祛除病邪,即所谓"正胜邪自去";祛邪能排除病邪对机体的侵害与干扰,达到保护正气、恢复健康的目的,即所谓"邪去正自安"。

中西医各有优势,科学的态度是把还原论与整体论结合起来,不要还原论不行,只要还原论也不行;不要整体论不行,只要整体论也不行。不还原到元素层次,不了解局部的精细结构,我们对系统整体的认识只能是直观的、猜测性的、笼统的,缺乏科学性。没有整体观点,我们对事物的认识只能是零碎的,"只见树木,不见森林",不能从整体上把握事物,解决问题。[110] 扶正与祛邪,其方法虽然不同,但二者相互为用、相辅相成。治病时不能孤立地看病证,必须看到人的整体和不同人的特点,因时、因地、因人制宜。

(四)间接路线:最远的路往往才是捷径

换一个角度来看,所谓"扶正"也可以理解为军事上的间接战略(路线)。在此,我们做一个简单的介绍。

所谓间接战略,英国战略学家李德·哈特认为,在目标明确的前提下,并不是直接向目标前进,而是适应环境,随时做好改变路线的准备,积攒必要的"势",当万事俱备的时候,再向目标发动总攻。[111]

战略学告诉我们最重要的就是一方面要经常保持着一个目标,而另一方面在追求目标时,却应该适应环境,随时改变路线。[112] 哈特经过大量的研究发现,从古到今,在战争中除非所采取的"路线"是具有某种程度的"间接性",以使敌方感到措手不及、难以应付,否则很难获得有效的结果。从战略方面说,最远和最弯曲的路线,常常就是一条真正的"捷径"。

哈特认为,几乎所有的战争原则都可以化成一个名词,那就是"集中"。即"集中力量来对付敌方的弱点。"对此,我们可作进一步解释:为了能集中力量打击敌方的弱点,就先要使敌方的力量分散;要使敌方的力量分散,你要做一部分分散,以造成某种形势来引诱敌方。结果就变成了下述的一连串程序——你的分散,敌方的分散,然后才是你的集中。真正的集中即为有计划的分散。

哈特从正、反两个方面提出了间接战略的 8 条公理,值得我们在刷题时借鉴。

[110] 许国志. 系统科学与系统工程研究[M]. 上海:上海科技教育出版社,2000:34.
[111] 郭建龙. 中央帝国的军事密码[M]. 厦门:鹭江出版社,2019:17.
[112] 哈特. 战略论:间接路线[M]. 钮先钟,译. 上海:上海人民出版社,2010:4-5.

正面的公理。

1.调整你的目的来配合手段。军事智慧的开端,即为一切思想应以具有可能性为其限度。所以应该学会一方面要面对事实,另一方面还要保持着信念。信念好像电池中的电流一样,最忌的就是糟蹋浪费。记住,假使你把电池中的电力消耗光了——即你所依赖的人力——自己的信念也就会变得毫无用处。

2.心里永远记着你的目标。当你依据环境修订计划时,心里应该永远记着你的目标。应该了解到许多途径都可以达到同一个目标。在考虑任何可能性的目标时,必须注意到它是否有实际达到的可能性。徘徊歧路固然要不得,钻到牛角尖里去也不妥当。

3.选择一条期待性最少的路线。你要站在敌方的位置上加以考虑,想出哪一条路线是其最不注意的。

4.扩张一条抵抗力最弱的路线。这条路线必须对你达到最终目标是有所贡献的。(在战术方面,当你使用预备队时,就可以用到这条公理。在战略方面,当你扩张任何战术性成功时,也可以应用这一条公理)

5.采取一条同时具有几个目标的战线。因为这样,你就可以使敌方处于左右为难的窘境。你至少有赢得一个目标的机会——那就是其防御力较差的那一个,甚至可能使你连续赢得两个及以上目标。

具有互换性的几个目标,可使你至少有赢得一个目标的机会。假使你只有一个单独的目标,除非敌方是处于绝对劣势的条件下,否则你可能绝无赢得目标的可能性。把战线和目标混为一谈是一种极普通的错误。保持一条单纯的战线通常是一种很聪明的办法,而保持一个单纯的目标却往往会徒劳无益。(这条公理主要适用于战略方面,但对于渗透战术也同样适用)

6.计划和部署必须具有弹性,以适应实际的环境。计划对于下一个步骤一定要具有先见之明,无论是成功或是失败,还是一部分成功——这是战争中最普遍的现象——都要有预定的应对办法。你的兵力部署,一定要让你只需花极短的时间即可适应一切的环境变化。

反面的公理。

7.当敌方有备时,绝不要把你的力量投掷在一次打击之中。这时敌方是居于有利的位置,他(她)可以击退你的攻击或是避开你的攻击。历史的经验告诉我们,除非敌方是处于极端劣势的条件下,否则若不先将他们的抵抗力或闪避力加以瘫痪,这种打击是绝不可能有效的。所以任何指挥官,除非他(她)认为这种瘫痪现象是已经在发展之中,否则他(她)绝不会对一个有备的敌方发动真正的攻击。要使敌方发生瘫痪现象,从物理方面来说就是要使他们的组织涣散;而从心理方面来说,就是要使他们的士气瓦解。

8.当一次尝试失败之后,不要沿着同一路线或采取同一形式再发动攻击。只增加你的力量,并不足以使战局发生变化,因为在这个中间阶段中,敌方也同样可以获得增援。而且他(她)再度击败你的机会也比较多,因为他(她)乘战胜之余威,在精神上早已占了上风。

正如老子所说:"曲则全,枉则直,洼则盈,敝则新,少则得,多则惑",欲速则不达,有时为了达到最终的目的,真的不要"走捷径",要在刷题的战场上下苦功夫、硬功夫和真功夫。

第三章

刷题需要刷题法

在前边的章节中，我们对与刷题相关的文献做了回顾，分析了刷题的价值理性和工具理性，并且点出了成功刷题的关键：有限性。

本书用了约三分之一的篇幅对刷题进行分析，目的就是要彻底廓清考生思想上的"迷雾"，做好"思想动员"。但是再美好的蓝图，如果不落地也只能是空中楼阁，只有在具象的、实在的刷题实践中才能领悟有限性的真谛。

无论对于具体解题，还是高强度刷题，掌握高效的方法都是非常重要的。本章内容是许涵仁有限刷题法的核心内容，即第一章第二节提到的"何以可行"部分，通过详细讲解有限刷题法的全流程和一系列操作要点，为考生提供一个现实可及的刷题工具。

第一节　何谓刷题法：刷题的"道""法""术"

勤奋是有境界的，低水平勤奋靠努力，中等水平勤奋靠方法论，高水平勤奋靠战略。一定要相信，你今天遇到的问题，早就有人经历过，并且找到了很好的解决方案。你要做的，就是向他们学习，使用他们的技术、方法，并以我为主不断创新。

"道""法""术"（"器"）是古人理解事物的一个理论框架，许涵仁有限刷题法就是"道""法""术"的统一体。

"道"就是万物变迁循环中亘古不变的规律，在个人层面就是人生境界和价值观，是判断好坏、美丑、喜恶、真假的标准，是人生来就有的天赋，不易改变，只能靠长期的修养去领悟。

"法"就是一套规则体系、原理和原则，是实现价值观的指导方针和思路，可因事物内在的变化规律而变化，可通过对长期实践的思考和归纳总结而得出。

"术"（可理解为"器"）就是在规则体系指导下的具体操作方法，只要指导原则（"法"）不变，具体方法可千变万化，"术"可通过练习获得，亦可通过对"法"的推理而产生。

我们可以通过一个例子来直观理解刷题的"道""法""术"("器")。

有两个人,要从北京开车去上海,一个人开宝马,另一个人开桑塔纳,问哪个人先到?就正常情况来说,车的性能摆在那里,桑塔纳肯定干不过宝马。这就是"器"的层面,即直观表现在眼前的现象。

如果条件变一下,开宝马的人,只能开到 80 千米/小时,且是个新手,开桑塔纳的是老司机,且可以开到 120 千米/小时,问谁能最先到上海?这就是"术"的层面,需要考量核心要素与技巧。这时候你会发现"器"没有"术"重要。这里要强调一下,就许涵仁有限刷题法而言,"术"与"器"是合一的。许涵仁有限刷题法既是具体的操作术,也是具体的刷题工具。

条件再变一下,开宝马的人,驾驶技术虽好,但是由于下大暴雨,途经之路塌方走不了。开桑塔纳的人提前注意到天气不好,绕过了塌方地段,谁先到上海?这就属于"法"的层面,需要考量自然规律。在自然规律下,你又会发现"术"和"器"会显得微不足道。

最后,开宝马的人,开车技术好,但是走错路了,开去西藏了。开桑塔纳的人,技术一般,但是一路向上海,问谁能先到上海?这就是所谓的"道",属于方向性的问题,如果方向错了,再怎么努力也是错的。

以上例子可以帮助我们理解"道""法""术"("器")的含义。在没有解决"道"的问题时,谈"法""术"("器")都是没有意义的;当"法"还没解决的时候,谈"术"和"器"也是没用的。考生在制定刷题的整体战略时,首先要从"道"的方面着手,但是在执行层面应该从"术"("器")开始做。

考生为什么需要一个刷题法呢?理由有三个。

第一,"工欲善其事,必先利其器"。人和动物的最大区别就是人能够制造和使用工具。恩格斯说,人对火的使用,彻底将人和动物区别开来。磨刀不误砍柴工,没有"利器",事倍功半。工具是什么?比如术语,比如研究方法,比如这个领域的基本常识,比如基本的方法流派……。无论你想研究什么领域,首先要做的就是了解这个领域的研究工具。很多考生常犯的错误,就是凭着一股热情蛮干,丝毫不考虑方法的问题,导致大量的精力、体力、时间成本被耗费。只要有了方法,就可以进行尝试,就可以结合自身特点对方法进行改进和优化。

第二,"有"胜于"无"。考生能够寻找刷题法,说明考生有主动性、有斗志,说明考生善用巧劲、善于借力。事实上,任何刷题法,都是对刷题规律的归纳总结,都有可取之处。

　　第三，"有"要选"优"。 现在"00 后""10 后"多是独生子女,承载了家里几代人的希望,输不起啊! 所以考生想考得更好,就得优选刷题法,挑出最好的、最合适的、最有效的来用。

　　从"道""法""术"这个角度来看许涵仁有限刷题法,其"道""法""术"具体如下。

　　许涵仁有限刷题法的"道", 就是"量子套圈比赛"的核心假设及推论,坚持 5 种理念,即有限性理念、成本控制理念、技术创新理念、整体理念、正道理念,这 5 种理念要做到活学活用、贯穿始终。其中,有限性理念是有限性哲学思想的具体化。

许涵仁有限刷题法的核心假设及推论

核心假设	推论
有限记忆假设: 考生的记忆能力是有限的,不是无限的,考生要想记住更多的知识,要想记忆得更牢固,就需要增加重复的次数	考生通过大量重复记忆,是可以逐步掌握大量题目的,而这些题目所形成的知识范围,必定会和高考题目(无论是以往的还是将来的)产生大量交集,高考要想取得成功,就要尽力去扩大这个交集的范围。高考就像一场"量子套圈比赛"。高考真题就是摆在地上的"奖品",只不过在高考当天之前,它处于量子物理学中的"叠加态",是飘忽不定、捉摸不透、观测不准的
有限考查范围假设: 高考考查的题目范围是有限的:一是考查的知识点有限,二是具体的设问技巧有限。因为考查范围是有限的,所以如果对大量真题卷或模拟卷进行比对,会发现大量重复的考查点	

许涵仁刷题法的"道":5 种理念

名称	主要含义
有限性理念	有限时间、有限资源、有限能力、有限目标
成本控制理念	树立"大成本"理念,量入为出,注重可持续性
技术创新理念	不断钻研技术,坚持自主创新
整体理念	系统的问题一定要用系统思维来解决
正道理念	正道直行,要"阳谋",不要"阴谋"

　　许涵仁有限刷题法的"法", 就是要处理好 7 对关系,即"目标和手段""结果和过程""短期和长期""自主和外援""理性和感性""复杂和简单""直接和间接"之间的关系。处理好这些关系至关重要,必须审慎把握。处理好了这 7 对关系,也就处理好了极限和有限这对"总"的关系。

　　许涵仁有限刷题法的"术", 就是要理解 12 个支撑理论,坚持 3 个理论模型,牢记 3 个具体步骤,把握 4 个关键。具体内容包括墨菲定律、兰彻斯特方程、冗余思想、皮格马利翁效应、吉格勒定理、霍布森选择效应、不值得定律、海因里希法则、正态分布、社会物理学三大公理、刻意训练、记忆力相关研究(心理学)这 12 个支撑理论,"道路"模型、"治病"模型、"一条鞭"熵值管理模型这 3 个理论模型,有限锚定、循环操作、迭代升级这 3 个具体步骤，记忆为纲、题目为王、速度为要、自主为本这 4 个关键。这些内容，是许涵仁有限刷题法的实操内容，既不要生搬硬套，又不要全然不顾，要做到领会精髓、烂熟于心、活学活用。

许涵仁有限刷题法的 12 个支撑理论

序号	名称	主要内容
1	墨菲定律	怕什么来什么，你越害怕出现的事情，越会出现在你眼前。要用大概率思维应对小概率事件，而不要去指望小概率事件偏偏不会发生
2	兰彻斯特方程	兵分多路不如集中优势兵力聚而歼之
3	冗余思想	做好"Plan B"，用适当的冗余来增强系统的可靠性
4	皮格马利翁效应	心理暗示具有自我实现的巨大能量，"心诚则灵"，要坚决抵制一切负能量
5	吉格勒定理	取乎其上得其中，取乎其中得其下，设定高目标等于达到了目标的一部分
6	霍布森选择效应	好坏优劣，都是在对比中发现的，备选方案只有达到一定的数量和质量才有实际意义，要学会多听多看，见识更多的可能性
7	不值得定律	不值得做的事情，就不值得做好。一件事情，不干则已，干了，就要做到极致
8	海因里希法则	细节上的微小失误不是偶然事件，要见微知著，查找未被暴露出的更深层次的原因
9	正态分布	我们所生活着的这个世界是大小相异、疏密区分、强弱有别、快慢不同的，"马太效应"和"二八法则"即是明证。要坚持用整体的观点、联系和发展的观点看问题，把握重点
10	社会物理学三大公理	复习备考、日常生活都遵循简洁的自然规律，要善于从抽象角度把握备考过程，做好熵值管理
11	刻意训练	只要是技巧性的东西，都可以通过大量的刻意练习来掌握、提升
12	记忆力相关研究	记忆是门学问，要付出精力进行专门研究，找到并优化适合自己的记忆方法

许涵仁有限刷题法的 3 个理论模型

序号	名称	主要内容
1	"道路"模型	一句话概括"道路"模型：我是谁？我在哪儿？我要去哪儿？我要怎么去？"道路"模型的核心要素：起点、终点、路径
2	"治病"模型	一句话概括"治病"模型：哪里有"病"？"病因"是什么？怎么治疗？"治病"模型的核心内容：全面检查，找准病灶；分析病因，判断病症；按图索骥，开方抓药；久久为功，标本兼治
3	"一条鞭"熵值管理模型	一句话概括"一条鞭"熵值管理模型：通过流程再造来实现高效的熵值管理。"一条鞭"熵值管理模型的核心内容：在混乱和秩序的平衡中追求更高的效率，管好入口和出口，做好熵值管理

许涵仁有限刷题法的 3 个具体步骤

序号	名称	主要内容
1	有限锚定	刷题首先要定一个目标。这个目标是一个体系，是多层嵌套的，大目标套着若干小目标，若干小目标里面还有若干小目标，并且这个目标体系是有限度的，不是无限度、无止境的
2	循环操作	循环操作的核心目的就是要解决"记不住"的问题，它既是一种理念，也是一个机制
3	迭代升级	要对已有的思维框架、刷题流程、操作机制通过自我迭代实现优化升级，这也是一个人成长的本质

许涵仁有限刷题法的 4 个关键

序号	名称	主要内容
1	记忆为纲	记不住，一切等于零；记得住，然后学会用
2	题目为王	题目是"知识精"，一切围绕题目转
3	速度为要	高速度、高周转是制胜法则
4	自主为本	独立自主是战略基点，偏离则前功尽弃

第二节　什么样的刷题法可称为高效刷题法

常言道：一分钱一分货。有工具，自然就有好工具和坏工具之分。追求更好、更顺手的工具是提高效率的必然要求。什么样的刷题法可以称为高效的刷题法呢？

一、理论上逻辑自洽

所谓的自洽，简单地说就是按照自身的逻辑推演，可以证明自己至少不是矛盾或者错误的。科学研究本身就是遵循自洽性的，是建立在客观基础之上的，反之则是建立在主观之上的，最终归属不可证伪与证明。一个不能够满足自洽性的理论或者方法显然是不攻自破的。[113] 一个自洽的理论体系，各个衍生推论与主要理论之间并不冲突，各个推论之间可以互相解释、互相补充，不会出现理论上的自相矛盾。

一套理论的自洽性，可以分为两个方面：一是自身的自洽性，也可称为主观自洽性，指的是理论体系内在的自洽性，是一种纯逻辑证明的过程；另一个是现实的

---

[113]　百度百科. 自洽[EB/OL]. [2022-05-06].

自洽性，即客观自洽性，也就是理论与实践结合、相互印证的过程。

理论上的逻辑自洽是对刷题法的最低要求。我们判断一个理论体系是不是有价值，关键看三点：一是能否自洽，就是按照当时人类的思维水平，有没有发现它内部的逻辑矛盾，如果没有，就是自洽；二是能否他洽，就是能不能解释现在人类知识总量中发现的那些事实；三是能否续洽，就是这个理论体系成立之后出现的新知识、新事实，能不能放到这个理论体系中加以解释。能否实现理论上的逻辑自洽，是检验一种刷题法是否科学的最低标准。如果要用一套理论去指导实践，那么这套理论不应当是自相矛盾、存在漏洞的。

当然，理论上的自洽并不意味着实践中的自洽，比如，数学上的自洽并不意味着理论的正确。弦理论就是一个典型的例子。弦理论学家坚信他们一定是在正确的轨道上的，仅仅因为他们成功地构建了一个基本一致的数学结构。虽然弦理论在数学上的自洽是对自然的正确描述所必需的，但这还是不够的。数学结构的一致性并不能直接表明理论所假设的公理是否能很好地描述观察结果，但是理论上的逻辑自洽是一个最低限度的要求。

大多数的学习方法、刷题方法都没有自洽地回答这样一个问题：做题的意义是什么？如果做题的意义是为了掌握这道题，那为什么事实上大部分同学再次碰到原题都无法完全拿分？如果做题的意义是为了提高能力，那为什么大部分同学因为使用这样的学习方法之后而提高的能力，都不足以使他们做对原题？在这样基本的问题上都无法自圆其说地作出解释，这样的理论如何让人信服？

从自洽性的角度出发，可以证伪一个刷题法。其实逻辑自洽的理论，很多都是错误的，因为它的隐含假设、隐含前提是有问题的，只是当时的人们没有发现它的隐含条件而已。在生活中，我们也经常遇到一些理论，怎么感觉都不对，但就是找不出问题来，因为这些理论的错误并不存在于逻辑之中，而是存在于假设之中。遇到这种情况，我们只要把隐含条件的错误找出来，原来逻辑自洽的理论一下子就变得不自洽起来。比如，人们常说的"三轮复习法"（一轮复习打基础，二轮复习做专项，三轮复习刷套卷），之所以在实践中屡战屡败、屡试不行，根本就在于它的隐含前提是错误的。它的隐含前提是人的记忆是无限记忆、超级记忆，但事实上大部分考生都是普通人，他们的记忆都是有限记忆、普通记忆，那么这样的方法就是不实用的。

自洽方能自信，真信才能真行。"信其道，才能践其理"，学习一种技术、一种方法、一种理论，有一个核心支撑就是必须做到真信。一种技术、一种方法、一种理论，是否具有生命力、是否能行之有效，内在地取决于所学之人、所用之人是否发自内心地相信它,也就是人们常说的"信则灵"。如果一个理论,连本人都说服不了,连本人都不相信,怎么能真正地去践行呢? 现实中,很少有误打误撞的成功,每一个成功者背后,都有一套他(她)本人信奉的方法论。

二、实践中有案可循

"十月革命一声炮响,给中国送来了马克思列宁主义。"俄国十月革命的成功为中国的有志之士提供了一条切实可行的实践之路。虽然这是政治、历史方面的一个案例,但这充分说明,有先例可循的事情更容易给人以信心,能让人少走弯路。

不是谁都能成为"第一个吃螃蟹的人"。鲁迅先生曾称赞:"第一个吃螃蟹的人是很令人佩服的,不是勇士谁敢去吃它呢?"螃蟹形状可怕、丑陋凶悍,第一个吃螃蟹的人确实需要勇气。可惜的是,不是谁都有幸能成为这第一人而名垂青史。神农尝百草的故事听说过吧? 任何一种动植物被证明可以食用,都是有人冒着付出生命的危险才得来的知识。所以,当一个陌生的、未经证实的,甚至不成熟的、不成体系的方法放在你面前时,你有勇气去尝试吗? 你能承受失败的后果吗? 一个已经被实践证明行之有效的方法比原创性的方法保险系数大得多。因此网上就有一种观点:原子弹的最大秘密就是原子弹能被制造出来!

前车之鉴,可让人减少失误;有案可循,可让人增强信心。杜牧在《阿房宫赋》中写道:"秦人不暇自哀,而后人哀之;后人哀之而不鉴之,亦使后人而复哀后人也。"这段议论就是提醒后人要注意前人的得失,并且吸取历史的教训。汉朝初立,刘邦认为秦朝骤然灭亡的主要原因之一在于废分封而行郡县,所以在他当皇帝后,实行郡国并行制,即郡县与封国并行。这就是说,后来者能够从历史的案例中,吸取前人的教训,避免重复犯错。当然,不犯这样的错误,可能会犯那样的错误,所以越是后来者,能够吸取前人的经验教训越多,犯的错就会越少。虽然没有大范围的统计调查,但可以肯定的是,通过大量做题来取得好成绩,在现实中是有大量成功案例存在的。

三、操作上简便可行

世间万物看似纷乱,本质都是最简单的。如果一项技术操作起来十分复杂,用户体验十分不友好,那说明这项技术的发明者还是没有看透本质。据说曾经有科学家带着自己的研究成果给爱因斯坦看,爱因斯坦瞟了一眼最后的结论说,这个结果不对,你的计算有问题。科学家很不服气地说,你还没看过程呢,怎么就知道结果不对呢? 爱因斯坦说,如果你的结论是对的,那一定是简单的,是美的。因为自然界的底层规则都是简单而美的,可你的这个结果太复杂了,所以肯定是中间哪里出了问题。科学家将信将疑,回去仔细分析,发现真的是推导过程中有一处错误。

复杂的操作容易使人迷惑、让人无所适从。世界上第一台通用计算机 ENIAC 于 1946 年 2 月 14 日在美国宾夕法尼亚大学诞生。美国国防部用它来进行弹道计算。它是一个庞然大物,用了 18 000 个电子管,占地 170 平方米,重达 30 吨(1 吨 = 1 000 千克),耗电功率约 150 千瓦,每秒钟可进行 5 000 次运算。ENIAC 以电子管作为元器件,所以又被称为电子管计算机,是第一代计算机。电子管计算机由于使用的电子管体积很大,耗电量大,易发热,因而工作的时间不能太长。并且,因为它体积太过庞大、操作过于复杂,难以推广至民用。随着技术的不断进步,计算机的体积不断缩小、操作不断简化,才使其得以普及。

上面这个案例充分说明,过于复杂的东西往往是难以操作的。过于复杂的理论想要在实践中有所应用,首先要对其进行简化。如果一个刷题方法在操作过程中还需要不断地找出"说明书"进行查阅,那必定是难以为继的。历史上曾经有过一次失败的改革——王莽新政,当时的新朝皇帝王莽为缓和西汉末年日益加剧的社会矛盾,采取了一系列新的措施进行"托古改制",包括土地改革、币值改革、商业改革等一系列纷繁复杂的改革内容。王莽改制之所以失败,过于复杂的改革措施是一个很重要的原因。以货币改革为例,王莽在位仅 15 年,货币改革就进行了 4 次,他的第三次货币改革推行"宝货制",一次性洋洋洒洒就排出了 28 种货币,其品名、规格和兑换关系纷繁复杂,造成的结果却是"百姓愦乱,其货不行"! 如此改革,焉能不败!

便捷的操作是先进技术的优先取向。再好的技术、再好的方法,终究是需要人来操作的。在操作的过程中,简便快捷的操作是一个必然的进步方向。因为人脑的接受、输出能力都是很有限的,太复杂的操作细则不易被人牢记。比如,针对驾照考试中的起步环节,就有人把操作要点编成了口诀:一踩二挂三打四鸣五抬六松("一踩"即左脚踩离合,"二挂"即挂入 1 挡;"三打"即打左转向灯;"四鸣"即鸣喇叭;"五抬"即左脚慢慢地抬松离合;"六松"即松手刹)。同理,一个刷题方法,其背后的原理支撑可以有很多,但是操作起来必须有足够清晰的操作要点、足够简单的操作流程。

四、结果上见效较快

实践是检验真理的唯一标准。任何一种学习方法,说得天花乱坠是没有用的,最终还是要见诸实效。一个科学高效的刷题方法,必定是见效较快的。当然,快也是相对的，一夜之间就让人提高几十分，恐怕除了泄题，世界上什么方法也做不到。

好的刷题方法必定符合结果导向的要求。结果导向首先强调的一个要素就是站在结果的角度思考问题，并养成一种思维习惯：到底有没有用，结果说了算，是骡子是马，拉出来遛遛。效果的评价标准是相对的，但更是绝对的，有没有效果，考生自己的亲身感觉是最直接的。平时的排名、自身的能力和成绩，这些硬杠杠都是不会骗人的。

好的刷题方法必定符合应急的需求。应急需求，就是在紧急或者特殊情况下，所产生的某种需要，它解得了"近渴"，但不是长效机制，也有可能是"饮鸩止渴"。比如历史上遇到突发性传染疾病，因为缺乏特效药，为了挽救生命，就对一些患者大量使用激素，给这些患者带来了一些后遗症。虽然激素的大量使用给他们的生活造成了不便甚至痛苦，但是在特殊情况下，本着应急需要，却保住了他们的性命。

第四章

许涵仁有限刷题法的原理与应用

理论的生命力取决于其在实践中解决问题的能力。许涵仁有限刷题法就是诞生于刷题实践中的管用方法,它兼具科学性与实操性。那么它的科学性如何体现?它的实操性又如何落实? 本章主要围绕这两点展开。本章也是许涵仁有限刷题法核心中的核心。

第一节 许涵仁有限刷题法的核心假设、推论及验证

一、高考像一场"量子套圈比赛"

在讲解有限锚定的具体操作要点之前,我们首先对有限锚定的核心假设予以说明。有限刷题法的核心假设有二:一是有限记忆,二是有限考查范围。

有限记忆假设的核心表述:

考生的记忆能力是有限的,不是无限的,考生要想记住更多的题目,要想记得更牢固,就需要增加重复的次数。关于有限记忆,在前文的记忆力相关论述中已经多次提及,这里不再赘述。

有限考查范围假设的核心表述:

高考考查的题目范围是有限的:一是考查的知识点有限,二是具体的设问技巧有限(考虑到具体的题目材料和答案是几乎不可能重复的,而题目的设问与答案又是相对应的,那么我们只关注设问就可以了)。因为考查范围是有限的,所以如果对大量真题卷或模拟卷进行比对,会发现大量重复的考查点。

基于上述两个假设,我们可以得到以下推论。

考生通过大量重复记忆是可以记忆大量题目的,而这些题目所形成的知识范围必定会和高考题目(无论是以往的还是将来的)产生大量交集,高考要想取得成功,就要尽力去扩大这个交集的范围。

下图中左侧小圈为考生所记住的题目范围,右侧大圈为高考考查的试题范围,中间部分即为二者交集。

对此我们可以这样形象地进行理解。

高考就像一场"量子套圈比赛"。高考真题就是摆在地上的"奖品",只不过在高考当天之前,它处于量子物理学中的"叠加态",是飘忽不定、捉摸不透、观测不准的。它既在左边,又在右边;既大得像呼啦圈,又小得像枚戒指;既露着尖角很容易被套上,又非常扁平根本就无法套上。只待考生扔出了手中的圆圈,地上的奖品就会脱离"叠加态",全部"坍缩"到一处。而考生手中的圆圈,就是用来竞争奖品的工具。有的考生手里的圆圈大得像个呼啦圈,有的考生手中的圆圈却小得像个手镯;有的是用铁做的圆圈,非常牢靠,有的是用纸糊的,风一吹就散。优胜者,会用手中的圆圈套上许多的奖品,盆满钵满;反之,则是收获微薄,甚至一无所获,徒留叹息。

如下图所示,套圈是街边常见的游戏,高考在本质上也像一种"套圈"。

要想在"量子套圈比赛"中取得好成绩,可以有以下几个途径。

第一,作弊或者开挂。比如提前和摊主沟通,让他把奖品固定在某个位置不要动,或者请一个套圈比赛的世界冠军来代替你参赛。而这显然是歪门邪道,违背下文中会提到的"正道理念"。

第二,增大自己手中的圆圈。想办法把自己手中的圆圈变大,当它变得如同呼啦圈一样大的时候,得到奖品是顺理成章的事情。

第三,改善手中圆圈的材质。想办法让自己手中圆圈的材料变得更坚硬、更牢靠。如果材质像卫生纸那样柔软,遇到刮风下雨就没辙了。

第四,加大练习的频次和强度。熟能生巧,多去地摊上练习套圈,等到比赛的时候肯定会有效果。

以上四种途径,第一种或许有用,但属于歪门邪道,不值一提。后三种途径其实是殊途同归,共同的指向就是刷题。

二、理论验证

基于有限记忆和有限考查范围这两个核心假设,我们得到了高考像一场"量子套圈比赛"的推论。为了保证许涵仁有限刷题法的科学性,我们有必要对这个推论进行适当验证。[114]

首先,从理论上讲,像高考这样的大型正规考试,在两张任意年度的高考卷子中,是几乎不可能出现完全相同的题目的。即便材料内容相同,设问方式也不会完全相同;即便设问方式相同,答案也可能有所差异。不过任何题目的设问部分都是可以按照"考查的知识点"和"设问技巧"这两个维度来进行拆解的。

以高考语文题为例

例题 1:

1. 下列关于原文内容的理解和分析,正确的一项是(　　)

A. 为了应对气候变化,非政府组织承袭环境正义运动的精神,提出了气候正义。

B. 与气候变化有关的国际公平和国内公平问题,实际上就是限制排放的问题。

C. 气候正义中的义务问题,是指我们对后代负有义务,而且要为后代设定义务。

D. 已有的科学认识和对利益分配的认识都会影响我们对气候正义内涵的理解。

(来源:2017年高考语文新课标Ⅰ卷论述类文本阅读)

例题 2:

1. 下列关于原文内容的理解和分析,不正确的一项是(　　)

A. 广义上的诸子之学始于先秦,贯穿于此后中国思想史,也是当代思想的组成部分。

B. "照着讲"主要指对经典的整理和实证性研究,并发掘历史上思想家的思想内涵。

C. "接着讲"主要指接续诸子注重思想创造的传统,在新条件下形成创造性的思想。

D. 不同于以往诸子之学,"新子学"受西方思想影响,脱离了既有思想演进的过程。

(来源:2018年高考语文新课标Ⅰ卷论述类文本阅读)

例题 3:

1. 下列关于原文内容的理解和分析,正确的一项是(　　)

A. 作家树立了与时代积极互动的理念,在创作实践中就能做到以人民为中心。

B. 对人民的情感认同,是新文化运动以来很多作家创作取得成功的重要原因。

C. 人民是认识现实、理解时代的依据,因为普通劳动者才是文艺最理想的读者。

D. 真正扎根时代、富有责任感的艺术家,无须考虑人民群众的娱乐和消费需求。

(来源:2019年高考语文新课标Ⅰ卷论述类文本阅读)

114　之所以说适当验证,是因为作者本人能力有限,整个研究过程的科学性、严谨性还有很大进步空间。

例题 1 考查的知识点是"对原文的理解和分析",设问方式是"正向选择";例题 2 考查的知识点,同样是"对原文的理解和分析",设问方式则是"反向选择";例题 3 考查的知识点,依然是"对原文的理解和分析",设问方式又变回了"正向选择"。通过以上三个例题我们可以看到,三个题目两两之间都有交集,甚至是有雷同的。当然,我们也可以对以上三个例题的每一个选项继续进行拆解,套路是一样的,我们只拆解到这个层次,说明问题就可以了。需要注意的是,语文试卷中的一些题目是无法拆解或者没必要拆解的。语文的作文题,主观性太强,无法拆解,即便强行拆解了也没用。语文的古诗文默写题,考查目的就是背诵和默写,范围也是固定的,缺乏拆解的必要性。

以高考数学(文科)题为例

例题 4:

17. 记 S_n 为等比数列 $\{a_n\}$ 的前 n 项和. 已知 $S_2 = 2$, $S_3 = -6$.

(1)求 $\{a_n\}$ 的通项公式;

(2)求 S_n, 并判断 S_{n+1}, S_n, S_{n+2} 是否成等差数列.

（来源:2017 年高考文科数学新课标 I 卷）

例题 5:

17. 已知数列 $\{a_n\}$ 满足 $a_1 = 1$, $na_{n+1} = 2(n+1)a_n$, 设 $b_n = \dfrac{a_n}{n}$.

(1)求 b_1, b_2, b_3;

(2)判断数列 $\{b_n\}$ 是否为等比数列,并说明理由;

(3)求 $\{a_n\}$ 的通项公式.

（来源:2018 年高考文科数学新课标 I 卷）

例题 6:

18. 记 S_n 为等差数列 $\{a_n\}$ 的前 n 项和,已知 $S_9 = -a_5$.

(1)若 $a_3 = 4$, 求 $\{a_n\}$ 的通项公式;

(2)若 $a_1 > 0$, 求使得 $S_n \geq a_n$ 的 n 的取值范围.

（来源:2019 年高考文科数学新课标 I 卷）

对比以上三道例题,我们可以看到,它们都是对数列相关知识的考查。从设问来看,有求通项公式的,有求具体值的,有考查数列性质的。不同的是,例题 4 和例题 6 中求解通项公式是作为第一小问出现的,难度系数相对较低。

以高考英语题为例

例题 7:

21. Where can you buy a souvenir at Pacific Science Center?

A. In Building 1.　　　　　　B. In Building 3.

C. At the last Dome.　　　　　D. At the Denny Way entrance.

（来源：2017 年高考英语新课标Ⅰ卷 A 篇阅读理解）

例题 8：

21. Which tour do you need to book in advance?

A. Cherry Blossom Bike Tour in Washington，D. C.

B. Washington Capital Monuments Bicycle Tour.

C. Capital City Bike Tour in Washington，D. C.

D. Washington Capital Sites at Night Bicycle Tour.

（来源：2018 年高考英语新课标Ⅰ卷 A 篇阅读理解）

例题 9：

21. What is special about Summer Company?

A. It requires no training before employment.

B. It provides awards for running new businesses.

C. It allows one to work in the natural environment.

D. It offers more summer job opportunities.

（来源：2019 年高考英语新课标Ⅰ卷 A 篇阅读理解）

　　例题 7 考查的知识点是"理解文中具体信息"，设问方式是"直接问"；例题 8 考查的知识点是"作出判断和推理"，设问方式是"间接问"；例题 9 考查的知识点是"理解文中具体信息"，设问方式是"直接问"。三个题目两两之间一样是有交集，甚至是有雷同的。我们同样也可以对以上三个例题的每一个选项继续进行拆解。需要说明的是，高考英语考查的知识点和设问技巧是非常容易重复的。

以高考文综题为例

例题 10：

37. 阅读图文材料，完成下列要求。

(1)说明堪察加半岛地形对气候区域差异的影响。

(2)分析堪察加半岛大型植食性和肉食性野生动物数量较少的原因。

(3)某科考队员欲近距离拍摄熊，推测他在甲地选择拍摄点的理由。

（来源：2016 年高考文综新课标Ⅰ卷）

例题 11：

37. 阅读图文资料，完成下列要求。

(1)确定该苔原带遭受干扰的坡向和部位，以及干扰强度的垂直分布特征。

(2)判断在未遭受干扰时,阴坡与阳坡苔原带植物多样性的差异,并说明判断依据。

(3)分析与阴坡相比,苔原带阳坡地表温度和湿度的特点及产生原因。

(4)说明从 2 300 米至 2 600 米,阴、阳坡植物多样性差异逐渐缩小的原因。

(来源:2017 年高考文综新课标Ⅰ卷)

例题 12:

37.阅读图文资料,完成下列要求。

(1)河流排水受阻常形成堰塞湖,乌裕尔河排水受阻却形成沼泽湿地。据此推测扎龙湿地的地貌、气候特点。

(2)分析从乌裕尔河成为内流河至扎龙湿地面积稳定,乌裕尔河流域降水量、蒸发量数量关系的变化。

(3)指出未来扎龙湿地水中含盐量的变化,并说明原因。

(4)有人建议,通过工程措施恢复乌裕尔河为外流河。你是否同意,并说明理由。

(来源:2018 年高考文综新课标Ⅰ卷)

这三道例题,都是对自然地理相关内容进行考查,所问的内容大体相似,设问方式趋同。

以高考理综题为例

例题 13:

14.高铁列车在启动阶段的运动可看作初速度为零的匀加速直线运动,在启动阶段,列车的动能(   )

A. 与它所经历的时间成正比   B. 与它的位移成正比

C. 与它的速度成正比   D. 与它的动量成正比

(来源:2018 年高考理综新课标Ⅰ卷)

例题 14:

16.最近,我国为"长征九号"研制的大推力新型火箭发动机联试成功,这标志着我国重型运载火箭的研发取得突破性进展。若某次实验中该发动机向后喷射的气体速度约为 3 km/s,产生的推力约为 4.8×10^6 N,则它在 1 s 时间内喷射的气体质量约为(   )

A. 1.6×10^2 kg   B. 1.6×10^3 kg

C. 1.6×10^5 kg   D. 1.6×10^6 kg

(来源:2019 年高考理综新课标Ⅰ卷)

例题 15:

14. 行驶中的汽车如果发生剧烈碰撞,车内的安全气囊会被弹出并瞬间充满气体。若碰撞后汽车的速度在很短时间内减小为零,关于安全气囊在此过程中的作用,下列说法正确的是( )

A. 增加了司机单位面积的受力大小

B. 减少了碰撞前后司机动量的变化量

C. 将司机的动能全部转换成汽车的动能

D. 延长了司机的受力时间并增大了司机的受力面积

(来源:2020 年高考理综新课标 I 卷)

例题 13~15 考查的都是动能定理的相关知识,无非是具体的应用情景不同罢了。

通过 5 个学科的例题我们可以看到,所有题目,或完全、或部分地可以进行"知识点""技巧"的二维拆解。如果横坐标为"知识点"、纵坐标为"技巧",那么,每一道题目就是二维平面上的一个点。我们进一步将一张试卷中所有可拆解题目都进行拆解的话,就可以形成一个如下图所示的点状图。

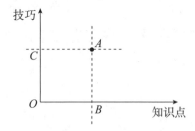

上图横轴中的 B 点表示一个具体的知识点,纵轴中的 C 点表示一个具体的设问技巧(方式)。图中 A 点即是一个具体的题目,它具有唯一的知识点和设问技巧(方式)。

已知一张高考卷子中的题目是有限的,则这些题目所考查的知识点以及蕴含的设问技巧也必定是确定的、有限的。那么上图中的平面直角坐标系就变成了如下图所示的一个闭合图形,其中有固定数量的点,每一个点都代表一个具体的题目。这有点类似散点图或碎石图。

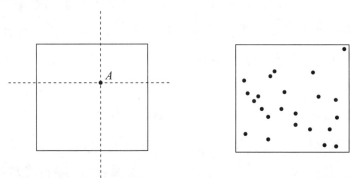

如果我们将每一张卷子都进行二维平面化处理,就可以去比较任意两张卷子之间的重合度,甚至去比较多张卷子加总之后和特定卷子的重合度。重合度的表示有 3 种:知识点的重合度,设问技巧的重合度,整体重合度。如下图所示,甲、乙、丙三张卷子,两两之间可以互相比较。如果丙是今年的高考卷子,也可将甲、乙加总后再和丙比较。我们同样也可以对考生掌握的所有模拟卷、错题本进行加总,拿加总后的集合与某一张卷子进行比较。

甲　　　　　　　乙　　　　　　　丙

如下图所示,左侧就是多张卷子加总之后形成一个大的集合。如果考生通过重复训练进而完全掌握了这个集合,那么就可以说是考生大脑里储存的知识基础(或者说是复习成果)了。

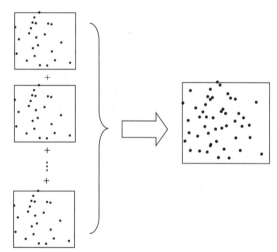

事实上,高考的每一门考试都是有考纲的。也就是说,这个闭合的长方形的宽度是固定的,无非是按照什么样的"颗粒度"去计量。比如"古诗文默写"就是一个知识点,但是这个知识点的范围实在太大,我们可以继续将其细分为古文默写和古诗词默写,也可以细分为课内古诗文默写和课外古诗文默写,还可以按照朝代来区分。如果我们将目光集中到高考卷的具体考题上就会发现,知识点的重复是大概率的事件,其颗粒度划分有其自身的惯例。

我们来看看 2019 年的高考语文大纲[115]。

115　教育部教育考试院. 2019 年普通高等学校招生全国统一考试大纲(语文)[EB/OL]. 中国教育考试网, 2019-01-31[2022-05-06].

Ⅰ.考核目标与要求

......

高考语文科要求考查考生识记、理解、分析综合、鉴赏评价、表达应用和探究六种能力,表现为六个层级,具体要求如下。

A.识记:指识别和记忆,是最基本的能力层级。要求能识别和记忆语文基础知识、文化常识和名句名篇等。

B.理解:指领会并能作简单的解释,是在识记的基础上高一级的能力层级。要求能够领会并解释词语、句子、段落等的意思。

C.分析综合:指分解剖析和归纳整合,是在识记和理解的基础上进一步提高了的能力层级。要求能够筛选材料中的信息,分解剖析相关现象和问题,并予以归纳整合。

D.鉴赏评价:指对阅读材料的鉴别、赏析和评说,是以识记、理解和分析综合为基础,在阅读方面发展了的能力层级。

E.表达应用:指对语文知识和能力的运用,是以识记、理解和分析综合为基础,在表达方面发展了的能力层级。

F.探究:指对某些问题进行探讨,有发现、有创见,是以识记、理解和分析综合为基础,在创新性思维方面发展了的能力层级。

对 A、B、C、D、E、F 六个能力层级均可有不同难易程度的考查。

Ⅱ.考试范围与要求

根据普通高等学校对新生思想道德素质和科学文化素质的要求,依据中华人民共和国教育部 2003 年颁布的《普通高中课程方案(实验)》和《普通高中语文课程标准(实验)》,确定高考语文科考试范围与要求。根据高中语文课程标准规定的必修课程中阅读与鉴赏、表达与交流两个目标的"语文 1"至"语文 5"五个模块,选修课程中诗歌与散文、小说与戏剧、新闻与传记、语言文字应用、文化论著研读五个系列,组成考试内容。考试内容分为阅读和表达两个部分。阅读部分包括现代文阅读和古诗文阅读,表达部分包括语言文字应用和写作。考试的各部分内容均可有难易不同的考查。

一、现代文阅读

现代文阅读内容及相应的能力层级如下:

(一)论述类文本阅读

阅读中外论述类文本。了解政论文、学术论文、时评、书评等论述类文体的基本特征和主要表达方式。阅读论述类文本,应注重文本的说理性和逻辑性,分析文本的论点、论据和论证方法。

1. 理解 B

(1)理解文中重要概念的含义

(2)理解文中重要句子的含意

2. 分析综合 C

(1)筛选并整合文中的信息

(2)分析文章结构,归纳内容要点,概括中心意思

(3)分析论点、论据和论证方法

(4)分析概括作者在文中的观点态度

(二)实用类文本阅读

阅读和评价中外实用类文本。了解新闻、传记、报告、科普文章的文体基本特征和主要表现手法。阅读实用类文本,应注重真实性和实用性,准确解读文本,筛选整合信息,分析思想内容、构成要素和语言特色,评价文本的社会功用,探讨文本反映的人生价值和时代精神。

1. 理解 B

(1)理解文中重要概念的含义

(2)理解文中重要句子的含意

2. 分析综合 C

(1)筛选并整合文中信息

(2)分析语言特色,把握文章结构,概括中心意思

(3)分析文本的文体特征和主要表现手法

3. 鉴赏评价 D

(1)评价文本的主要观点和基本倾向

(2)评价文本产生的社会价值和影响

(3)对文本的某种特色作深度的思考和判断

4. 探究 F

(1)从不同角度和层面发掘文本反映的人生价值和时代精神

(2)探讨作者的写作背景和写作意图

(3)探究文本中的某些问题,提出自己的见解

(三)文学类文本阅读

阅读和鉴赏中外文学作品。了解小说、散文、诗歌、戏剧等文学体裁的基本特征和主要表现手法。阅读鉴赏文学作品,应注重价值判断和审美体验,感受形象,品味语言,领悟内涵,分析艺术表现力,理解作品反映的社会生活和情感世界,探索作品蕴涵的民族心理和人文精神。

1.理解 B

(1)理解文中重要词语的含义

(2)理解文中重要句子的含意

2.分析综合 C

(1)分析作品结构,概括作品主题

(2)分析作品的体裁特征和表现手法

3.鉴赏评价 D

(1)体会重要语句的丰富含意,品味精彩的语言表达艺术

(2)鉴赏作品的文学形象,领悟作品的艺术魅力

(3)评价作品表现出的价值判断和审美取向

4.探究 F

(1)从不同角度和层面发掘作品的意蕴、民族心理和人文精神

(2)探讨作者的创作背景和创作意图

(3)对作品进行个性化阅读和有创意的解读

二、古诗文阅读

阅读浅易的古代诗文。

1.识记 A

默写常见的名句名篇

2.理解 B

(1)理解常见文言实词在文中的含义

(2)理解常见文言虚词在文中的意义和用法

常见文言虚词:而、何、乎、乃、其、且、若、所、为、焉、也、以、因、于、与、则、者、之。

(3)理解与现代汉语不同的句式和用法

不同的句式和用法:判断句、被动句、宾语前置、成分省略和词类活用。

(4)了解并掌握常见的古代文化知识

(5)理解并翻译文中的句子

3.分析综合 C

(1)筛选并整合文中信息

(2)归纳内容要点,概括中心意思

(3)分析概括作者在文中的观点态度

4.鉴赏评价 D

(1)鉴赏文学作品的形象、语言和表达技巧

(2)评价文章的思想内容和作者的观点态度

三、语言文字应用

正确、熟练、有效地使用语言文字。

1.识记 A

(1)识记现代汉语普通话常用字的字音

(2)识记并正确书写现代常用规范汉字

2.表达应用 E

(1)正确使用词语(包括熟语)

(2)辨析并修改病句

病句类型:语序不当、搭配不当、成分残缺或赘余、结构混乱、表意不明、不合逻辑。

(3)选用、仿用、变换句式,扩展语句,压缩语段

(4)正确使用常见的修辞手法

常见修辞手法:比喻、比拟、借代、夸张、对偶、排比、反复、设问、反问。

(5)语言表达简明、连贯、得体,准确、鲜明、生动

(6)正确使用标点符号

四、写作

能写论述类、实用类和文学类文章。

表达应用 E

作文考试的评价要求分为基础等级和发展等级。

1.基础等级

(1)符合题意

(2)符合文体要求

(3)感情真挚,思想健康

(4)内容充实,中心明确

(5)语言通顺,结构完整

(6)标点正确,不写错别字

2.发展等级

(1)深刻

透过现象深入本质,揭示事物的内在关系,观点具有启发作用。

(2)丰富

材料丰富,论据充实,形象丰满,意境深远。

(3)有文采

用语贴切,句式灵活,善于运用修辞手法,文句有表现力。

(4)有创新

见解新颖,材料新鲜,构思新巧,推理想象有独到之处,有个性色彩。

其他学科的大纲也类似。考虑到将一张卷子全部的题目进行二维化处理的标准是无法统一的(因为颗粒度划分标准的不同和技巧归类的复杂性),加之工作量太大(以2020年高考新课标文综为例,仅必做题目就有51道,如果加上选做题,将每个题目的选项都进行二维化处理,其工作量是巨大的),因此我们只对各科的部分题目进行抽样比对。

无论按照什么样的颗粒度去划分知识点,每个学科都有一些题目的知识点考查非常固定,我们只对其考查技巧进行比对即可。下面我们摘录了十年的语文、地理、英语、文科数学这4个学科全国新课标卷中的一些题目。这些题目都出现在卷子中特定的位置,其考查的知识点几乎相同,其解题技巧有所不同。我们将这些题目的设问和答案列出,并且对每一道题都进行具体解析,以此来验证我们的假设。

首先是语文,下面是2012—2021年的全国新课标语文卷实用类文本阅读的最后一道题。

2021年

题目:

6.文中画横线句子中"其他几个因素"指的是什么?请根据材料简要说明。

答案:①水的纯度因素;②泥土颗粒间的气孔因素;③气压因素。

解析:本题考查考生筛选、整合信息的能力。根据后文"河水何以泛滥"的论述,"水向上传输的高度受一系列因素的影响,其中包括水的纯度——干净的水要比受污染的水升得更高——但主要因素还是颗粒间的气孔大小。气压也会影响在泥土间向上传输并停留在那里的水量"，即可概括出三点因素：水的纯度、颗粒间的气孔大小和气压。

2020 年

题目：

6.我国重点投资支持新基建与抗击疫情有什么关系？请结合材料简要分析。

答案：①推进新型数字基础设施建设是我国对冲疫情影响的有效方法；②疫情期间线上需求的集中爆发，客观上打开我国新基建的窗口期；③我国重点投资支持新基建，是针对最近一年经济形势和疫情的不确定性的审慎选择。

解析：本题考查归纳内容要点的能力。原文"推进新型数字基础设施建设是我国对冲疫情影响、优化投资结构、刺激经济增长的有效方法"，可概括出"推进新型数字基础设施建设是我国对冲疫情影响的有效方法"；原文"疫情期间线上需求的集中爆发，展现了人工智能、物联网、大数据、云计算等新兴技术带动社会经济整体发展的潜力，客观上也打开了新基建的窗口期"，可概括出"疫情期间线上需求的集中爆发，客观上打开我国新基建的窗口期"；原文"这一金额看上去是天文数字，但以中国的标准而言不足为奇，这表现出的更多是审慎。考虑到至少最近一年经济形势和疫情的不确定性，中国政府没有匆忙将资金注入经济"，可概括出"我国重点投资支持新基建，是针对最近一年经济形势和疫情的不确定性的审慎选择"。

2019 年

题目：

6.请结合材料，分析毛里求斯想要修复的档案文件的受损原因。

答案：(1)气候方面，位于赤道附近，湿热多雨，不利于文件的保存；(2)档案材料所用纸张方面，所用破布浆机制纸，柔韧性差；书写使用墨水方面，酸性烟黑墨水使纸张严重酸化。(3)档案形成的年代久远。

解析：本题考查考生理解文本内容、筛选整合文本信息的能力。本题要求结合材料分析毛里求斯想要修复的档案文件的受损原因。材料二列举了温度和湿度对纸张寿命的影响，结合材料三所说的"毛里求斯是非洲一个岛国，位于赤道南部的西印度洋上，气候湿热多雨"，可以概括出：气候方面，位于赤道附近，湿热多雨，造成纸张寿命短；材料三中"文件纸张为破布浆机制纸，字迹材料为酸性烟黑墨水，双面手写。以手感鉴别，柔切性极差，几乎一触即碎。通过测试数据可知，文件纸张严重酸化"，可以概括为：档案材料所用纸张方面，所用破布浆机制纸，柔韧性差，纸张严重酸化。结合材料三中"酸是纸张纤维发生化学降解的催化剂,能加快纸张纤维的水解反应,使纸张脆化变黄、机械强度下降,直至脆裂粉碎,不能使用",可概括为:档案材料书写所用墨水方面,档案材料书写材料为酸性烟黑墨水,加快了纸张纤维的水解反应,使纸张脆化变黄、机械强度下降。结合材料三中"毛里求斯拟修复的档案文件,形成于 18 世纪",可概括为:档案形成的年代久远。综合以上内容,整理一下用简洁文字分条表述即可。

2018 年

题目:

9. 以上三则材料中,《人民日报》《自然》《读卖新闻》报道的侧重点有什么不同?为什么?请结合材料简要分析。

答案:第一问:①《人民日报》侧重介绍我国在量子通信研究方面的巨大成就,彰显中国速度与中国创造;②《自然》杂志侧重介绍潘建伟研究团队在量子通信领域的贡献,强调个人能力和经费投入;③《读卖新闻》以"墨子号"为例,侧重介绍中国实验设施先进,突出投入之大和发展之快给日本带来了压力。

第二问:三家媒体的定位和出发点不同,因此对同一事件报道的侧重点不同。

解析:本题考查概括文本内容要点的能力。题干第一问要求比较三则材料报道的不同侧重点,考生要紧密结合材料进行区别。材料一报道重点为"'墨子号'量子科学实验卫星提前圆满实现全部既定科学目标,为我国在未来继续引领世界量子通信研究奠定了坚实的基础",突出的是成就;材料二"潘建伟的团队在量子互联网的发展方面冲到了领先地位"等内容是记者报道的重点。材料三的重点是强调"中国实验设施瞄准一流",考生依此答题即可。第二问要求思考报道内容不同的原因,这明显和报道的记者和所属的媒体相关。

2017 年

题目:

9. 根据上述材料,概括说明中央电视台纪录频道开播初期与美国国家地理频道在制播运营模式方面的不同。

答案:中央电视台纪录频道开播初期的运营模式:频道化运营模式。

美国国家地理频道的运营模式:有线电视系统在地方政府的批准下由有线电视系统运营商投资建立,有线电视系统直接面向订户收取费用。

解析:本题对应的答题区间为材料三"在制播运营模式方面,央视纪录频道实行的是频道化运营模式",材料四"其制播运营模式如下:有线电视系统是在地方政府的批准下由有线电视系统运营商投资建立的,有线电视系统直接面向订户收取费用"。

2016 年

题目:

12.(4)陈忠实的"剥离"和"寻找"是什么关系?有哪些表现?请结合材料详细说明。

答案:"剥离"和"寻找"是辩证关系。剥离的结果带来寻找的可能,而寻找的冲动激发剥离的愿望。

①从赵树理和柳青的文学中剥离,寻找到马尔克斯、王蒙等新的文学营养;

②从中山装所代表的精神中剥离,寻找到西装所代表的面对世界的契机;

③从"典型性格"说中剥离,寻找到"文化心理结构"学说;

④从自身已有的文学成就中剥离,寻找到新的文学高度,写出了文学巨著。

解析:本题考查关键词语分析。首先理解"剥离""寻找"的意义,回归文本,重点理解"寻找"和"剥离"的辩证关系,能根据文章理解到陈忠实想"剥离"什么,又"寻找"到什么。第一处提到"剥离",是文章第三段"陈忠实越来越觉得要从赵树理、柳青的文学中剥离出来",第二处提到"剥离",是文章第三段"脱下了几十年的中山装、换上西装",第三处提到"剥离",是文章第五段"感到自己终于从侍奉多年的'典型性格'说中剥离出来",最好要结合文章主旨"寻找自己的句子"进行升华,超越自我。

2015 年

题目:

12.(4)朱东润认为传记文学作品应如何刻画和评价传主?你是否同意他的观点?请结合材料说明理由。

答案:第一问:①应该入情入理地、细致地刻画传主的个性。如果只重比较就看不清传主的个性,而要是像《维多利亚女王传》那样就不够细致,像《约翰逊博士传》那样细致,则难免琐碎。②应该信笔直书,全面评价传主的优缺点。要是像古代有些文人的作品那样只是歌颂死者,就不是传记文学。

第二问:观点一:①只有入情入理地刻画传主的个性,才能给人留下深刻的印象,并具有可读性;②人无完人,只有全面评价传主的优缺点,才能给读者留下一个完整的人物形象。观点二:①细致刻画个性需要史料支撑,如果史料不足而仍然强调这一点,就会导致不够客观,显得矫揉造作;②追求全面评价传主的优缺点,不能有效凸显传主的个性。

解析:本题第一问考查的是考生对实用类文本进行综合归纳的能力,第二问则较为开放,考查考生对问题的判断和探究能力,给考生较大的空间。考生如果同意朱东润先生的观点,就应当顺着朱先生的思路给出理由。给出理由可以从两个角度着手:一是简单说明朱东润先生的观点如何言之成理、持之有故,二是简单说明按照朱东润先生的观点写作出来的传记有什么好处。前者是由因及果,后者是由果及因。考生如果不同意朱东润先生的观点,就应当指出朱先生难以自圆其说的地方,并给出简单的理由。这同样可以从两个角度着手:一是说明朱东润先生的观点只是一家之言,其理论前提值得讨论;二是说明将朱东润先生的观点运用到传记写作的具体实践时,会有一些不足。

2014 年

题目:

12.(4)玻尔"特有的人格魅力"表现在哪些方面? 请结合材料谈谈你的看法。

答案:①追求真理,在学术之争中胸怀坦荡,不掺杂个人恩怨;②以赤子之心帮助祖国发展物理学研究;③慧眼识才,吸引了大批青年科学家,并为他们提供发展的平台;④有人道主义关怀,积极营救受纳粹迫害的科学家。

解析:这是一道探究题。答题时有两个方向,分别是向内挖掘和向外扩展。向内挖掘是把握文意,向外扩展要结合现实,如没有明确要求不做向外扩展。向内挖掘又有两种:一是就某一点进行深入探究,二是从多个角度列举。本题用第二种方式,先提出观点,再结合原文实例进行具体解释。此题要注意全文的结构:开始主要写和爱因斯坦的争论,体现胸怀;中间是形成学派,对青年的帮助;最后主要是营救受迫害的科学家,注意相关链接部分体现了波尔的赤子之心。

2013 年

题目:

12.(4)为什么陈纳德说自己是"半个中国人"? 请结合材料,谈谈你的看法。

答案:①他精湛的飞行技术和过人的军事才能,在受聘担任国民政府航空委员会顾问期间,得到了充分的施展机会;②率领飞虎队在中国境内进行反法西斯斗争;③在中国抗战期间立下赫赫战功,从一个退休上尉晋升为将军,事业达到辉煌的顶峰;④率飞虎队与中国人民协同作战,生死与共,结下了深厚的友谊;⑤受到国民政府的最高嘉奖;⑥和中国女子陈香梅产生爱情并结为连理。

解析:本题探讨文本反映的人生价值和时代精神,能对作者的观点和所用手法给出恰当的评价,提出自己的看法。他之所以说自己是"半个中国人",要围绕他与中国的密切关系去阅读思考,如他是在中国得到了施展才华的机会,他是为了支援中国抗战留在中国,他是在中国立下了赫赫战功并成就了功业,他与中国人民的友谊,他受到了国民政府的嘉奖,他收获爱情等。

2012 年

题目:

12.(4)谢希德的"诚"体现在很多方面,请结合全文,谈谈你的理解。

答案:方面一:对祖国无限忠诚。①视祖国的利益高于一切,不计个人得失,毅然回到科研条件差的祖国参加建设;②根据国家建设需要调整研究方向,转入科研新领域。

方面二:对事业充满热诚。①作为科学家,锐意创新,勇闯难关,实事求是,一丝不苟;②作为大学校长,谦虚做人,认真做事,深入群众,不搞特权。

方面三:对亲人至爱至诚。①不被丈夫身患重病的残酷现实压倒,为治愈丈夫的疾病倾注深情;②不顾自己工作繁忙,尽心尽力地照顾丈夫,具有勤劳朴实的美德。

解析:本题考查考生对传主性格特点中"诚"的理解,属于对考生探究能力的考查,要求考生结合文本来思考传主的精神品质。谢希德的"诚",考生对其进行理解不能离开文本,要从不同的方面加以肯定,然后进行分析,只要言之有理、言之有据即可。

我们接着来看文综中的地理。下面是 2011—2020 年的地理解答题(一般一道是自然地理,一道是人文地理)自然地理那道题的第一问。

2020 年

题目:

36.(1)当地采用顺坡垄种植葡萄,据此分析该地区的降水特点。

答案:顺坡垄不利于保水保土(灌溉不便)。因此,该地区降水应具有以下特点:降水频率高(经常降雨),强度小(少暴雨或每次降雨量较小),降水量季节分配较均匀。

解析:顺坡垄的走向与坡向一致,水流速度较快,不利于保水保土,且灌溉不便。结合材料,该地位于 52°N 附近,气候湿润,应位于温暖湿润的西欧,因此,该地区降水应具有以下特点:降水频率高即经常降雨,强度小,少暴雨,每次降雨量较小,对土壤的冲刷能力较弱,故可不考虑保土保水的作用,降水量季节分配较均匀,故可不考虑灌溉的问题。

2019 年

题目:

37.(1)板块运动导致的山脉隆起改变了区域的地貌、水文和气候特征,分析这些特征的变化对里海的影响。

答案:山脉隆起,里海与海洋分离,形成湖泊(湖盆)。山脉隆起,导致里海汇水面积缩小,湖泊来水量减少,湖泊面积缩小。山脉隆起,阻挡湿润气流,导致干旱,推动湖泊向内陆湖演化。

解析:山脉隆起导致区域的地貌、水文和气候特征的变化对里海的影响要分别从山脉对地貌、气候及水文的变化进行分析。从地貌看,由于山脉隆起,使得里海与地中海分离,成为湖泊。从气候看,该地处于西风带内,但是由于大高加索等山脉隆起,阻挡西风从地中海带来湿润气流,气候干旱,降水少,大陆性特征明显,蒸发量加剧,湖泊逐渐向内陆湖演化。从水文看,山脉隆起使得注入湖泊的河流减少,盐度增加,湖泊面积变小。

2018 年

题目:

37.(1)河流排水受阻常形成堰塞湖,乌裕尔河排水受阻却形成沼泽湿地。据此推测扎龙湿地的地貌、气候特点。

答案:地貌特点:地势平坦、开阔。气候特点:气候干旱,蒸发量大。

解析:沼泽形成的原因主要有地势低洼,排水不畅;气候湿热多雨,降水丰富;纬度高,蒸发弱;河流多凌汛,易发生积水等。由材料知乌裕尔河受阻后没有形成湖而是形成积水较浅的沼泽,推断其地势较为平坦、开阔;扎龙湿地位于内流区,四周地势较高,来自海洋的气流受阻,且该沼泽地面积大,但是积水较浅,可知其气候较为干旱,蒸发较大。

2017 年

问题:

37.(1)确定该苔原带遭受干扰的坡向和部位,以及干扰强度的垂直分布特征。

答案：阳坡，2 000～2 300 米之间。在 2 300 米以下，干扰强度强，2 300 米以上，干扰强度弱。

解析：由材料可知，山地苔原带呈单峰变化。在苔原底部地区，由于少数植物获得竞争优势，随着海拔升高，植物多样性增加，到了高海拔地区，生物多样性减少。读图可知，阳坡曲线（虚线）呈单一变化，生物多样性始终呈减少趋势，说明受到了干扰。按照一般变化规律，植物多样性应当先增加后减少，阳坡 2 000～2 300 米之间，植物多样性少，而在 2 300 米以上，基本符合苔原带植被类型的变化规律，所以在 2 300 米以下，干扰强度强，2 300 米以上，干扰强度弱。

2016 年

题目：

37.(1)说明堪察加半岛地形对气候区域差异的影响。

答案：山脉大致呈南北走向，阻挡季风，形成多雨区和雨影区；地形高差大，形成气候垂直差异。

解析：该半岛属于温带季风气候区，夏季盛行东南风，从图中等高线可知堪察加半岛山脉大致呈南北走向，东侧是夏季风的迎风坡，多地形雨等，导致东西两侧气候差异大；山地海拔高，气候垂直差异大。

2015 年

题目：

37.(1)分析青藏高原形成多年冻土的年平均气温比东北高纬度地区低的原因。

答案：青藏高原纬度低，海拔高，太阳辐射强；东北高纬度地区多年冻土南界的平均气温在 $-1\sim1\ ℃$，可以形成多年冻土。青藏高原气温年较差小，当年平均气温同为 $-1\sim1\ ℃$ 时，冬季气温高，冻结厚度薄，夏季全部融化，不能形成多年冻土。

解析：海拔高是导致青藏高原地区气温低的主要原因。和东北地区相比，青藏高原地区纬度较低，冬季获太阳辐射量多，冬季气温高，冻结厚度薄；夏季地表温度高，冻土层融化。

2014 年

题目：

36.(1)分析错那湖东北部沿岸地区冬春季风沙活动的沙源。

答案：多条河流在此注入错那湖，泥沙沉积，河口三角洲面积较大.冬春季河流水位低,河滩泥沙裸露;错那湖水位低,(因河口处湖区水较浅)出露的湖滩泥沙面积较大。

解析:读图分析,图中多条河流在此注入错那湖,河流从山上流下,注入湖泊,携带的泥沙在湖泊沉积,河口三角洲面积较大。冬春季河流水位低,河滩泥沙裸露在地表。错那湖水位低,河口处湖区水较浅,出露的湖滩泥沙面积较大。风沙流主要集中在近地面,说明沙源近,所以大风吹起的沙尘只能是东北岸湖底露出地表的泥沙或河口处河滩出露地表的泥沙。

2013 年

题目:

36.(1)分析攀枝花 1 月份平均气温较高的原因。

答案:因地形阻挡,冬季受北方冷空气(寒潮)影响小;位于河流(金沙江)谷地,山高谷深,盛行下沉气流,气流在下沉过程中增温。

解析:从材料可知,攀枝花 1 月平均气温为 13.6 ℃(昆明为 7.7 ℃,成都为5.5 ℃),与昆明、成都相比,攀枝花 1 月(冬季)平均温度较高。从图 7a(真卷图序)可知,攀枝花的纬度比昆明高、比成都低,所以纬度不是主要影响因素。从图7b(真卷图序)可知,攀枝花地处高山峡谷之中,因此地形是影响攀枝花冬季温度较高的主要因素,峡谷地形使冬季来自北方的冷空气不易进入;气流下沉增温等导致气温较高。此题在于考查影响气温的因素,主要有纬度、海陆位置、洋流、地形地势、距离冬季风源地的远近等,知识点考查得更细致。

2012 年

题目:

37.(1)分析图示沿海地区气候干旱的原因。

答案:位于热带,全年气温高,蒸发旺盛;(受东部山地阻挡)处于东南信风的山地背风坡,不利降水;(势力强大的)沿海寒流的减湿作用强。

解析:本题考查考生读图以及提取图文材料有效信息的能力,依据图中的纬度、海陆位置、地形等特征,分析出该地气温高、蒸发旺盛,又位于东南信风的背风坡,且受寒流降温、减湿作用的影响,所以干旱。

2011 年

题目:

36.(1)简述该国气候特征,并分析该国淡水资源严重不足的主要原因。

答案:气候特征为终年高温多雨。

淡水不足的主要原因:国土面积小,地势低平,四周环海,陆地上储存淡水(地表水、地下水)的条件差(河流短小);人口密度大,经济发达,生活、生产对淡水需求量大。

解析:该地各月均温都在 15 ℃ 以上,应为热带;各月降水都在 200 mm 以上,年降水量应在 2 500 mm 以上,降水丰富,全年多雨。由此判断该地为热带雨林气候。根据该国的经纬度位置和相关的文字信息,可以判定该岛国为新加坡。该国缺少大河,国土面积狭小,地形单调,储水量很有限,再加上该国家人口密度很大,经济发达,生产、生活需水量大,故水资源短缺。

接着我们来看英语。下面是 2011—2020 年的英语高考卷中,第一篇阅读理解的第一道题。

2020 年

题目:

21. What would you do to get ticket information?

A. Call 13 16 17.　　　　　　B. Visit translink.com.au.

C. Ask at the local station.　　D. Check the train schedule.

答案:C

解析:本文是一篇应用文,文章主要介绍了一些与火车相关的信息,包括失物招领、公共假期安排以及列车出发时间等信息。本题是细节理解题。根据第一段中的"For ticket information, please ask your local station or call 13 12 30."可知,"想要查询车票信息,请您向当地的车站或拨打 13 12 30 询问"。由此可知,可以向当地车站或拨打 13 12 30 询问来获取车票信息。故选 C。

2019 年

题目:

21. What is special about Summer Company?

A. It requires no training before employment.

B. It provides awards for running new businesses.

C. It allows one to work in the natural environment.

D. It offers more summer job opportunities.

答案:B

解析:本文为应用文。本文叙述了省政府及其合作伙伴提供了许多项目来帮助学生在暑期找到工作。本题是细节理解题。根据"Summer Company"部分中的"Summer Company provides students with…awards of up to ＄3,000 to start and run their own summer businesses"可知,"Summer Company"为学生提供高达3 000美元的奖励,用来开始和经营他们自己的暑期业务。"start and run their own summer businesses"即"为开办新的暑期业务",对应B项中的"run new businesses",二者是词义之间的转述关系。

2018 年

题目:

21. Which tour do you need to book in advance?

A. Cherry Blossom Bike Tour in Washington, D. C.

B. Washington Capital Monuments Bicycle Tour.

C. Capital City Bike Tour in Washington, D. C.

D. Washington Capital Sites at Night Bicycle Tour.

答案:A

解析:本文属于广告、布告类阅读,文章介绍了华盛顿的四条骑行路线,具体介绍了它们的骑行时长、骑行路线及注意事项等信息。本题是细节理解题。在"Cherry Blossom Bike Tour in Washington, D. C."中,由"Reserve your spot before availability—and the cherry blossoms—disappear!"可知,樱花消失之前要预定自己的位置。

2017 年

题目:

21. Where can you buy a souvenir at Pacific Science Center?

A. In Building 1.　　　　　　　　B. In Building 3.

C. At the Last Dome.　　　　　　D. At the Denny Way entrance.

答案:B

解析:本文是一则介绍太平洋科学中心的广告,介绍了太平洋科学中心的购物、就餐、租赁信息以及太平洋科学中心的职能。本题是细节理解题。由"Don't forget to stop by Pacific Science Center's Store while you are here to pick up a wonderful science activity or souvenir to remember your visit."可知,去太平洋科学

中心商店购物,可以顺便买纪念品,由"The store is located(位于) upstairs in Building 3 right next to the Laser Dome."可知,商店在三号楼,所以答案是 B。

2016 年

题目:

21. What is Jane Addams noted for in history?

A. Her social work.　　　　　　B. Her teaching skills.

C. Her efforts to win a prize.　　D. Her community background.

答案:A

解析:文章主要介绍了四位伟大又有影响力的女性。本题是细节理解题。根据"Jane Addams(1860-1935)"部分的"Anyone who has ever been helped by a social worker has Jane Addams to thank."可知,珍妮·亚当斯在历史上以她的社会工作而闻名,故选 A。

2015 年

题目:

21. When is the talk on James Brindley?

A. February 6th.　　　　　　B. March 6th.

C. November 7th.　　　　　　D. December 5th.

答案:C

解析:文章主要介绍了伦敦运河博物馆每个月的讲座安排。内容包括讲座的时间、做讲座的人以及讲座内容的简介。本题是细节理解题。根据文章第二段第二句"James Brindley is recognized as one of the leading early canal engineers."可知,所对应的日期是"November 7th.",讲座在 11 月 7 日,故选 C。

2014 年

题目:

21. Who can take part in the Curiosity Challenge?

A. School students.　　　　　B. Cambridge locals.

C. CSF winners.　　　　　　D. MIT artists.

答案:A

解析:本文是有关第六届剑桥科学节好奇心挑战赛的通知,通知要求邀请甚至鼓励 5～14 岁的学生报名参加,参赛作品可以是一张画、一篇文章、一张照片或一首诗,作品要能够鼓励人们去探险世界。将在 4 月 21 日给优秀作品颁奖。本题是细节理解题。根据文章第一段第二句"The challenge invites, even dares school students between the ages of 5 and 14 to create artwork or a piece of writing that shows their curiosity and how it inspires them to explore their world."可知,这个活动主要的参加对象是学校里的学生,故 A 正确。

2013 年

题目:

56. Why did Delta give the author's family credits?

A. They took a later flight.　　B. They had early bookings.

C. Their flight had been delayed.　　D. Their flight had been cancelled.

答案:A

解析:本文属于记叙文阅读,作者通过他们一家人出去旅行的事例向我们说明了有些人会去做任何事情来省钱,并在文中解释说明这样做的原因,告诉读者不能随意浪费自己的钱财,应该明智地花钱,让钱花得更值得。本题是细节理解题,根据第一段"The flight was overbooked, and Delta, the airline, offered us $400 per person in credits to give up our seats and leave the next day."可知,三角洲航空公司给作者一家每人 400 美元,是为了让他们放弃自己的座位并晚一天离开,故选 A。

2012 年

题目:

56. If a child is interested in the universe, he probably will visit _____.

A. a Youtheater　　B. an art museum

C. a natural history museum　　D. a hands-on science museum

答案:C

解析:文章介绍了一些孩子会感兴趣的地方和孩子可以参加的活动,主要讲了适合青少年们去的地方,如艺术博物馆、自然历史博物馆、青年剧院、可亲自操作的科学博物馆。本题是细节理解题。根据第三段中"This is where kids can discover the past from dinosaur models to rock collections and pictures of stars in the sky."可知,若一个孩子对宇宙感兴趣那就应该参观自然历史博物馆,故选 C。

2011 年

题目：

56. Mr. Basille gave the boy a quarter out of his coin changer _____.

A. to show his magical power　　B. to pay for the delivery

C. to satisfy his curiosity　　D. to please his mother

答案：C

解析：本文描述了一位名叫 Basille 的送奶工的故事。本题是细节推理题。根据第一段中"I couldn't take my eyes off…during a delivery"，意思是"由于一天在送货的时候，他注意到：我目不转睛地看着固定在他皮带上的找零的硬币夹"，可知是因为"他"看到了"我"对他的硬币夹好奇，所以就拿出了一枚 25 分的硬币送给"我"，故选 C。

我们来看数学，下面是 2011—2020 年的文科数学高考卷解答题中关于函数的压轴题。

2020 年

题目：

20. 已知函数 $f(x)=e^x-a(x+2)$.

(1) 当 $a=1$ 时，讨论 $f(x)$ 的单调性；

(2) 若 $f(x)$ 有两个零点，求 a 的取值范围.

答案：略

解析：该题考查的是有关应用导数研究函数的问题，涉及的知识点有应用导数研究函数的单调性和根据零点个数求参数的取值范围。第(1)问，可以将 $a=1$ 代入函数解析式，对函数求导，分别令导数大于零和小于零，求得函数的单调递增区间和单调递减区间；第(2)问，若 $f(x)$ 有两个零点，即 $e^x-a(x+2)=0$ 有两个解，将其转化为 $a=\dfrac{e^x}{x+2}$ 有两个解，令 $h(x)=\dfrac{e^x}{x+2}(x\neq-2)$，求导研究函数图像的走向，从而求得结果，也可以利用数形结合，将问题转化为曲线 $y=e^x$ 和直线 $y=a(x+2)$ 有两个交点，利用过点 $(-2,0)$ 的曲线 $y=e^x$ 的切线斜率，结合图形求得结果。

2019 年

题目：

20. 已知函数 $f(x)=2\sin x-x\cos x-x$，$f'(x)$ 是 $f(x)$ 的导数.

(1) 证明：$f'(x)$ 在区间 $(0,\pi)$ 存在唯一零点；

(2)若 $x\in[0,\pi]$ 时,$f(x)\geqslant ax$,求 a 的取值范围.

答案:略

解析:本题考查了利用导数研究函数的单调性、零点等问题,以及数形结合的思想方法。第(1)问,令 $g(x)=f'(x)$,再对 $g(x)$ 求导,研究其在 $(0,\pi)$ 上的单调性,结合极值点和端点值不难证明。第(2)问,利用第(1)问的结论可设 $f'(x)$ 的零点为 x_0,并结合 $f'(x)$ 的正负分析得到 $f(x)$ 的情况,作出图,得出结论。

2018 年

题目:

21.已知函数 $f(x)=ae^x-\ln x-1$.

(1)设 $x=2$ 是 $f(x)$ 的极值点,求 a,并求 $f(x)$ 的单调区间;

(2)证明:当 $a\geqslant\dfrac{1}{e}$ 时,$f(x)\geqslant0$.

答案:略

解析:本题考查函数的单调性、导数的运算及其应用,同时考查考生的逻辑思维能力和综合应用能力,是中档题。第(1)问,推导出 $x>0$,$f'(x)=ae^x-\dfrac{1}{x}$,由 $x=2$ 是 $f(x)$ 的极值点,解得 $a=\dfrac{1}{2e^2}$,从而 $f(x)=\dfrac{1}{2e^2}\cdot e^x-\ln x-1$,进而 $f'(x)=\dfrac{1}{2e^2}\cdot e^x-\dfrac{1}{x}$,由此能求出 $f(x)$ 的单调区间。第(2)问,当 $a\geqslant\dfrac{1}{e}$ 时,$f(x)\geqslant\dfrac{e^x}{e}-\ln x-1$,设 $g(x)=\dfrac{e^x}{e}-\ln x-1$,则 $g'(x)=\dfrac{e^x}{e}-\dfrac{1}{x}$,由此利用导数性质能证明当 $a\geqslant\dfrac{1}{e}$ 时,$f(x)\geqslant0$。

2017 年

题目:21.已知函数 $f(x)=e^x(e^x-a)-a^2x$.

(1)讨论 $f(x)$ 的单调性;

(2)若 $f(x)\geqslant0$,求 a 的取值范围.

答案:略

解析:本题考查了导数和函数的单调性与函数最值的关系,以及分类讨论的思想,还考查了运算能力和化归能力,属于中档题。第(1)问,先求导,再分类讨论,根据导数和函数的单调性即可判断。第(2)问,根据第(1)问的结论,分别求出函数的最小值,即可求出 a 的范围。

2016 年

题目:21.已知函数 $f(x)=(x-2)e^x+a(x-1)^2$.

(1)讨论 $f(x)$ 的单调性;

(2)若 $f(x)$ 有两个零点,求 a 的取值范围.

答案:略

解析:本题考查导数的运用:求单调区间,考查函数零点的判断,注意运用分类讨论的思想方法和函数方程的转化思想,考查化简整理的运算能力,属于难题。第(1)问,求出 $f(x)$ 的导数,讨论 $a \geq 0$ 时,$a<-\dfrac{e}{2}$ 时,$a=-\dfrac{e}{2}$ 时,$-\dfrac{e}{2}<a<0$ 时,由导数大于 0,可得增区间;由导数小于 0,可得减区间。第(2)问,由第(1)问求出的单调区间,对 a 讨论,结合单调性和函数值的变化特点,即可得到所求范围。

2015 年

题目:

21.设函数 $f(x)=e^{2x}-a\ln x$.

(1)讨论 $f(x)$ 的导函数 $f'(x)$ 零点的个数;

(2)证明:当 $a>0$ 时,$f(x) \geq 2a+a\ln\dfrac{2}{a}$.

答案:略

解析:本题考查了导数和函数单调性的关系、最值的关系及函数的零点存在定理,属于中档题。第(1)问,先求导,再分类讨论,当 $a \leq 0$ 时,当 $a>0$ 时,根据零点存在定理,即可求出。第(2)问,设导函数 $f'(x)$ 在 $(0,+\infty)$ 上的唯一零点为 x_0,根据函数 $f(x)$ 的单调性得到函数的最小值 $f(x_0)$,只要最小值大于 $2a+a\ln\dfrac{2}{a}$,问题得以证明。

2014 年

题目:

21.设函数 $f(x)=a\ln x+\dfrac{1-a}{2}x^2-bx(a \neq 1)$,曲线 $y=f(x)$ 在点 $(1,f(1))$ 处的切线斜率为 0.

(1)求 b;

(2)若存在 $x_0 \geq 1$,使得 $f(x_0)<\dfrac{a}{a-1}$,求 a 的取值范围.

答案:略

解析:本题考查导数的几何意义、利用导数研究函数的单调性极值与最值等基础知识与基本技能方法,考查分类讨论的思想方法,考查推理能力和计算能力,属于难题。第(1)问,利用导数的几何意义即可得出。第(2)问,对 a 分类讨论: $a \leqslant \frac{1}{2}$ 时, $\frac{1}{2} < a < 1$ 时, $a > 1$ 时,利用导数研究函数的单调性极值与最值即可得出答案。

2013 年

题目:

20. 已知函数 $f(x) = e^x(ax+b) - x^2 - 4x$,曲线 $y = f(x)$ 在点 $(0, f(0))$ 处的切线方程为 $y = 4x + 4$.

(1)求 a, b 的值;

(2)讨论 $f(x)$ 的单调性,并求 $f(x)$ 的极大值.

答案:略

解析:本题考查导数的几何意义,考查函数的单调性与极值,考查考生的计算能力,确定函数的解析式是关键。第(1)问,求导函数,利用导数的几何意义及曲线 $y = f(x)$ 在点 $(0, f(0))$ 处的切线方程为 $y = 4x + 4$,建立方程,即可求得 a, b 的值。第(2)问,利用导数的正负可得 $f(x)$ 的单调性,从而可求 $f(x)$ 的极大值。

2012 年

题目:

21. 设函数 $f(x) = e^x - ax - 2$.

(1)求 $f(x)$ 的单调区间;

(2)若 $a = 1, k$ 为整数,且当 $x > 0$ 时, $(x-k)f'(x) + x + 1 > 0$,求 k 的最大值.

答案:略

解析:本题考查利用导数求函数的最值及利用导数研究函数的单调性,解题的关键是,第(1)问应用分类讨论的方法,第(2)问将问题转化为求函数的最小值问题。本题考查转化的思想、分类讨论的思想,考查计算能力及推理判断的能力,综合性强,是高考的重点题型,难度大,计算量也大,极易出错。第(1)问,求函数的单调区间,可先求出函数的导数,由于函数中含有字母 a,故应按 a 的取值范围进行分类讨论研究函数的单调性,给出单调区间。第(2)问,由题设条件结合第(1)问,将不等式 $(x-k)f'(x) + x + 1 > 0$ 在 $x > 0$ 时成立转化为 $k < \frac{x+1}{e^x-1} + x (x > 0)$ 成立,由

此问题转化为求 $g(x)=\dfrac{x+1}{e^x-1}+x$ 在 $x>0$ 上的最小值问题，求导，确定出函数的最小值，即可得出 k 的最大值。

2011 年

题目：

21.已知函数 $f(x)=\dfrac{a\ln x}{x+1}+\dfrac{b}{x}$，曲线 $y=f(x)$ 在点 $(1,f(1))$ 处的切线方程为 $x+2y-3=0$.

(1)求 a,b 的值；

(2)证明：当 $x>0$，且 $x\neq1$ 时，$f(x)>\dfrac{\ln x}{x-1}$.

答案：略

解析：本题考查导函数的几何意义，即在切点处的导数值为切线的斜率，考查通过判断导函数的符号求出函数的单调性；通过求函数的最值证明不等式恒成立。第(1)问，据切点在切线上，求出切点坐标；求出导函数；利用导函数在切点处的值为切线的斜率及切点在曲线上，列出方程组求出 a,b 的值。第(2)问，构造新函数，求出导函数，通过研究导函数的符号判断出函数的单调性，求出函数的最值，证得不等式。

通过列举并分析这几个学科十年的题目，我们可以得出一个结论：无论哪个学科，对待某个特定知识点的考查，其考查思路、解题技巧、答案设置是存在规律性、相似性的，只要我们不停地去进行"刻意练习""专项练习"，那么排除偶然性因素的话，在"量子套圈比赛"时才会取得不错的成绩。

第二节　许涵仁有限刷题法的"道"：坚持 5 种理念

理念是行为的先导。许涵仁有限刷题法坚持以下 5 种理念。这 5 种理念，对于彻底精通有限刷题法来说是必需的。

一、有限性理念

在前面的章节中，我已经对"有限性"作了详细的阐释。在这里，我再次申明：坚持有限性理念，正是许涵仁有限刷题法与其他学习方法最大的不同。

考生总是容易因为各种巨量的负担而感到疲于奔命。想做的事情太多,感觉永远都做不完。即使做完一件事情,产生短暂的成就感,也很容易被接下来依然望不到头的其他事情淹没,想记住一个知识点,可又被无穷无尽的知识点淹没。我们可以把这种情况称为"过载"。

在刚刚恢复高考的年代,试题非常稀少。很多"老三届"回忆那个年代,都说曾为手头没有复习资料、练习题不够而发愁。但现在是知识爆炸的时代,印刷试题的成本、获得题目的门槛都已经被降到了无限低。在考生的学习生活中,随时随地都会有无数的辅导资料、考卷、知识点等。每一天,每一处,每一个 APP,都充满着无数的知识和试题。想买什么,想下载什么,想获取什么,都很方便。

在这种情况下,考生往往会倾向于大量获取题目资源,将它们储备起来,以备后用。但是,信息的海量并不意味着可接收信息的海量,试题的增多不代表你记忆能力的提高。考生的需求和处理能力始终是有限的。"占而不用"等于没占,"做而易忘"等于白做。不能被考生应用、理解、记忆的题目和知识,其实是没有太大意义的。当获取题目的速度远远高于掌握题目的速度时,就会产生这么一个结果:我们每天获取的"新鲜知识""新鲜题目",比我们每天利用和消化的量还多。

长此以往,我们的知识库存越来越多,并且这个速度不会降低,直到远远超过我们大脑的承载范围。这就是"过载",我们储存的信息、资源,我们想做的事情,我们制订的计划,远远超出了我们能负担的范围。

为什么许多考生会热衷于获取题目(包括上各种辅导班、做各种花里胡哨的辅导资料、整理很多错题本等)呢?因为,获取题目的过程会产生一种错觉和快感:我见过这些东西,我就得到了这些东西,记住了这些东西。"得到"本身,对我们的大脑来说就是一种奖赏,它会激活我们的奖赏系统,驱使我们继续不停地去获取题目。

而相比之下,对题目和知识进行利用、内化,同样能激活奖赏系统,但成本和难度太大。同样一篇文章,是把它找到、存起来容易,还是把它背下来容易?这其实就是一种替代机制——考生被大脑驱使,用收集、整理这些行为,代替记忆、思考和使用。

它会造成什么后果呢?会让考生心力交瘁,疲于奔命;让大脑难以清晰地作出判断,指挥行动;让考生变得容易分心。

简而言之,很多考生不是缺少计划,也不是缺少执行力,而是缺少专注的能力,缺少"学会放弃"的智慧。

他们对知识和题目的追求,是欲望的结果,他们不停地去获取东西来填补他们的缺乏和需求。欲望本身是没有问题的,有问题的是过剩的欲望。当欲望不仅仅是"认为这些题目和知识有用",而是"认为它们可能有用"的时候,就要警惕了:这些欲望很可能是多余的、不必要的,顺从这样的欲望,一定会产生知识"过载"。

而当考生囤积了大量的这种"可能有用""将来也许有用"的东西时,考生的生活就会变得混乱,变得失去掌控。无论做什么事情,使用什么东西,都应该从本人的需求和目的着手,坚持需求导向和目标导向。而"过载"之后,却变成了考生因为拥有了这些东西,所以要让它们发挥价值,让它们有机会被用起来——这就是被"异化"了。"我"本应是"主",结果被题目"反客为主"了。考生被本该拥有的东西奴役,为了用它们而牺牲了自己的感受、需求、时间、精力。

考生要学会节制欲望和自省,知道什么是自己真正想要的,舍得在这上面投入,而摒除其他一切无关紧要的东西。当然,这并不意味着考生要清心寡欲,而是说要以需求和功能为导向,摒除一切无关的、多余的、会造成过载的元素。

要学会在认识自我中把握有限。认识自我是一个无限、无止境的过程,人们对自身的认识,会随着时空的转化、事态的发展而不断发生变化。在认识自我中把握有限,就是要在不断拓展自身能力的同时,注重把控自身能力水平的有限性、局限性,认识到自己不是无敌的、万能的,认识到以自己的能力水平,很多题目是无法覆盖到位的。历史上很多大人物,在取得了世所罕见的成功之后,却一着不慎坠入深渊,很大的一个原因就是在成功之后身边尽是阿谀奉承之人,使他们对自己的认知出现偏差,觉得自己无所不能,因此铸下大错。当然,这不是说让考生自轻自贱、自我怀疑,而是要在不断追求超越、追求自身能力极限的过程中,把握好有限,坚持有节制的哲学观和世界观。

要学会在认识世界中把握有限。认识世界就是认识世界的本质及其发展规律。就像一个游走在国家与国家之间的世界商人,对他(她)来说,对各个国家的法律和社会风俗文化了解得越多,那么他(她)在这个国家的活动就更加轻松自如。人类可以认识世界,但世界浩渺,我们所能到达之处是很有限的,永远不能认识世界的全部;要在认识世界的无限性中把握有限,抓住所能抓住的,认识所能认识的。

要学会在辩证思维中把握有限。辩证思维是指以变化发展视角认识事物的思维方式,是与逻辑思维相对立的一种思维方式。在逻辑思维中,事物往往"非此即彼""非真即假",而在辩证思维中,事物可以在同一时间"亦此亦彼""亦真亦假"而无碍思维活动的正常进行。中国人的辩证思维历史悠久,老子就曾说:"曲则全,枉则直,洼则盈,敝则新,少则得,多则惑。"考生多年少,有时爱钻牛角尖,要注重坚持辩证思维方法,实现由感性认识到理性认识的飞跃。

 **应用案例**

1.在有限的学习时间内提高效率,该睡觉就睡觉,因为自身的身体机能是有限度的。

2.不去跟风式购买无穷无尽的辅导资料,因为自身的财力有限、精力有限。

3.制定有限的学习目标和刷题任务。

4.不去试图"讨好"或结交所有认识的人,只在学生时代结交一些兴趣相投的好朋友。

二、成本控制理念

毛血旺是人们熟知的一个菜品,很多美食爱好者都乐得自己尝试制作一下。在抖音的一个毛血旺做法的热门短视频中,解说讲到:"毛血旺是人们爱吃的菜品,去饭店吃的话,一盘就要 68 元,今天就来教大家在家做一份好吃不贵的毛血旺……"视频下面的评论区,点赞最多的一条是这样讲的:"去外面吃 68 元一盘,我自己在家做花了 168 元。"这个略带搞笑的评论点出了问题所在:在家自己做菜固然干净卫生,但是成本控制得并不好,在时间有限的情况下,自己动手未必是最佳选择。饭店毕竟是专业做菜的,要想挣钱就必然要把成本控制好。

要学会成本-收益分析。成本-收益分析是一种量入为出的经济性理念,它要求对未来行动有预期目标,并对预期目标的成功概率有所把握,力争以最少的投入获取最大的收益。成本-收益分析的出发点和目的是追求自身的利益,它只不过是为了获得自身利益的一种计算工具。比如,我高中时,有一位行政老师,月工资只有几千元,可是他之前在国外留学四年,花费家里数百万的学费、生活费。这样的一种就业选择,往往会被舆论认为惋惜,为了求学花费了太多的金钱,可最终的就业收入实在微不足道,如果单从成本-收益分析看,这是一个"亏本的买卖"。

要树立"大成本"理念,避免"财务思维"。如果什么事情都按照成本-收益分析来作出选择,"亏钱"的买卖就不做,那很多事情都是没法做成的。比如,我国进行了世所罕见的巨大的基础设施投资,但很多基础设施投资大、收入少、见效慢,从经济上来说是明显亏本的,那国家为什么还要做呢? 这就是说,做事不能只算"经济账",还要算"政治账""民生账""历史账"。

成本的类型是多种多样的,从经济学、会计学角度讲有沉没成本、沉淀成本、固定成本、机会成本等,除了这些可计算性很强的成本,还有许多成本是无法用简单的数学计算出来的,比如心力成本、情感成本、时间成本、健康成本、重复成本、推广成本、社会成本、道义成本等。熬夜刷题,看上去似乎多刷了三两道题,但这种行为付出的代价是巨大的健康成本;早恋、沉迷网游等行为,或许有少数学生可以将其与复习备考共同推进,但这些行为耗费了考生巨大的心力成本,"两不误"最后成为"两都误"。这就是说,成本-收益分析本身没有什么不对,但是不能陷入"财务思维",只专注于经济效益或者短期利益。只会"斤斤计较"很难成大事,要有大格局、大视野、大胸怀,要算大账、算长远账、算整体账、算综合账。

控制成本不等于降低产品质量和远期目标。从商业角度上讲,如果产品以次充好、质量低劣,终究是走不远的。作为考生,必须学会控制逆袭过程中、刷题过程中的各种成本,因为成本低才更有竞争力,才更可持续。但是要始终牢记,控制成本不是目的,目的是取得成功,并且成功的代价是可控的、值得的。比如,人们常说的"996"。其实大部分打工人都知道"996"是压榨员工、牺牲员工的身体健康,但是大家反感的不是"996",而是"白嫖"——都"996"了,还不涨工资吗? 如果"996"一年,挣的工资就能在北上广买一套大别墅,那么我想还是有很多人愿意付出这个身体代价的。同理,考生使用刷题法去逆袭,必须考虑控制成本,同时注意不被成本控制。

从大成本角度出发,特别要注意获取题目、掌握题目和内化题目之间的成本收益。在当今这个时代,获取题目简直太容易了。每一天,考生都会被无数的题目轰炸,周测、月考、联考、模考……于是,考生大脑的奖赏回路被激活、感受到了快感,大脑认为我们又掌握了新东西——这种愉悦感,刺激着考生一次次地收集新的题目。但与获取题目相比,掌握题目、应用题目的成本实在太高了。

一个稍微有点难度或者价值的题目,至少得在不同时期重复四五遍才有可能完全掌握,即便掌握了,在需要的时候想起来、用到它,又需要付出很多努力。一些考生总会这样欺骗自己:虽然现在用不上,但以后可能会用上,先存着吧。然后呢?就没有然后了。他们获取的题目车载斗量,但真正属于自己的题目却几乎没有增长。这里面反映出来的其实是一个误区:

题目绝不是放在那儿等着需要时去查找就可以了。题目的真正归宿,应该是让它流动起来。

所以,掌握应该掌握的,放弃掌握不了的。不要把收集当成学习,不要用拥有来缓解自己的焦虑感。

 **应用案例**

　　1.要控制刷题的心力成本,将难题和简单题结合起来,不要一味地去刷难题或一味地刷简单题。

　　2.要控制刷题的健康成本:一方面,要在保证身体健康的大前提下进行复习;另一方面,也可以适度对身体进行透支式的"超前消费"。比如高三备考冲刺阶段,晚上延长二三十分钟的学习时间是可取的,但延长四五个小时甚至通宵则是不可取的。

　　3.要控制刷题的机会成本,选择了任何一种学习路线,或者具体的解题路线,都要考虑放弃其他路线的代价是什么,是否值得,以及止损线设置在哪里。

三、技术创新理念

　　我们在前面的章节中对刷题的技术创新作过分析,这里重申一下技术创新理念的核心要点。

　　刷题是一个需要不断创新的技术范畴。 任何一门考试、一类考试都有其特点、规律,刷题的任务就是掌握其中的规律,刷题就是用来解决我们前文所述"记忆—遗忘"这个问题的一门技术。

　　从技术创新的视角来看待刷题,需要对刷题技术进行研究、练习和创新。 要对刷题技术主动钻研、探索,去寻求根本性原因与更可靠性依据,对刷题的性质、特点、规律不断地进行积极探索,由不知变为知,由知少变为知多。对于考生来说,创新意味着能够为自己打开一个新的价值空间,创新本身的价值会通过其所带来的价值空间来进行衡量,大的创新往往能够创造出一个大的刷题生态,而小的创新往往也能够推动刷题水平的提升。

　　技术创新要坚持以我为主、为我所用,切不可搞"万国牌"。 从刷题技术的性质来看,刷题技术的获得是个体性的、经验性的,刷题技术的进步是累积性的、内生性的,所以技术引进永远不能代替自主创新。如果采取了"万国牌"的技术路线,或许短期内会带来一定的成绩提升,但终究改变不了排名的层次。

 **应用案例**

　　1.要保持对方法论的高度关注,学习方法、刷题方法、作息方法、沟通方法等。

　　2.要在风险可控、损失可控的前提下,坚持以我为主的、持续不断地对方法的创新性尝试。

　　3.要加强技术交流与合作,对象可以是同学、师长、前辈等。

四、整体理念

刷题是"科学",是"技术",也是一门"玄学",以简单的线性思维来应对是远远不够的,必须坚持整体理念和系统思维。在 20 世纪的某段时间,美国黄石公园的红狐数量持续减少。为了拯救这种濒危的珍稀动物,行政当局决定在这一区域内赶走或消灭它们的天敌——狼。但在狼消失后的几年里,红狐的数量非但没有上升,反而减少得更快。原来,狼不仅是红狐的天敌,更是鹿的天敌。当狼绝迹之后,鹿的种群数量就开始急速扩大,它们巨大的食量使红狐的主要食物变得短缺。了解到这种关系之后,当局把狼重新引入该地区并采取了其他的保护措施,最终遏制了红狐数量下降的趋势。

通过消灭狼来保护红狐的做法之所以失败,原因在于当局的线性思维导致决策失误:在二者的关系中,只看到了"狼是红狐的天敌"这一因果关系,并且试图利用这种因果关系控制狼的数量进而达到目的。实际上,这恰恰是把网状因果关系简单化为线性因果关系,把长因果链截为短因果链的短视行为,没有坚持整体理念和系统思维。

整体理念和系统思维要求我们以大格局、大视野来推进刷题。做题看似简单,但是要大规模、大剂量、流水线地刷题,就是一个系统工程了。小到做题的先后次序,大到对刷题载体的选择,都是需要谨慎对待的。整体推进并不排斥个案处理,但是要注重系统的整体性和要素与要素之间的协同性,注重系统的开放性与环境的协调性,注重系统的重点突破与整体推进,注重解决非平衡问题,推进系统走向动态平衡。

一个非常关键的思维是:系统的问题,一定要用系统的方法来解决。无论是站在考生、家长、学校、社会、历史,任意一个角度看待刷题问题,实际上,都是把问题的视角窄化了。你看到的只是整个问题的部分,而不是全貌。这就是我们常犯的第一个错误:对于一个复杂的系统,单独站在其中一个因素的视角去看待,或者单独归因到其中某个因素,都是不全面的。事物是普遍联系的,任何一个系统,其内部因素一定是互相影响、互相制衡的。必须把视角拔高,从更高的层次去看待整体,才能更好地理解这个领域。

一个问题之所以出现,根源往往不在于它本身,而在于它背后存在的系统。问题本身往往只是这个系统的一种表现,我们要做的是去改变和优化这个系统,从而解决这个问题,而不是仅仅着眼于问题本身。厨房里出现了一只蟑螂,你把这只蟑螂打死了,还会不断有蟑螂出现。为什么? 出现蟑螂只是表象,背后的问题是厨房的卫生需要打扫,更深层次的问题是如何建立一个固定清洁厨房的机制和流程。那么,具体可以怎么做呢? 有一些什么样的方法,可以帮助我们去发现、思考和改变系统呢?

解决思路就是:做对的事情,并且持续去做。简单来说:当成绩出现问题时,当你想去作出改变的时候,一定是因为现有的学习方法不对头、不见效。所以,我们首先要想办法去找出不对头的地方,然后把它调整过来,让它变得更加接近于"对头",然后再持续去做,把这种新的学习方法巩固下来。

💡 应用案例

> 1. 不要钻牛角尖,此路确实不通就绕道而行,先易后难。
> 2. 要寻求整体性的解决方案,而不是"头痛医头,脚痛医脚"。
> 3. 要提前着手,做一些打基础、利长远的事。

五、正道理念

人间正道是沧桑。要牢固树立正道理念,搞"阳谋",不搞"阴谋",走正道,不走"邪道"。正道永远比邪道宽广,"阳谋"永远比"阴谋"更加高明。在刷题这件事上,任何歪门邪道、偷奸耍滑、自欺欺人都是没有用的。在刷题方面,所谓正道理念,主要含义有二:一是要实打实地做题、背题、提高自己;二是要脚踏实地做人,做个好人。坚持正道理念,就是通过"做好自己的事"来提高自己,而非通过"让别人变糟"让自己变得更好。

能量守恒,输入得少,自然输出得就少。刷题这件事,一定是实打实的,不能玩虚的。就好比一个国家,实体经济才是立国之本、财富之源,实打实地搞实体经济,把发展经济的着力点放在实体经济上才是正道,大搞虚拟经济,即便一时风光,长远来看也是不行的。再比如京东创始人,就反复申明京东始终信守"正道商业价值观",做正品行货,不卖假货,坚持依法纳税,给员工足额缴纳社保,把消费者、合作伙伴和员工放在心上,坚决不愚弄、不欺骗消费者。从京东的发展来看,创始人的这些理念和行为给京东带来了莫大的收益。刷题这件事,就得是去实打实地做题、刷题,靠"口嗨"刷题、"脑补"刷题都是没有用的。见得少、做得少,自然就"脑中无物""肚里没货",这是能量守恒的自然法则。

善良比聪明更重要,奋斗比成功更快乐。作家鲍鹏山在对商鞅及其后学的著作汇编——《商君书》进行了比较深入而系统的梳理与探讨后,感悟道:对于政治来说,光有成功是不够的,还应该有价值;对于一个人来说,光有成功是不够的,还应该有仁义。这个观点发人深省。三观不正,即便成功了,也是"德薄而位尊"罢了。古语讲"修身、齐家、治国、平天下",可见修养品性才是第一位的。前几年轰动一时的"吴谢宇弑母案",残忍至极、令人发指,虽然犯罪分子有北大"光环"傍身,可这样的"优秀"有何意义？所以,刷题也好,逆袭也罢,都不是最重要的。重要的是要在逆袭中感受奋斗的快乐,在逆袭中感受父辈的不易,在逆袭中焕发全新的自我,挑战自我的极限,创造生命的奇迹。

应用案例

1. 成绩的提升靠的是踏踏实实的努力,一步一个脚印,不要幻想着走捷径。作弊、替考、押题,都属于赌徒心态驱使下的投机行为,切不可尝试。

2. 考生之间并不是零和博弈,顶尖高校的录取名额足够全校的考生都得偿所愿,所以不要把自己的"变好"寄希望于别人的"变差"上面,完全可以大家一起"变好"。

3. 即便刷题成功、逆袭成功了,只能是新的逆袭之旅的开启,而不是人生的终点。高考会过滤"学渣",不会过滤"人渣",要始终行得正、走得端。

第三节 许涵仁有限刷题法的"法":处理好 7 对关系

在开启刷题旅程后,考生的内外环境会发生深刻变化,面临许多新的理论和实践问题,需要正确认识和把握。考生需要用好辩证法,把战略的坚定性和策略的灵活性结合起来,慎重处理好下面 7 对关系。

一、目的和手段

目的和手段,是反映人们在认识世界、改造世界的过程中,主观与客观之关系的一对哲学范畴。[116] 所谓目的,就是主体依据外界情况和主观需要而提出的行动目标,即事先存在于主体头脑中实践之后的结果;所谓手段,是指为达到目的,主体所用的工具、操作方式和方法等,主体在其对象性活动中作用于外界对象的一切中介之总和,都可称为手段。

在目的和手段的相互关系中,目的处于支配地位,起着主导作用,人们总是根据一定目的的需要,创造或改进手段。手段服务于目的,手段对于目的具有依附的、从属的性质,这是目的和手段关系的基本方面。目的和手段间的这种关系如果发生颠倒,必然导致认识和实践中的混乱。[117]

116 聂凤峻. 论目的与手段的相互关系[J]. 文史哲,1998(06):75-78.
117 汪华岳,李光耀. 简论目的和手段[J]. 山东社会科学,1993(04):71-73.

因此,在处理目的和手段问题上,首先应该着眼于目的,优先考虑如何正确确立目的、分析目的的合理性和可行性。只能在确定目的的前提下,才能考虑手段的选择。离开了服务于一定的目的,手段便毫无意义。

在处理目的和手段的关系时,需要注意以下几点:

一是要注意目的和手段的区分,牢记目的的实现需要手段,手段是用来实现目的的。目的、手段是相互区别,相互对立的。在一定条件下,它们各自以其独立的形态存在着,目的就是目的,手段就是手段,二者之间的界限不容混淆。目的是主观的,手段是客观的。目的绝不是随心所欲提出来的,它必须依靠外部条件所允许的程度作为目的提出的前提,否则它就不是现实的目的;人们所使用的手段也一定是依据现实条件确定的,否则也没有实际意义。手段因目的而生,手段要服务于目的的实现。

在刷题实践中,最容易犯的错误,就是忘了去区分目的和手段,犯了"得鱼忘筌"的毛病。比如,有很多学生的错题本特别干净、工整,在向错题本上抄录错题时,往往小心翼翼,有时誊写得十分缓慢,错题本像书法作品一样。这样的做法其实就是忽视了区分目的和手段二者之间的关系,喧宾夺主、主次不分,让"手段"支配了"目的"。错题本的目的是什么? 错题本的目的可以有一千种、一万种,未必人人都能达成一致,但有一点毋庸置疑:错题本绝对不是用来观赏的。把错题本"打扮"得光鲜亮丽,却不去温习、不去标注、不去背诵,那要错题本有什么用?!

再比如,有的学生爱把学习环境(课桌、卧室等)收拾得特别干净整洁,老师也特别喜欢这样的学生。但是这样做就是对的吗? 要知道,混乱和秩序都是生活的现实,对秩序过于偏执的追求反而会让我们与效率背道而驰。学习环境的整洁与否不重要,重要的是,学习环境是否有利于学习效率的提高。有的同学就是习惯把课本放在某个位置、把错题本放在某个位置、把试卷放在某个位置,因为这样子他(她)习惯了,那么为什么一定要强行去改变这样的习惯呢?

手段的意义就在于服务于目的,与目的背道而驰的手段是无意义的。因此,在目的和手段问题上,首先应该着眼于目的,离开了服务于一定的目的,手段便成为毫无意义的空洞抽象。这一点在刷题过程中要时刻牢记。

二是要把握好目的和手段的可变性。目的和手段都不是一成不变的。目的决定手段,手段为目的的服务,这仅仅是目的和手段相互关系中的一个方面。世界上没有离开一定手段的孤立的目的,不具备必要的手段,目的无论确定得多么合理正确,只能是虚幻的空想,是根本无法实现的。主观目的只有借助手段才能达到。因此,无论从事何种实践活动,在目的确立以后,就要用全力研究手段问题。诚然,目的对于手段而言,始终处于主导地位,手段总是处于从属地位,这种关系是在任何情况下都不容颠倒的。但是,同任何其他矛盾一样,它们所处的矛盾主次地位,在一定条件下是会发生转换的。处于从属地位的手段也可能成为矛盾的主要方面。[118]

一方面,目的和手段之间是可以相互转化的。因为客观世界范围极其广大、发展的无限性、联系的广泛性,所以在一定场合、一定关系体系中为目的的东西,而在另一场合、一定关系体系中,则变为手段。同样,在一定场合、一定关系体系中作为手段的东西,在另一场合、一定关系体系中则变为目的。[119]

另一方面,目的本身是可变的、手段本身也是可变的。考生对自己目的的认识,需要经历由低级到高级的发展过程,而且这个过程是永远没有终结的,对自己目的的追求是永无止境的,要把某一目的的实现看作向更高一级目的的过渡。此外,一个较大的目的往往可以分解为若干个较小的、便于达到的目的。所以当意识到某个目的实现无望时,完全可以变换目的。就手段而言,最为重要的就是灵活性,如果不能根据具体条件的变化和改变手段,那只能是思想僵化的墨守成规。手段在目的的实现过程中,要随着目的的发展变化而改变,否则它们就成了死手段。

 应用案例

1. 刷题是逆袭的手段,刷题本身不是目的,不需要去为了刷题而刷题,更不需要去应付哪个人,要交代的只有考生自己。

2. 相对于逆袭,刷题只是手段;相对于刷题,有限刷题法只是手段。不要机械地套用有限刷题法,有限刷题法只是一个便于刷题的手段,这个手段不行换别的就是了。

3. 针对相同类型的题目,在考场上和平日里,可以采取完全不同的解题手段。比如数学的选择题,考试的要求是找到正确答案,那么排除法、代入法、瞎蒙法都是可以的,但平时自己练习,即便能用投机取巧的办法选对答案,也需要实打实地再去解一遍。

118 汪华岳,李光耀.简论目的和手段[J].山东社会科学,1993(04):71-73.
119 聂凤峻.论目的与手段的相互关系[J].文史哲,1998(06):75-78.

二、结果和过程

过程与结果相辅相成,过程是事物发展所经过的程序、阶段,而结果是在某一阶段内,事物所达到的最后状态。

过程是中间位置,结果是终点位置,没有过程就没有结果。过程是一种苦涩的历练,过程有时是起到决定性作用的。历史中的著名作品,大多经历了一个漫长的创作过程。西汉司马迁写《史记》花了 18 年,西晋左思写《三都赋》写了 10 年,宋代司马光写《资治通鉴》前后用了 19 年,明代李时珍写《本草纲目》共花了二三十年。过程是动态的,结果是静态的,处理好过程与结果的关系,需要制订计划、修正计划,需要以动静结合的视角去审视,去应对。

过程重要,但结果更重要,要问耕耘,更要问收获。在备考过程中,老师们总是喜欢说最终的结果没那么重要,尽心尽力去拼搏,问心无愧就好之类的话。这种论调初听之下确实很暖心,也似乎很有道理。然而无数的历史事实和社会现实告诉我们:没有一个好的结果,无论多么美好的过程都是黯然失色的。

特别是在高考这件事上,无论你怎么否认高考成绩的重要性,但它客观上就是"一俊遮百丑"。高考的结果好,一切的过程就都是值得的;高考的成绩差,一切的努力都失去了光彩。或许我们在奋斗过程中可以问心无愧,最终心里能够接受一个比较差的结果,但终究还是会留下遗憾。

过程和结果确实都有其重要的地方。我们要明白,过程中的所有努力付出都只是为了一个好的结果。过程和结果不一定成正比关系,但不努力一定不会成功,从这个意义上讲,我们在过程中要做到问心无愧,我们在结果上要追求更好,但是无论现实怎样,我们都要理性接受、坦然面对,以一个积极的心态去做好每一件事。

💡 应用案例

1. 要正确看待平时测验的排名,因为平时测验的排名并不具有良好的信度和效度,它的目的可能就是测验一下。

2. 要正确看待高考等大型考试的排名,这个排名很重要,但也只是一次考试的排名,并不必然给你的人生带来什么真正的颠覆性的变化。

3. 要保持良好的心态,你只管努力就好。

三、短期和长期

短期和长期、当前与长远的关系是一个必须慎重处理的关系。古人云："不谋万世者，不足谋一时。"考生如果想要在高考等重大考试中实现逆袭，在处理当前与长远的关系时，就必须统筹兼顾、处置得当。

然而，在现实中，一些考生在处理短期和长期、当前与长远之间的关系时并不慎重，有的患"短视症"，想问题、办事情只顾当前，只靠"三天打鱼，两天晒网"式的激情来驱动，犯了投机主义的毛病；有的患"空疏病"，志大才疏、徒托空言，把逆袭的蓝图描绘得美丽迷人，把成功后的远景规划设计得非常精彩，但是具体到落实的举措却拿不出解决方案来；有的患"狂躁症"，既不谋长远，又不顾当前，而是想起一出是一出，四处盲动、轻率决策。考生不能处理好二者之间的关系，是可以理解的，因为毕竟年轻，终归会犯一些错误。但是犯了错误就要尽快改正，否则时间一分一秒地流逝，情况就会变得越来越被动。

短期和长期，是相对的，是可以相互转化的。相比于高中三年来说，一个月是短期；但放到考前一个月的时候，一天、一周就成了短期。这就要求我们以辩证的眼光看待"短"和"长"，认识到长、短之间是可以相互转化的，不能用处理长期问题的方式来处理短期问题，也不能用处理短期问题的方式来处理长期问题。著名作家刘慈欣就曾说过："对于高技术，人类有两个倾向：一个是高估它的短期效应，另一个是低估它的长期效应。"解决短期问题，需要激情和干劲，做到"毕其功于一役"；而解决长期问题，则考验人的耐心和意志力，不可操之过急。

要坚持长期主义，做时间的朋友。长期主义就是坚持一件正确而困难的事情，长期投入并最终获得成功。长期主义并不是要让我们好高骛远、不切实际地去思考未来的问题，而是要把今天和未来联系起来，把未来的成功或者失败看成是一件必然的事情。在复习备考时，要做好统筹兼顾，处理好当前与长远的关系。求实效、谋长远，求的不仅是一时之效，而是更有意义的长远之效。当前有成效、长远可持续的事要放胆去做，当前不见效、长远打基础的事也要努力去做。在具体刷题实践中，要多做打基础、利长远的事情，以甘于寂寞的心态去做那些细碎繁重、不为人知的基础工作，以攻坚克难的勇气啃那些"硬骨头"、扫除那些"拦路虎"。像每天背一首古诗或几个英文单词这样的"微学习"，是不可能短期内大幅度提升成绩的，可是只要能长期坚持，必定会收到效果。

应用案例

> 1. 不要以短期心态去做长期的事情。比如积累英语单词、背诵诗词等，都是长期的事情，靠三天两头的热情是不行的。
>
> 2. 不要以长期心态做短期的事情。比如考试前的突击复习，就是为了短期应急使用的。
>
> 3. 要保持战略定力，认定的事情就要有坚持下去的毅力。

四、自主和外援

在刷题实践中，必然面临着坚持独立自主和积极争取外援之间的矛盾。遇到一个疑难问题，是独立自主地思考出来，还是求助于老师？生活上有了困惑，是自己去解决，还是和闺蜜、朋友吐露心声？这二者之间的矛盾贯穿于考生学习、生活、成长的全过程，即便在脱离学校之后，也依然会面临类似的选择。

坚持独立自主和积极争取外援，二者之间是相辅相成的，它们在本质上是统一的。自力更生是考生提高自己、发展自己的基础和前提，也是落脚点，积极争取外援可以进一步增强自立更上的能力，二者共同服务于刷题目标的实现。

自主不可废，外援不可缺，但终究还是要自己强。无数铁的事实证明：自己强才是真的强，外援再怎么帮你都是次要的。一百多年前，清朝曾试图搞"以夷制夷"，利用各帝国主义在华利益的不同来使其互相牵制，短期看似乎在一些具体事件上取得了效果，但历史证明：落后就是要挨打。考生在刷题过程中，一定要做到以我为主，为我所用。比如说，遇到难题可以问老师，因为老师毕竟见得多，但老师讲解过了之后，自己必须独立再推演一遍，如果仅仅是听一听，那就没什么意义了。独立自主和争取外援之间的关系，在第一章第二节中关于"技术创新"的部分也有过论述。

要谨防外力的负面作用，自觉抵御"负能量"。在打仗的时候，战士们不怕战场上冲锋陷阵，怕的是有人在背后打黑枪。同样，在刷题过程中，考生除了会遇到各种各样的刷题技术上的难点痛点（正面战场上的困难），还会遇到各种各样非技术性的困难（腹背受敌），特别是老师、家长、同学的负面评价和冷嘲热讽之类。如何与这些负能量相抗衡，非常考验考生的意志力和处事能力。

概括来讲，这些负能量主要有以下几种。

第一，经验主义反驳。喜欢抬杠的人，无论你怎样论证你的思路是对的，方法是有效的,他们的第一反应永远是"不""不对""不可能""没希望",然后才是表达自己所谓的观点。在他们眼中,沟通不是为了达成共识,而是为了否定你。他们不管你说什么,不管你说得对不对,一定要反驳你。只有这样,他们才能感觉到他们赢了,从而获得优越感。

第二,阴阳怪气。常见情形有:使用"您"明褒暗贬,表示讽刺;使用"呵呵""幼稚"等语言,贬损对方;能用反问、质问的一定不用陈述句……类似这样的句子,能够噎死许多人。

第三,鸡蛋里挑骨头。常见情形有:把一个很小的点无限放大,否定你的所有内容;强调极少数的例外情况、特殊情况,来反驳你的普遍情形;把你的话极端化,造成谬误,从而对你进行攻击。这就是把"抬杠"跟"质疑"结合起来,并且站在道德高地上狙击你。

第四,非建设性。像前面这些都还只是形式,如果内容非常有价值、很有建设性,那也还罢了。但很多时候,他们是不会给出建设性发言的,通常留下一句阴阳怪气、鸡蛋里挑骨头的反驳之后,就脚底板抹油——溜了。你如果一定要问清楚,他们通常只会甩下一句"你自己想想""懒得跟你说"。要不就是"我说不出哪里不对,反正你就是不对!"这也就是抬杠跟"吐槽""质疑"最大的区别:后者有用,能够击中弱点,你就算不舒服也无话可说;但抬杠呢,通常避重就轻、以偏概全、难以回应,除了让对方不爽,没有任何正面意义。

面对这几种责难,该怎么去应对呢?很简单:有则改之,无则加勉;低调做事,行胜于言。

我们要明白这几点:

第一,在辩论中分输赢不重要。和别人讨论刷题、学习、人生这些东西,主要目的是在双方互相友好交流的基础上,通过信息的交换,将碎片拼凑起来,转化为前行的动力。所以硬要在辩论中分胜负是没有意义的。

第二,在表达自己的意见时,请不要忘记对方也是一个独立的个体,有自己合理的理解和情绪。请站在对方的角度思考,你要怎么说才能更好地让对方接受并将对话进行下去。

第三,对事物的理解,往往不是简单对错就能区分的,只有谁的理解更全面、更准确。因此,时刻都要反省"如果是我错了,会怎么样?"不断地接受和吸收反向观点,追求自己认知水平的螺旋上升。只有这样,才能不断拔高自己的视角和层次。

 应用案例

> 1. 牢记独立自主是根本，自己的命运应当掌握在自己手中，而不是在学校、老师、家长或其他人手中。
>
> 2. 要寻求高质量的外援，可以是书籍、网课，也可以是校友、师长，也许一句话就能改变人的命运，正所谓"阅人无数，不如贵人相助；贵人相助，不如高人指路"。
>
> 3. 要虚心向比自己强的人请教，也要不耻下问，一个积极、虚心的求学态度，会让别人愿意帮你一把。

五、理性和感性

理性是指人在正常思维状态下，为了获得预期结果，有自信与勇气冷静地面对现状，快速、全面地了解现实并分析出多种可行性方案，再判断出最佳方案且对其有效执行的能力。感性和理性相对，是一种浅浅的感觉，没有理性那样深度思考和琢磨，用康德的话说，"通过我们被对象刺激的方式来获得表象的这种能力（接受能力），就叫作感性。"心理学家也普遍认为，人类大脑内部时钟存在两个相互关联但区分的运作系统：第一个就是感性面，这个部分属于天性本能，能够对事物产生情绪、知觉、痛苦和快乐；另一个是理性面，也可称为反思系统，这个部分能进行深思熟虑，观察并且反思行为。

有人可能会问：人活着难道一定要非常理性吗？比如，做什么事情一定要非常理性地去计算利害得失吗？这样会不会太功利了呢？读书、学习一定追求有所收获吗？难道不能单纯地消遣和审美吗？生活中面对各种各样的问题，一定要费脑子去思考吗？这样会不会太累了？

很多人直观的理解，就是把感性等同于情绪，把理性等同于思考——这其实是一个简单粗暴的理解，不算错，但远远不够全面。怎样才能更全面地理解这对概念呢？这里，我们需要涉及心理学中一个非常经典的研究范式：双路径模型。

许多研究都认为：在我们大脑中，存在着两条认知加工和决策路径。这两条路径殊途同归，彼此抑制，我们的一切行为，都可以被看作它们博弈的产物。日常生活中，当我们在思考的时候，我们通常是由感性主导的，还是由理性主导的？你可能会觉得当然是理性——但事实上，对绝大多数人来说都是感性。为什么呢？为什么连思考都是由感性主导的呢？原因在于：绝大多数人的模式，都是先依据感性

得出一个主观的判断,再让自己的理性来证明这个判断。简而言之:先开枪,再画靶子。

这是根植于我们基因深处的特性,在不经过训练的情况下,几乎极其难以调整和纠正。所以,为什么人总是很难被说服?原因就在于:当一个人保持某种立场或观点时,支持他(她)的力量并不是理性的,而是感性的。你再诉诸理性,给他(她)再多的论据和逻辑,他(她)都不乐意听。这就是说,我们往往是任由感性来主导我们的立场,再用理性来为我们辩护,而不是经过客观的深思熟虑再作决定。

要追求有限理性而不是绝对理性。中小学生的心智往往还不够成熟,感性偏多,追求理性一定程度上也就是变得更加成熟。理性的人做事情之前会思虑再三、考虑得失,做事会更加明智,避免冲动。我在第一章第二节关于"刷题的价值理性"的论述中就指出:"问题的根源不在于价值理性和工具理性的矛盾,而在于两种理性的绝对化""真正的理性精神必然是价值理性和工具理性的整合和统一""现实的备考策略不一定是个完全理性的最优选择,而应该是有限理性的最适选择"。也就是说,我们要追求理性,尽量去做到"瞻前顾后""深思熟虑",但是绝对的理性是不可及的,我们没有必要在这方面钻牛角尖。

保持感性但不可沉溺感性,相信直觉但不可迷信直觉。感性的人做事情不用考虑太多,喜欢跟着感觉走。历史上,很多干大事的人物,都会作出一些在当时人眼中看来难以理解的决策,但最终的结果往往是这些决策被证明是正确的、行之有效的。为什么?就是因为直觉和感性告诉他们应当这样做,直觉的指引代替了理性的算计。周末放假了,理性地思考,当然应该用这宝贵的时间来复习备考,但是累了一周,去打场篮球赛放松一下又符合人性,怎么办?其实,完全可以适当去放松,因为人不是机器,不可能把 24 小时都用来学习,劳逸结合方能提高效率。我们需要一种清明的理性,这个理性是在这种嘈杂的世界中拯救生命的一种力量。同时,我们也需要一种欢欣的感性,这种感性之心可以使我们触目生春,所及之处充满了快乐。

在大方向正确的前提下,做到理性和感性、直觉的结合。柏拉图说过:"人类头脑中有一位理性的御车人,必须驾驭一批桀骜不驯的马,只有用马鞭抽它,用马刺刺它才能使它就范。"这句话实际就蕴含了人类知觉中理性和感性之间的关系。人毕竟不是机器,大脑也不是电脑,都是理性与感性交织的,会有理性的计算,也会有感性的冲动。人是一个矛盾的综合体,心智不成熟的青少年更是不能被过分苛求完美。想要逆袭成功,想要使刷题更具效率,需要"理性与感性并存""理性与感性平衡"，把握好"学习与娱乐""工作和生活""失败和成长"的关系。

应用案例

> 1. 对考生来说，普遍缺乏足够的理性，这点要十分注意。
> 2. 考生要理性，家长、老师也需要足够的理性。
> 3. 绝对理性不可及，有时也可以听从内心的召唤，相信自己的直觉。

六、简单和复杂

简单和复杂是一对矛盾。我们这里所说的简单和复杂，其实指的是简单范式与复杂范式二者之间的差异。二者的矛盾反映的是经典科学与系统科学的不同认识论之间的差异。经典科学主要是指发生在 16—20 世纪初的，首先发生在天文学（大宇宙）和医学（小宇宙）领域的，建立在牛顿经典力学、还原论和机械自然观基础上的近代欧洲科学革命建立起来的科学体系。系统科学是指发端于 20 世纪 40 年代，持续到 21 世纪，主要包括系统理论、自组织理论、非线性理论在内的复杂性科学。[120]

建立在经典科学之上的简单范式，体现了经典科学的基本思维模式和认识论模式，其主要原则包括：①还原主义方法论；②可逆时间观（绝对时空观）；③追求简单性的目标；④因果性原则；⑤决定论原则；⑥孤立主体原则。除了以上原则，简单范式还包括线性原则、有序原则、稳定性原则、客观性原则、形式逻辑和单值逻辑的绝对可靠性原则等，这些原则之间并不是相互孤立的，它们之间具有相互渗透、相互体现的关系。

建立在系统科学基础上的、体现系统科学基本理解方式的复杂范式，其基本原则包括：①整体论原则；②不可逆原则；③非线性原则；④远离平衡态下的稳态；⑤人类学原则。除此之外，复杂范式还包括组织原则、复杂因果性原则、形式逻辑的限度问题等。这些原则不但在自然科学领域，而且在社会科学领域的应用中都有相通或相似性。

某种意义上，"经典科学与系统科学""简单范式和复杂范式"两两之间是竞争

---

[120]　刘敏，董华.简单范式与复杂范式——论经典科学与系统科学的不同认识论模式[J].科学技术与辩证法,2006(02):21-24,109.

的、对抗的、不相容的,因为它们的有效性依赖于特定的学科范围和环境基础。但是同时它们又不是完全独立存在的,这两种科学形式都以它们非凡的效能持续为人类的进步添砖加瓦,它们彼此之间具有强烈的不可替代性和不可或缺性。作为考生,要维持这二者之间的平衡,"大胆假设,小心求证"。

同样的处理技巧也可以用在处理秩序和混乱这对关系上。

很多考生喜欢"整洁""干净""秩序",比如,他们喜欢整理自己的课桌、学习桌,喜欢在错题本、笔记本上工工整整地记录东西……他们认为,干净整洁的环境、整齐划一的秩序,可以提高学习效率。但这并不一定正确。因为混乱和秩序都是生活的现实,对秩序过于偏执的追求,反而会与效率背道而驰,身处较凌乱但舒适的环境之中,人的思维反而会更活跃,工作效率也会更高。

为什么呢?

第一,混乱就是一种秩序。凌乱的环境往往更符合我们的行为习惯,我们会大致记得这个东西放在哪里,从而可以高效地运用自上而下的认知模式去作模式识别。反过来,如果经常整理,我们很可能会被迫使用自下而上的认知模式去作模式识别,而这需要更长的思考回路和更多的精力。

第二,凌乱的环境可以不断刺激我们的思维。把那些潜伏着的隐藏节点激发出来,从而让我们看到被日常生活掩盖下的联系及闪现的各种闪光点。

外部环境的整洁和凌乱重要吗? 其实并不重要。更关键的是我们的心智如何去认知它们,它们在别人眼中可能是凌乱的,但在我们的大脑中,很可能是井然有序、有条不紊的。

💡 应用案例

1.要维持复杂和简单的平衡,追求简单、简朴的生活,处理复杂、混乱的问题。

2.战略上要藐视敌人,保持自信;战术上要重视敌人,稳扎稳打。

3.要提升概括能力和看穿事物本质的能力,学会用简单的语言概括复杂的事情。

七、直接和间接

必须在刷题实践中把握和处理好直接和间接之间的关系,比如"直接经验和间接经验"之间、"直接路线和间接路线"之间、"直接兴趣和间接兴趣"之间、"直接动机和间接动机"之间的关系。

要锻炼思维的直接性（洞察力），做到深刻。奥卡姆剃刀定律就强调"如无必要，勿增实体"。我们要锻炼思维的直接性，锻炼出自己敏锐的洞察力，能够透过现象看本质，以深刻的理解力去对待前进路上的障碍。洞察力体现在哪里？比如，"一叶知秋"，通过观察一片树叶，就知道秋天来了；"闻香识女人"，闻到了女人身上的香水味，就知道这个女人的品位和生活状态；"看云识天气"，根据云的形状、运动方向、颜色等就能够预判天气的变化。决定考生成败的往往不是那些大道理，而是细微之处体现出的隐秘机会。

间接路线往往才是更近的。我们在前文中提到过"间接路线"，就是在目标明确的前提下，并不是直接向目标前进，而是适应环境，随时做好改变路线的准备，积攒必要的"势"，当万事俱备的时候，再向最终目标发动总攻。从战略方面来说，最远和最弯曲的路线，常常是一条真正的"捷径"。在逆袭过程中，一方面要保持目标的一贯性，另一方面，在追求目标时，也应该适应环境，灵活调整路线。

💡 应用案例

1. "汝果欲学诗，功夫在诗外。"大量的基础工作是提升应试成绩的必要前提，过于直接、功利可能适得其反。

2. 要保持战略耐心，多做打基础、利长远的事。

3. 直接是对的，但是在社交生活中不可过于直接，要注意礼仪。

第四节　许涵仁有限刷题法的"术"

许涵仁有限刷题法的核心内容由 12 个支撑理论、3 个模型、3 个步骤、4 个关键有机结合而成，是一个看似复杂、实则简易的刷题方法。

许涵仁有限刷题法的操作步骤其实只有 3 个（有限锚定、循环操作、迭代升级），但是在这些操作步骤背后有许多深层次的支撑理论，考生务必要弄懂。

为什么要探究背后的理论？这里我想举一个例子。

国内很多学校的理论物理专业在新生研讨会上会让学生们读一篇文章——

"A Plea for Pure Science"(《为纯科学呼吁》)。这是 1883 年 8 月 15 日美国著名物理学家、美国物理学会第一任会长亨利·奥古斯特·罗兰在美国科学促进会(AAAS)年会上的演讲内容。这篇文章中关于纯科学理论的重要性的论述至今仍然发人深省。

刷题法需要有理论支撑,缺乏理论支撑的方法是立不起来的。许涵仁有限刷题法的理论支撑,即是这 12 个具体的理论。许涵仁有限刷题法吸取了三轮复习法的反面教训,从社会科学理论中获得了理论支撑。这些理论是许涵仁有限刷题法的支撑,对考生日常复习备考大有裨益。我们在应用中,既要吸取这些理论的精髓,同时也要避免被它们束缚。这些理论是为定方向、定战略服务的,而不应成为枷锁。制定战略并不一定要面面俱到,有时可以以点带面、重点突破。哥德尔定理和遗忘曲线在前文中已经提及,这里就不再作具体介绍了。

模型法是常用的科学研究方法,它借助与原型相似的物质模型或抽象反映原型本质的思想模型,间接地研究客体原型的性质和规律。

为了对刷题进行流程化操作,我设计了刷题的 3 个具体步骤。无论是什么阶段的考生,无论针对的是什么类型的考试,都可按照这 3 个步骤操作。只要按照这 3 个步骤来"按图索骥""照方抓药",那么大面上不会出现"颠覆性错误"。

4 个关键旨在提醒考生注意这 4 个关键需要贯穿刷题练习的全程,任何偏离这 4 个关键的操作都需要去认真审视。

我们接下来的阐述,虽然是按照支撑理论、模型、步骤、关键点的顺序叙述的,但在实际操作过程中,"3 个步骤"是许涵仁有限刷题法核心中的核心,是居于首位的。在按照这 3 个步骤刷题过程中,无论是大方向上的抉择,还是具体小细节上的取舍,都可以吸收支撑理论的精华,采用 3 个模型的思维方式和技巧。同样,"4 个关键"是需要考生时时刻刻牢记的"心法口诀",一旦考生的刷题过程没有完全体现这"4 个关键"的要求,那么刷题法的效果就必将打折扣。本节内容是有限刷题法的核心所在,详细阐释了有限刷题法的理论支撑和具体的操作步骤,考生对此要烂熟于心、灵活把握。

一、许涵仁有限刷题法的 12 个支撑理论

(一)墨菲定律

为什么我们忘记带伞就会下雨?为什么我们所排的队伍总是最慢的?为什么我们越是着急就越是赶不上车?为什么我们越是不想让人知道的事情,最后就越

是会闹得人尽皆知?

日常生活中的墨菲定律无处不在,咖啡厅等人、办公室工作、家庭聚会、朋友游玩……我们很多人都能发现墨菲定律,却不能正确地认识墨菲定律。

什么是墨菲定律呢?

1949 年,一位名叫爱德华·墨菲的工程师,对他的某位运气不太好的同事随口开了句玩笑:"如果一件事有可能被做坏,让他去做就一定会更坏。"一句本无恶意的玩笑话最初并没有什么太深的含义,只是说出了坏运气带给人的无奈。或许是这世界不走运的人太多,或许是人们总会犯这样那样错误的缘故,这句话被迅速扩散,最后竟然演绎成:如果坏事情有可能发生,不管这种可能性有多小,它总会发生,并引起最大可能的损失。[121]

墨菲定律有四大基础内容:任何事都没有表面上看起来的那么简单;所有的事都会比你预计的时间长;会出错的事总会出错;如果你担心某种情况会发生,那么它就更有可能发生。[122]

墨菲定律之所以准,主要原因就在于大数定理。在数理统计中,有一条重要的统计规律:假设某意外事件在一次实验(活动)中发生的概率为 $p(p>0)$,则在 n 次实验(活动)中至少有一次发生的概率为 $P=1-(1-p)^n$。由此可见,无论概率 p 多么小,当 n 越来越大时,P 越来越接近 1。简单说,做任何一件事情,如果客观上存在着一种错误的做法,或者存在着发生某种事故的可能性,不管发生的可能性有多小,当重复去做这件事时,事故总会在某一时刻发生。

比如说,你在嗑瓜子的时候,有可能会吃到一颗坏子。吃第一颗瓜子的时候可能没吃到,第二颗也不是,但只要你一直嗑,早晚会吃到坏子,然后会说一句:"我怎么总能吃到坏子?"

或者在路上开车总会看见开大灯的、加塞的、变绿灯半天不启动的……这个时候,大部分司机都会嘀咕一句:"怎么又碰见这种人!"

墨菲定律启示我们,必须学会用大概率思维应对小概率事件,而不要指望小概率事件永远不会发生。仿佛怕什么来什么,你越害怕出现的事情,越会出现在你眼前。

---

[121]　翟文明. 不可不知的 50 个生活法则[M]. 北京:蓝天出版社,2006:80-86.

[122]　张新捷. 墨菲定律[M]. 北京:中国人口出版社,2019:1.

应用案例

1. 某一个知识点如果没有掌握,考试中往往会再次遇到。

2. 一定要有这样的心理预期,那就是遇到高考、中考等考试时,发挥的水平只会比平时差,不会比平时好,所以平时要高水平、高强度地训练,不要指望平时不认真训练,高考、中考能超常发挥。

3. 针对薄弱环节、易错知识点,多次重复训练,就能显著降低出错概率。

(二)兰彻斯特方程

关于军事作战中的兵力使用原则,我国古人有许多论述。春秋战国时期,孙武就提出:"我专为一,敌分为十,是以十攻其一也。"《孙子兵法》中指出:"故用兵之法,十则围之,五则攻之,倍则分之,敌则能战之,少则能逃之,不若则能避之。"《淮南子·兵略训》中指出:"夫五指之更弹,不若卷手之一挃;万人之更进,不如百人之俱至也。"这些话都强调要集中优势兵力,也就是集中力量解决主要矛盾。兰彻斯特方程就是阐述这种军事作战原则的数理模型。兰彻斯特方程由英国人弗雷德里克·威廉姆·兰彻斯特于1914年首先创立。它分析了战斗过程各种可量化的因素,然后用数学模型来定量描述战斗的过程。

兰彻斯特提出的这个公式有着非常强的时代背景。18、19世纪的欧洲战争,是以"排队枪毙"战术为主流的。兰彻斯特在对古代和近代战争进行分析研究的基础上,应用半经验、半理论的方法,在简化假设的前提下,建立了一组描述双方兵力变化关系的微分方程,即经典的兰彻斯特方程,并由此分析得出了兵力运用的一些原则,形成了兰彻斯特战斗理论。1916年,在《战争中的飞机——第四种武装的出现》一书中,他首次将自己的理论公开发表,其核心是预测在大规模会战中,各方队伍在人数、战力数据明确的情况下,在战斗结束时的战损情况。著名的硫磺岛战役之后,兰彻斯特的理论开始得到广泛应用。1945年2月19日,美军开始进攻硫磺岛,战斗持续了1个多月。美军投入兵力约22万人,伤亡28 686人。美日双方的伤亡比为1.23∶1。战后,数学家恩格尔专门用兰彻斯特方程模拟战斗的过程,得出的美军战场人数变化与作战实际非常接近。[123] 兰彻斯特方程作为一个简化了的数学模型,可以帮助我们在一定程度上理解战争对抗的过程和结果。兰彻斯特方程包括三大部分:兰彻斯特第一线性律、兰彻斯特第二线性律和兰彻斯特平方律。因为涉及高等数学内容,在这里就不详细列出方程了。我们可以通过战争史上一些经典的案例来理解兰彻斯特方程的内涵。

案例1:淝水之战

淝水之战发生于公元383年,是东晋十六国时期北方的统一政权前秦向南方东晋发动侵略的一系列战役中的决定性战役。在淝水之战中,东晋最终以八万兵力大胜号称八十余万的前秦军队。

淝水之战中,东晋军充分抓住前秦指挥控制的缺点,创造出决胜的条件。其实前秦动员的总兵力虽说号称八十多万人,但都分布在从益州、荆州到寿春的广袤战线上,真正投入淮南的作战部队只有二十余万人。在洛涧之战中,前秦梁成所部数万人已被晋军刘牢之部击溃。故而淝水之战开战时,前秦军减少至十五六万,东晋则有兵八万多,只有一比二的差距。

双方对峙于淝水两岸时,东晋主将谢玄要求前秦军稍作退却,好让晋军过河进行决战。符坚也想趁晋军半渡而击之。双方都想利用地形做文章,结果是前秦过于托大,既没有预料到晋军过河之快,也没想到大阵一动,朱序这个大内鬼临阵高呼"秦军败矣",许多不明真相的士兵纷纷大乱,开始不顾一切地往后逃,前秦大阵崩溃。显然,在缺乏有效指挥手段的前提下,这种情况足以决定战争的胜负。在两军相接之处,东晋是拥有优势兵力的一方。前秦大阵后边人再多也只能干瞪眼,失败也就可以理解了。

案例2:萨尔浒之战

明万历四十七年(公元1619年),中国辽东发生了一场规模浩大且影响深远的大战。在这场战役中,当时仅拥有约六万八旗子弟的后金军首领努尔哈赤,竟将兵力两倍于他的大明王师打得惨败而归。此战明廷损失军士近五万,将官战死者亦

123　哏都太尉. 原创:《孙子兵法》如何两千年后在兰彻斯特平方律中得到体现[EB/OL]. 百度百家号"哏都太尉",2016.11.25[2022.05.06].

有三百余人，可谓精锐尽失。

此战震惊了大明朝野。据说在萨尔浒战役之前，明军方面最高统帅、辽东经略杨镐曾与努尔哈赤修书一封，称大明王朝集结了四十七万大军将袭，并将出兵日期如实相告，意在"不战而屈人之兵"。在他看来，"消灭贼酋"不过是手到擒来的事情。但事实上，尽管明朝的兵力是对方的两倍，但惨败的结局却早在出师之日就已注定。

用兰彻斯特战斗方程来分析，当时努尔哈赤麾下的八旗子弟都是久经沙场的精锐，军队素质不可小觑，但明军亦有先进的武器和装备可与之抗衡，再加上常年和叛军作战的川军，以及由当年一代名将戚继光精心打造的浙军，军队的兵员能力也不在后金军之下。所以双方的杀伤率系数不妨被看作是相等的。

关键就在兵力部署上。后金军的兵力约六万人，而明军的兵力则是十二万。如果杨镐全军出击，那么努尔哈赤唯一的方法就是，把自己单兵作战能力提高到原来的数倍。

但事实并非如此，在交战过程中始终占据兵力优势的却是后金。原来杨镐在进攻的时候兵分四路，而这四路军队之间不但没有统一的调度，相互之间的通信也甚不灵便（实际上，有两路军队已经被努尔哈赤消灭了，第三路军竟还毫不知情）。这就使得本来兵力处于劣势的努尔哈赤反倒拥有了以众击寡、各个击破的局部战略优势。

案例3：华盛顿在美国独立战争中的战略

华盛顿的军事战略思想对美国独立战争的胜利起到了决定性作用，其中很重要的一条战术思想就是：集中优势兵力，各个歼灭。他反复强调"战役一打响，就尽力使部队在某些驻地集结起来，形成战区的中心，以利于支援敌人驱兵所向的任何地方……不慎重地分散兵力，优势之军也可能被劣势之军击败""我们不能分散军队，丧失对敌人兵力上的优势……军队必须保持团结一致"。这在特伦顿和普林斯顿两战中得到了充分体现。

1775年7月，正当华盛顿集中兵力围困波士顿的时候，马萨诸塞议会和康涅狄格省督却要求华盛顿派兵保护沿海各地。这是一个事关战争和命运的关键问题，华盛顿随即回信，直言不讳地指出："……那么就必然大大削弱军队，使它不堪一击,也必然让大片沿海地区仍然得不到保护。"

1781 年 8 月,华盛顿准备夺回费城。他一方面佯攻纽约,另一方面又加紧部署南下。短短一周多,华盛顿就指挥美军完成了会攻准备工作,英军节节败退。10 月 19 日下午,约克镇和格洛斯特的英军向华盛顿投降。[124]

当然,也有人说兰彻斯特方程是伪科学,计算得并不精准。我们在应用这个原理时,没必要深究这一点。我们要明白,兰彻斯特方程只是一个假说,它最大的意义就是用简单的数学计算,量化表示了集中优势兵力歼灭敌人的重要性。刷题实践并不是精确的数学计算,除了各种量化的任务,还有诸如主动性、意志力、情绪这些不可控因素,每一个因素都有可能影响最终的成败。

 应用案例

> 1. 一个完整的暑假、寒假或者周末,每个学科的学习都面面俱到是低收益的,应当有所侧重,突出重点。
>
> 2. 要集中精力去研究一种类型的题目或者知识点,从而占据局部优势。
>
> 3. 优势学科和弱势学科都是客观存在的,弱势不能太弱,但优势一定要做到最优。

(三)冗余思想

多余的、重复的或啰唆的内容(包括信息、语言、代码、结构、服务、软件、硬件等)均被称为冗余。冗余原是工程学概念,典型的工程冗余指向系统添加"额外"的关键组件,它是利用系统的并联模型来提高系统可靠性的一种手段,通常使用备份或者自动防故障装置。强调冗余设计,相当于提升设备的安全性和可靠性,有意对一些关键部件或功能进行高标准的或者重复的配置,确保系统发生意外后,仍能持续工作。

比如,像一些重要政府部门、机场塔台这样的关键基础设施是不能停止运作的,那么为了保障这些系统的正常运作,普遍采取电源冗余设计,使用双电源系统,当一个电源出现故障时,另一个电源会立即承担所有的负载。还有一种常见的被

124　赵玉岩.华盛顿在美国独立战争中的战略战术[J].潍坊高等职业教育,2015(3):73-76.

动冗余,是在桥梁上使用超高强度的钢桁和支柱,允许一些部件出现老化但不致使桥发生垮塌。

冗余思想已扩散到很多领域,比如,组织冗余是组织理论中一个非常核心的概念,已成为战略管理相关文献讨论的焦点;生态学中,由于研究者侧重点不同,在冗余问题上有各式各样的认识[125]……

冗余的本质,可以简单理解为"备胎""备份""Plan B",越野车的备用轮胎、工厂里的备用发电机、数据中心的额外硬盘、大厦的防火安全通道等都是冗余备份的典型案例。

案例:华为的"备胎计划"

2019年5月,美国宣布将中国华为公司列入实体清单,全面封锁华为。第二天,华为海思总裁何庭波,发表了一封公开信,说明了华为早已有之的备胎计划。信件全文如下[126]:

尊敬的海思全体同事们:

此刻,估计您已得知华为被列入美国商务部工业和安全局(BIS)的实体清单(Entity List)。

多年前,还是云淡风轻的季节,公司作出了极限生存的假设,预计有一天,所有美国的先进芯片和技术将不可获得,而华为仍将持续为客户服务。为了这个以为永远不会发生的假设,数千海思儿女,走上了科技史上最为悲壮的长征,为公司的生存打造"备胎"。数千个日夜中,我们星夜兼程,艰苦前行。华为的产品领域是如此广阔,所用技术与器件是如此多元,面对数以千计的科技难题,我们无数次失败过,困惑过,但是从来没有放弃过。

后来的年头里,当我们逐步走出迷茫,看到希望,又难免有一丝丝失落和不甘,担心许多芯片永远不会被启用,成为一直压在保密柜里面的备胎。

今天,命运的年轮转到这个极限而黑暗的时刻,超级大国毫不留情地中断全球合作的技术与产业体系,作出了最疯狂的决定,在毫无依据的条件下,把华为公司

125　张荣,孙国钧,李凤民.冗余概念的界定与冗余产生的生态学机制[J].西北植物学报,2003(05):844-851.

126　多年备胎芯片一夜转"正"! 华为海思总裁这封信刷屏了……[EB/OL].百度百家号"中国日报",2019-05-18[2022-05-06].

放入了实体清单。

今天,是历史的选择,所有我们曾经打造的备胎,一夜之间全部转"正"!多年心血在一夜之间兑现为公司对于客户持续服务的承诺。是的,这些努力已经连成一片,挽狂澜于既倒,确保了公司大部分产品的战略安全,大部分产品的连续供应!今天,这个至暗的日子,是每一位海思的平凡儿女成为时代英雄的日子!

华为立志,将数字世界带给每个人、每个家庭、每个组织,构建万物互联的智能世界,我们仍将如此。今后,为实现这一理想,我们不仅要保持开放创新,更要实现科技自立!今后的路,不会再有另一个十年来打造备胎然后再换胎了,缓冲区已经消失,每一个新产品一出生,将必须同步"科技自立"的方案。

前路更为艰辛,我们将以勇气、智慧和毅力,在极限施压下挺直脊梁,奋力前行!滔天巨浪方显英雄本色,艰难困苦铸造挪亚方舟。

何庭波
2019 年 5 月 17 日凌晨

华为海思,就是一个冗余思想的典型产物。在和平时期,不显山不露水,危难时刻却大显身手。如今,我国已形成了独立完整的现代工业体系,是全世界唯一拥有联合国产业分类中全部工业门类的国家。这再次从一个侧面体现了冗余思想的价值。

毫无疑问,冗余必然会增加成本,但冗余能够抵御风险,增加系统的可靠性。如果不搞备胎计划,华为可以节省很多钱;如果不坚持耕地红线,可以有更多的土地变成工业用地、住宅用地,毫无疑问会增加更多的财富。但在许多时候,不能只算"经济账",还要算"政治账",算"风险账",凡事预留足够的冗余是必要的。

💡 应用案例

1. 高考数学、文综、理综等往往会有选做题,在平常的备考中既要集中精力针对特定类型的题目,也要对未选择的题目进行适当关注。

2. 在平时的考试中,一定要追求更快的速度、更高的效率,争取用最少的时间来写完全部的题目,切不可在平常的考试中拖延时间。

3. 在高考前的最后 10 天左右,一定要进行超大量的题目练习以保持题感。

（四）皮格马利翁效应

皮格马利翁效应又称毕马龙效应、罗森塔尔效应或期待效应，是指人（通常是指孩童或学生）在被赋予更高期望以后，他们会表现得更好的一种现象。这一效应被广泛应用在教育心理学中。

皮格马利翁是古希腊神话中的一个人物。相传他是塞浦路斯岛上的一个王子，十分厌恶塞浦路斯妇女放荡不羁的生活方式，于是立誓终身不娶。同时，他也擅长雕刻，他精心地用象牙雕塑了一位美丽可爱的少女，取名盖拉蒂。他给盖拉蒂穿上美丽的长袍，拥抱它、亲吻它，真诚地期望自己的爱能被"少女"接受，但它依然只是一尊雕像。皮格马利翁感到很绝望，他不愿意再受这种单相思的煎熬，于是，带着丰盛的祭品来到阿弗洛狄忒的神殿向她求助，祈求女神能赐给他一位如盖拉蒂一样优雅、美丽的妻子。他的真诚感动了阿弗洛狄忒女神。

当皮格马利翁回到家后照例凝视着雕像时，不可思议的事情发生了！雕像开始慢慢发生变化，它的脸颊慢慢呈现出血色，眼睛开始释放光芒，嘴唇缓缓张开，露出了甜蜜的微笑。盖拉蒂款款向皮格马利翁走来，用充满爱意的眼光看着他，浑身散发出温柔的气息，甚至开始说话。皮格马利翁惊呆了！就这样，皮格马利翁的雕塑成了他的妻子，并取名伽拉忒亚。人们从皮格马利翁的故事中总结出了"皮格马利翁效应"：期望和赞美能够产生奇迹。

美国心理学家、哈佛大学教授罗森塔尔和他的学生雅克布森于1968年出版了《课堂中的皮格马利翁》一书。他们对奥克学校小学1～6年级学生进行一次名为"预测未来发展"的测验（实为智力测验），然后在这些班级中抽取约20%的学生并列在了"最佳发展前途"的名单里，告诉教师，这些儿童的能力今后会得到发展，并叮嘱要对名单严格保密。8个月后又进行了第二次智力测验，结果发现，被期望的学生，特别是一、二年级被期望的学生，比其他学生在智商上有了明显提高。这一倾向，在智商为中等的学生身上表现得较为显著。而且，从教师所做的行为和性格的鉴定中可知，被期望的学生表现出更有适应能力、更有魅力、求知欲更强、智力更活跃等倾向，然而教师们并不知道这些学生只是心理学家随机抽出来的。这一结果表明，教师的期望会传递给被期望的学生并产生鼓励效应，使其朝着教师期望的方向变化。罗森塔尔把这一现象称作皮格马利翁效应。这个现象说明了心理暗示具有自我实现的巨大能量。

应用案例

> 1.在备考过程中,要给予考生积极的心理暗示,可以在墙上涂鸦,可以在桌子上写下励志话语,同学之间也可以相互鼓励,而且要做到"真信"。
>
> 2.可以在假期时去心仪的理想大学转一转、看一看,在心中暗暗立下志向。平时也可以有针对性地关注、搜集理想大学的资料。
>
> 3.面对负面的心理暗示,要有勇气去克服。不要去想那些负面的心理暗示,要去想正面的心理暗示。

（五）吉格勒定理

吉格勒定理由美国行为学家吉格勒提出,主要内容可概括为:设定高目标等于达到了目标的一部分。吉格勒曾说:"除了生命本身,没有任何才能不需要后天的锻炼。"[127]不管一个人有多么超群的能力,如果缺少一个认定的高远目标,他（她）将一事无成。设定一个高目标,就等于达到了目标的一部分。

每个成功者在获得成功前,都要为自己设立一个高远的目标,这样才能不停地朝着这个目标前进,至少保证迈出的每一步的方向都是正确的。开始时就心怀远大,意味着从一开始就知道自己,现在在哪里,未来在哪里;会逐渐形成一种良好的工作方法,养成一种理性的判断法则和工作习惯;就会呈现出与众不同的眼界。思想苍白、格调低下,生活质量也就趋于低劣;反之,生活则多姿多彩,充满乐趣。

应用案例

> 1.从战略上讲,目标院校一定要定得很高,能否实现不重要,关键是这个目标足够高,足够激励你去努力。
>
> 2.尽人事,听天命。在高考之前,清华、北大对很多考生来说大概就是最好的学校了;高考之后,考生上了哪所大学,就应当把那所大学视为最好的学校。
>
> 3.大目标可以定得高大上,但是小目标一定要务实灵活。

（六）霍布森选择效应

1631年,英国剑桥商人霍布森从事马匹生意,他的马或租、或买,随意挑选,价格便宜。但是有一个附加条件,就是只允许人们在马圈的出口处选,然而出口只有

127　宋天天.永葆竞争意识的吉格勒定理[J].唯实（现代管理）,2013(04):44-45,49.

一个小门,尽管霍布森的马圈很大、马匹也很多,但高头大马出不去,能出来的都是瘦马、赖马、小马。来买马的顾客左挑右选,不是瘦的,就是差的。大家挑来挑去,自以为完成了满意的选择,但最终结果很糟糕。有时人们自以为作了选择,而实际上思维和选择的空间很小。有了这种思维的自我僵化,当然不会有创新,所以它是一个陷阱。后来,管理学家西蒙把这种没有选择余地的所谓“选择”讥讽为“霍布森选择”,其实质是小选择、假选择、形式主义的选择。[128]

霍布森选择效应对我们的启示在于:对于个人来说,如果陷入“霍布森选择效应”的困境,就不可能发挥自己的创造性。道理很简单,任何好与坏、优与劣,都是在对比选择中产生的,只有拟定出一定数量和质量的方案对比选择才有可能做到合理。只有在许多可供对比选择的方案中进行研究,并能够在对其了解的基础上进行判断,才算得上判断。因此,没有选择余地的“选择”,就等于无法判断,就等于扼杀创造。一个人选择了什么样的环境,就选择了什么样的生活,想要改变就必须有更大的选择空间。

为了使选择进入“多方案选择”的良性状态,避免“霍布森选择效应”,头脑中就应当有“来自自我”和“来自他人”的不同意见。在构想选择方案的时候,理智应该把“大门口”的“看护人”撤走,让思路畅通无阻。此外,选择的多方案之构成,还要有来自他人的、充分的不同意见。一项选择的优劣,一种判断、决策的正误,不决定于意见的一致。只有以对立的观点、不同的谈论和不同判断的选择为基础,才会是好的选择、判断和决策。优秀的社会角色扮演者都有一个共同特征,他们在确定某项选择、作出某种决策时,总是尽可能地在与他人交往过程中,激发反对意见,并从每一个角度去弄清楚确定选择、实施决策到底应该是怎样的。

💡 应用案例

1. 要开阔眼界,不要把眼光局限于那几十平方米的一间教室里,同龄人有上千万呢。

2. 在关乎前途命运的逆袭战略选择上,一定要将全部的备选方案都列出来,寻找更多的可能性。

128　曹洪.浅谈经济学教学如何避免“霍布森选择效应”[J].纳税,2017(19):133,136.

（七）不值得定律

管理学中有一个定律叫作不值得定律，直观表述是：不值得做的事情，就不值得做好。不值得定律反映人们的一种心理：一个人如果从事的是一份自认为不值得做的事情，往往会持敷衍了事的态度，不仅成功率低，而且即使成功，也不觉得有多大的成就感。

哪些事值得做呢？一般而言，这取决于三个因素：

①价值观。只有符合价值观的事才会满怀热情去做。

②个性和气质。一个人如果做一份与其个性气质完全背离的工作，他（她）是很难做好的，比如一个好交往的人成了档案员，或一个害羞者不得不每天和不同的人打交道。

③现实的处境。同样一份工作，在不同的处境下去做，给人感受也是不同的。比如在一家大公司，如果最初做的是打杂跑腿的工作，你很可能认为是不值得的；可是，一旦你被提升为领班或部门经理，你就不会这样认为了。

对个人来说，应在多种可供选择的奋斗目标及价值观中挑选一种，然后为之奋斗。"选择你所爱的，爱你所选择的"，才能激发奋斗意志，才可以心安理得。

一件事情，不干则已，干了，就要把它做到极致。

💡 应用案例

1. 一旦选择了刷题路线，就不要将信将疑，要干就一干到底。

2. 对于不会第二遍去做的事情，很多就不需要用心去做，应付一下也是可以的，没必要在这上面浪费时间，比如一些没有必要的作业或者简单练习。

（八）海因里希法则

在安全生产工作中，有一个著名的海因里希法则，又称"海因里希安全法则"或"300∶29∶1法则"，它是由美国著名安全工程师海因里希及他的团队在调查数万起重大安全事故原因后提出的。[129]

当时，海因里希统计了 55 万起机械事故，其中死亡、重伤事故 1 666 起，轻伤 48 334 起，其余则为无伤害事故。海因里希从中得出一个重要结论，即在机械事故

129　朱发鹏.论海因里希法则对安全工作的启示[J].发展，2014(10)：86.

中,严重伤害、轻度伤害和无伤害事故的比例为 1 : 29 : 300。也就是说,在一起严重事故的背后,是 29 起轻微事故以及 300 次没有造成伤害的险情。[130]

海因里希首先提出了事故因果连锁论,用以阐明导致伤亡事故的各种原因及与事故间的关系。该理论认为,伤亡事故的发生不是一个孤立的事件,尽管伤害可能在某一瞬间突然发生,却是一系列事件相继发生的结果。[131] 海因里希把工业伤害事故的发生、发展过程描述为具有一定因果关系的事件的连锁发生过程。

①人员伤亡的发生是事故的结果。

②事故的发生是由于人的不安全行为和物的不安全状态。

③人的不安全行为或物的不安全状态是由于人的缺点造成的。

④人的缺点是由于不良环境诱发的,或者是由先天的遗传因素造成的。

海因里希的研究中有一个典型事例。一位机械师企图用手把皮带挂到正在旋转的皮带轮上,因为没有使用拨皮带的杆,又站在摇晃的梯板上,还穿了一件宽大长袖的工作服,结果人被皮带轮绞了进去,事故现场的惨状令人目不忍睹。在调查中人们发现,这位机械师使用这种上皮带的方法已有数年之久,他对自己非凡的技巧极为得意,其手下的工人也时常表现出钦佩之情。查阅工厂的急救上药记录后海因里希发现,为了展示自己的"高超技巧",这位机械师曾经有 33 次手臂被擦伤。据他的同事们回忆,在他展示"高超技巧"的过程中,令人感到惊险的情况更是不计其数。

海因里希法则给人的启示是极为深刻的,而且绝不仅仅局限于安全生产领域。海因里希法则更可怕的地方在于人们往往以相反的思维接受它。"不用担心,我已经经历了 300 多次,什么事儿都没有",就算出事,也不过是 29 次轻微事故而已。如果毫无警惕性的话,早晚会发生无法挽回的灾难。[132] 那么怎样才能避免灾难的发生呢? 其实关键就在于正确对待"小错"。对于任何隐患和险情,都要保持高度的敏感,都要仔仔细细地思考问题发生的原因,认认真真地研究问题解决的对策,即便没有造成什么后果,即便没有受到任何批评,即便根本无人知晓。不要存在一丝一毫的侥幸,不要放过一丝一毫的疑惑。须知,假若放任不管,"小错"必然会铸成"大错";如果及时纠正,"大错"很可能止于"小错"。

130 晓理.海因里希法则的启示[J].秘书工作,2011(09):1.

131 百度百科.海因里希法则[EB/OL].[2022-05-06].

132 金兰都.人生的海因里希法则[J].思维与智慧,2015(12):35.

应用案例

> 1.要高度重视"粗心"问题,不要认为"粗心"是个小问题,一个导致扣分的"马虎""粗心"背后,是更多个没有被发现的"马虎""粗心",它们迟早会有暴露的时候。
>
> 2.要高度重视习惯的养成,从刷题的流程机制层面去想问题、办事情。

（九）正态分布

正态分布又名高斯分布,是自然界中最常见的一种事物或者现象的表现状态,也是数学学科中一种最常见的连续型随机变量的概率分布,同时还是概率论中最重要的一种分布理论。[133] 正态分布的概念是由德国的数学家、天文学家棣莫弗于1733 年首次提出来的,但由于德国数学家、天文学家、物理学家高斯率先将其应用于天文学研究,并对后世产生了极大影响,所以正态分布同时就有了"高斯分布"之称。

正态分布是一种连续性随机应变量的概率分布,在次数分配中,中间的次数多,由中间往两边的次数逐渐减少,两边的次数相等,呈一种"两头小、中间大"的分布形态,标准正态曲线如下图所示。

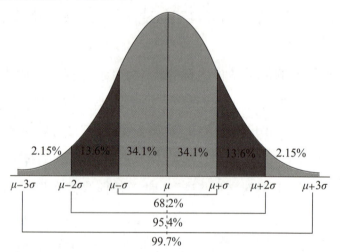

从标准正态曲线可知,在平均数上下一个标准差范围内的曲线下的面积,占整个曲线下全部面积的 68.26%;±2 个标准差范围内的面积占总面积的 95.46%;±3个标准差范围内的面积占总面积的 99.73%。因此,在±3 个标准差范围以外,仅有约0.27%的面积,在统计中可以弃而不顾。[134]

[133] 郑文兵. 正态分布的哲学本质及世界观意义研究[J]. 毕节学院学报,2012,30(01):72-76.
[134] 田华. 论正态分布在教育评价中的应用[J]. 四川师范大学学报(哲学社会科学版),2002(04):117-119.

大量实践经验和理论分析表明,许多自然现象和社会现象的表现方式都可被看作服从或近似服从正态分布。[135] 正态分布的理论和方法具有广泛的应用与指导价值。自然界、社会生产活动与科学实验中的很多随机变量的概率分布都可以近似地用正态分布来描述。例如,工厂在其生产技术和条件不变的情况下,生产出的产品的合格率、材料的抗压强度、长度等物理指标的表现;[136]实验中观察到的某种指标所产生的随机误差;同一种子弹、炮弹甚至导弹的弹着点沿某一方向的偏差等现象。同时,一个人口群体中不同个体之间智商水平的分布,一组人的同一学科某次考试的成绩分布,国内高考中的考生总成绩的分布等,均呈现为正态或近似正态分布。[137]

更神奇之处还在于,许多事物或者现象的分布本来不是服从或者近似服从正态分布的,但是样本均值的抽样分布在其样本容量超过一定数目时,却都服从或者近似服从正态分布了。中心极限定理揭示出,如果事物或者现象原有总体的分布是非正态分布,通常在其样本的容量 $n \geq 30$ 时,样本均值的抽样分布都将趋于正态分布。[138]

正态分布中基区所表现出的主体和核心意义,也正好与人类社会生活中的经验和智慧,如"马太效应"和"二八法则"相吻合。它告诉我们:我们生活着的这个世界是大小相异、疏密区分、强弱有别、快慢不同的。[139]

正态分布给我们的启示:

①要用整体的观点来看事物。正态分布曲线及面积分布图由基区、负区、正区三个区组成,各区比重不一样。用整体观点来看事物,才能看清楚事物的本来面貌,才能得出事物的根本特性。

②要坚持重点论。基区占 68.2%,是主体,要重点抓,此外 95.4% 和 99.7%则展示了正态的全面性。认识世界和改造世界一定要抓住重点,它对事物的发展起主要的、支配性的作用。抓住了重点才能"一举其纲,万目皆张"。事物和现象纷繁复杂,在千头万绪中不抓住主要矛盾,就会陷入无限琐碎之中。由于我们的时间和精力的相对有限性,出于对效率的追求,我们更应该抓住重点。

135　朱建平,孙小素. 应用统计学[M]. 北京:清华大学出版社,2009:122-126.
136　王长江,郝华荣. 统计学原理[M]. 北京:国防工业出版社,2006:122-128.
137　郑文兵. 正态分布的哲学本质及世界观意义研究[J]. 毕节学院学报,2012,30(01):72-76.
138　袁卫,庞浩,曾五一,贾俊平. 统计学[M]. 北京:高等教育出版社,2010:101.
139　郑文兵. 正态分布的哲学本质及世界观意义研究[J]. 毕节学院学报,2012,30(01):72-76.

③**坚持用联系和发展的观点。**任何事物都有其产生、发展和灭亡的过程,如果我们把正态分布看作任何一个系统或者事物的发展过程的话,就能明显地看到这个过程经历着从负区到基区再到正区的过程。准确地把握事物或者事件所处的历史过程和阶段有助于掌握事物、事件的特征和性质,是我们分析问题、采取对策和解决问题的重要基础和依据。发展的阶段不同,性质和特征也不同,分析和解决问题的办法要与此相适应。

应用案例

1.一个班级的考生人数之于全部的考生人数,就如同一个人之于一个班级的总人数,总会有成绩好的学生,也总会有成绩差的学生;如果身在一个差的班级或者学校,那么考得再好也可能在同龄人中处于很落后的地位,对此必须有清醒的认识。

2.对于题目来说,一张卷子中的中档题和简单题是占绝大部分的,所以对大多数人来说没有必要纠结于少数难题,把会做的做对,把能拿的分拿到就可以了。

（十）社会物理学三大公理

第二次世界大战以来,一门旨在运用物理学(后扩大为自然科学)的思维方式、基本定理和专业方法,针对现实社会学、经济学问题,实施定量、可检测、能重复和可虚拟现实的交叉科学蓬勃发展起来,这就是社会物理学。社会物理学可以定义为:应用自然科学(以物理学为核心)的思路、概念、原理和方法,经过有效拓展、合理融汇和理性修正,来揭示、模拟、移植、解释和寻求社会行为规律和经济运行规律的充分交叉性学科。[140]

世界是物质、存在、经验、学习、感觉、推理和认知的共同产物,这个共同产物在人的大脑中积淀、比较、思辨和试错,逐步形成了个体对于客观世界的应对信条,决定着对"最少支付原理、主流疲劳原理和熵值守恒原理"三项的整体映射,成就了人的动机、自洽和行为依据的公理体系。[141]

1.最少支付原理

"最少支付原理"被称为社会物理学的"引力定律",是意识和行为中起本源控

140　牛文元.社会物理学:学科意义与应用价值[J].科学,2002,54(03):32-35.
141　本部分内容主要参考了"牛文元.社会物理引论[M].北京:科学出版社,2017",在此表示感谢。

制的基础作用力。它始终倾向于付出最少、机会成本最小、获取负熵最易、选择路径最短和一次能满足多重意愿的自发式走向,这种所谓"下意识"的公理,又被称为人文世界的"元思考",并成为社会行为选择所遵奉的"第一原理"。这个第一原理同时也伴随着自私、独占、嫉妒、排他等不同行为表现,乃至表现出如列宁引用的名言:几何公理要是触犯了人们的利益,那也一定会遭到反驳的。可见"最少支付原理"在社会行为选择中所具有的统帅式地位。这里所称的"下意识""欲求"等,其实质就是以意识为矢量,朝着熵最小方向(获取负熵最大)永不停歇地追索。

2. 主流疲劳原理

"主流疲劳原理"被认为是最少支付原理的"助推剂"。每当寻找到了第一捷径并登上"预想目标"的台阶,几乎就在陶醉胜利的同时,后继的新起欲望台阶又会让他(她)自发产生对更高层次目标的"最少支付",如此步步为营对"无限"欲望不间断地去追索更新的"最少支付",形成了欲望无限和最少支付追索周期性路径的形成。当后一个行为追逐目标占主导时,前一个已达成的目标就退居次位,由此孕育出社会物理学对前缀目标产生了通过最少支付路径或意识的"主流疲劳原理",同时又开启着后续目标再演绎的新一轮最少支付追索,使得最少支付原理随时间变化表现出不息更迭。薛定谔在《生命是什么》一书中明白宣示:那些有我们的感觉和直觉,也有可能有行为参与的一系列事件,在以同样的方式屡屡重复时,它们就渐渐脱离意识范畴。但一旦场合或环境条件与以前的不同,事件的发生就是有意识的。这段话明白无误地描述了主流疲劳的产生、消除,再产生、再消除的周期往复。换一种说法:如果不产生主流疲劳,对进一步采用最少支付以获取新的目标实现,就变得不必要或不可能,最小支付原理也会戛然而止,这在现实社会中是不存在的。

3. 熵值守恒原理

"熵值守恒原理"的实质是对"最少支付"无度追逐极限意愿的"限定闸门",它强调最少支付必须服从与能量守恒相连接的天然魔咒,即只有承认普适的守恒原理并对最少支付执着冲动的任性追逐提供限制性的临界阈值,才能最终免除最少支付原理可能脱离守恒规则的共轭性羁绊,从而带来对社会系统的损伤或疯狂行为。

由上述内在逻辑严密的制约关联解释,可见"最少支付原理""主流疲劳原理""熵值守恒原理"三者既独立又依存共生的关系,共同构成了社会物理学与社会行为选择普适遵从的公理体系。"最小支付原理"在"主流疲劳原理"和"熵值守恒原理"的推进和制约下,完整地将社会行为识别、社会行为选择和社会行为效用组合推进到逻辑自洽的融合,构成了社会物理学鼎足而立的三大公理体系。

应用案例

1. 顺应人性、利用人性,而不要违背人性。"头悬梁,锥刺股"的方式不可取,要寻找最舒适的刷题方式,越舒服,越符合人性,越能持久。

2. 一个目标达成后,要不断地寻求新的目标。

3. 没有输入,就没有提高,要不断输入新的题目。

4. 学习环境、卫生条件一定会越来越脏乱,要追求适度整洁,而不是追求绝对整洁。

5. 有"力"才会有"运动",这个"力"可以是内生的,也可以是外部提供的,自然界中的物体如此,考生也是如此。

（十一）刻意训练

很多考生都有一种感受,那就是明明已经很努力了,可结果还是不理想。他们也在日复一日地去做练习,但是没有什么进步。曾经有一个理论叫"一万小时天才理论",是说如果一个人在一个领域坚持努力做一万个小时,就能成为这个领域的专家。事实上,无差别地重复一万个小时,还是不能成为高手。刻苦和勤奋固然重要,但是成功的关键不只是刻苦和勤奋。提高能力的最有效的黄金原则是:刻意练习。

刻意练习是一种有目的的练习,但它又超越有目的的练习。

第一,刻意练习要求有定义明确的练习目标,积跬步以至千里,积小胜为大胜。任务目标要经过审慎、充足的研究才能确定。

第二,刻意练习要求保持专注,把全部注意力集中在完成任务上。

第三,刻意练习需要及时反馈,这有助于搞清楚其不足之处。具备了正向循环的反馈机制的练习,才能称为刻意练习。

第四,刻意练习需要考生走出舒适区。考生要关注"心流""入神"状态的产生。考生如果能在练习中保持心情愉悦的兴奋状态,就成功了一大半。

刻意练习会逐渐改变人的大脑和习惯。一方面,人的大脑有很强的适应能力;另一方面,大脑就像肌肉,越练越厉害。走出舒适区,接受更高强度的挑战,大脑的变化就会越来越大。

在表演领域,与刻意练习的核心思想相同,"重复练习"是迈斯纳研发的一套结构严谨、层层递进的即兴训练系统。"重复练习"类似于体育运动学上所说的重复训练,是让训练者通过对同一动作或技战术的多次重复,强化条件反射,达到使运动员掌握和巩固动作或技战术的目的。

考生反复地进行刷题训练,本质就是一种刻意练习,与健身爱好者在健身房锻炼肌肉没什么本质区别。

💡 **应用案例**

1. 要有"训练思维""技术思维",在绝大多数的学科学习、技能学习中,都是可以通过有针对性的大量训练来提高水平的。对任何一个学科、一个知识点、一类题目来说,有针对性的训练更是至关重要。

2. 刻意练习不等于简单重复,对此要保持足够清醒的认识。

(十二)记忆力相关研究

本书曾反复申明:记不住,一切都白搭。在这里我们主要讲一下关乎记忆力的一对重要概念:显性记忆和隐性记忆。

前者指的是那些能被表述和觉察到的记忆;后者指的是存在于认知之中,我们觉察不到,却会潜移默化影响着我们的记忆。它们最大的区别是,前者能够主动复述、表达,后者只能在某些场景和时刻突然浮现在脑海里。

比如,肌肉记忆就是一种最常见的隐性知识。你未必能说得出来,骑自行车时脚蹬的频率是多少,身体是怎么发力的,怎么控制平衡,全身的肌肉如何协调……但是,当你学会骑车之后,跨上自行车,你的身体就会自然而然地调整到合适的状态。

同样,当我们学习时,大脑所接收的信息的很大一部分也会成为我们的隐性记忆。你可能会有这样的感觉:有时候,读到某些内容、跟别人聊天时,脑子里会闪现出一些念头、想法或是只言片语,你对它们有些模糊的印象,却没法回忆出更多细节;有时候,你置身于某地,却感觉那里的一切似曾相识。

这其实就是一种隐性知识的激活。很多时候,我们以为被遗忘的东西,其实并没有真的被遗忘——它只是被藏到记忆的底部,暂时没被找到而已。

为什么会出现这种现象呢? 这需要从记忆的编码模式讲起。记忆的储存模式是神经元之间的协同。若干神经元通过突触连接组织起来,形成一个集团,就构成了一个"概念"——这就是记忆储存的最基本单位。一个概念,通过各种突触,跟对应的图像、声音或者其他概念连接起来,产生"联想"——这就构成了一个小的网络,也就是一个知识点。

举个例子:一个"鸟"的概念,跟鸟的图像、"niǎo"这个发音以及"羽毛""飞""禽类"等概念组合起来,这个小小的局部网络,就形成了关于"鸟"的知识点。大量的局部网络整合起来,就构成了整张知识网络。这张网络连接的知识节点越多,就越重要,它被联想起来、被唤起的可能性也就越高。但在我们的记忆中,还残存着大量孤零零的知识点,它们可能完全没有被连接,也可能只有一两个连接,只能漂浮在记忆里的幽暗角落。

这些就是我们的"碎片记忆"——它们是一种典型的隐性记忆,并未被真正忘记,只是因为缺乏连接和触点,没被纳入完整的知识网络之中。

无论是显性知识,还是技能、经验、肌肉记忆,它们之间只有量级和场景的差别,但共同点是:都具备完整的结构,能协同作用,满足我们的需求。

碎片记忆是零散的、孤立的,它们没有结构并会占据大脑的储存空间,我们却没法很好地把它们利用起来。那么,如何解决这个问题呢?那就是利用记忆术(记忆规律)来建立记忆系统。我们并不需要过目不忘的记忆力,我们需要的是一套有效的内化和外化系统,并很好地驯化它、运作它。

应用案例

1. 记忆是门学问,是门技术,需要有针对性地进行研究。

2. 在对记忆术进行研究的时候,不要"走火入魔",须知记忆能力并不等同于做题能力,记忆力强并不一定成绩好。

3. 要不断地回想、联想、幻想,回想学过的知识,联想不同的知识,幻想知识可能应用的场景,以此来加深记忆。

二、3个模型:"道路"模型、"治病"模型、"一条鞭"熵值管理模型

这部分内容主要介绍有限刷题法的3个思维模型。考生只要掌握了这3个思维模型,做好战略的制定和具体战术的实施,那么这3个模型的作用就得到了最大限度的发挥。这3个模型之间,有交叉、有相似的地方,也有差异、有互补的地方,关键是要活学活用,不要刻舟求剑、生搬硬套。这3个模型的地位和意义也是不同的,"道路"模型是管总的,是大框架,"治病"模型、"一条鞭"熵值管理模型都是处于从属地位的。

（一）"道路"模型

一句话概括"道路"模型就是：我是谁？我在哪里？我要去哪里？我要怎么去？

没有桥或船，过河就是一句空话。如果把最终的高考（中考）目标比作江河彼岸，那么科学的学习规划、刷题方法就是渡过江河的"桥或船"；如果把一个问题的正确答案比作江河彼岸，那正确的解题思路就是渡过江河的"桥或船"。一言以蔽之，"道路"模型的核心要素有三个：起点、终点、路径。

1. 起点

（1）起点的界定与分类

起点，就是出发的那个"点"。当然，"道路"模型中的起点肯定不是平常百米赛跑的起跑点，那个起点太过简单，世人皆知。按照对"道路"模型的理解，起点主要指抽象意义上的出发位置，是对主体一个静态的综合评估。

①抽象起点。抽象的起点，是一个比较宏观的概念，就是说大概处于什么位置。比如说，考生感到现在成绩很差，想提升成绩，那么"现在成绩很差"就是一个抽象的起点。比如说，考生觉得现在语言表达能力比较弱，想着重提高，那么"现在语言表达能力比较弱"就是一个抽象意义上的起点。抽象起点的判断标准是模糊的，只是有个大概的判断，但是没有具体定量的标准。

②具象起点。这包括了一些具体明确的判断标准。比如，高考是 6 月，现在是 3 月，那么 3 月就是一个非常具体的时间起点。再比如，现在成绩排 300 名，想提高到 100 名，那么"现在成绩排 300 名"就是非常具体的起点。又比如，一道"结构不良"的数学题，我们只掌握部分条件，那么"现在掌握什么"就是具象的起点。

（2）起点的评估

如同公司兼并重组之前要进行尽职调查一样，对起点进行准确的评估是非常有必要的。起点评估的作用就是"知己知彼"中的"知己"，只有对起点有着充分的认知，才能更好地对自身进行定位，才能选取锚定有限的目标。

对起点评估要做好能力储备。有进行评估的能力，才能保证评估的全面和准确。

一是要多读书，多交流，丰富阅历。拥有足够的阅历，能够使你保持开阔的视野，评估更加准确。比如，你在年级排名前 10，所以就认为自己成绩不错。然而这样准确吗？未必。也许你们学校一个年级总共也就 100 人，或者你们学校在全市排名倒数,那么这样的年级前 10 也并不能称为"不错"。比如,你认为自己家庭条件特别差,因为你家里只有 2 套房。可实际上呢? 和同学们交流一下发现大家都是"无房户",那就不能说你家庭条件"特别差"。

二是要做好"文献综述"。 要研究某个特定领域的问题,最好能够做足功课,提前读一读该领域的权威论述或者知名书籍,对该领域进行系统研究,做好"文献综述"。否则,就容易犯"为了造汽车,重新发明一遍轮子"的错误。

三是要保持理性客观。 对自己的认知一定要清醒客观,既不能自轻自贱,也不能妄自尊大,切不可头脑发热。

(3)起点评估的类型

第三方评估。 可以邀请老师、家长、同学、朋友或者专业机构来评价自己,对自己做一个测评。第三方评估未必准确,但可以作为一个重要参考。

横向评估。 和同班同学比,和同年级同学比,和全市、全省、全国的同龄人比,在比较中找到定位。

纵向评估。 和以前的自己比,用一个历史的眼光、发展的眼光进行评估。

(4)起点评估的维度和内容

对起点进行评估,有什么维度? 要评估那些内容? 详见下表。

起点评估的维度的内容

序号	维度	内容
1	父辈资源	父辈(家里长辈、父母、亲戚朋友等)都是什么样的知识背景、性格特征、社会资源?
2	成长环境	成长的环境是和谐的还是不和谐的? 有哪些制约因素?
3	过往经历	成长过程中有没有遇到过什么重大挫折? 有没有过成功的逆袭经历?
4	智商水平	自己是超级聪明还是特别蠢笨? 是天赋异禀还是资质平平? (根据正态分布的规律,大部分人都是普通人)
5	健康程度	自身有没有影响正常复习备考的重大疾病? 身体素质能否应付高强度的学习? 为了取得好成绩,自己愿意付出多少"身体成本"?
6	性格特质	自己是刚愎自用,还是"虚怀若谷"? 是拖延成性,还是立说立行? 是软弱不堪,还是意志坚定?
7	平时成绩	班级排名如何? 年级排名如何? 全市排名如何? 全省排名如何? 成绩波动情况如何?
8	已做功课	为了刷题作了哪些准备? 哪些是已有的知识基础?
9	其他因素	校园恋情是否影响学业? 刷题的意志和决心是否足够坚定?

2.终点

(1)终点的界定与分类

有始就要有终,终点就是结束的那个"点"。古语讲"知止而后有定",这个"止"就是最后的终点。

①抽象终点。终点可以很抽象,比如高考逆袭、能力提升、身体状况变好、家境改善,或者模糊的"干大事""考上好大学"等。

②具象终点。比如,具体的某月某日,考上某所大学,排名进入什么范围,题目做多少遍,卷子做多少张等。这样的终点,有着明确的判断标准。

(2)终点的评估

参加工作后,会遇到各式各样的总结,其实这就是对一个阶段终点的评估。有始有终,方能鉴往知来。对终点进行评估,最重要的其实是养成一个"临终思维",就是说处在起点的时候,就想象一下到终点会怎样,以此根据未来指导现在。我高三时总在想,假如明天就高考,哪些卷子"印"在了我的脑海里? 我的知识基础是什么?"养兵千日,用兵一时",那么关键时刻我的可用之"兵"在哪里? 这对当下的操作具有指导意义。

(3)终点评估的类型

①主观评估。尊重自己的感受,首先问一问自己觉得行不行、满意不满意。

②客观评估。和客观的指标进行对比,看是否完成了目标。

(4)终点评估的维度和内容

对终点进行评估,有什么维度? 要评估那些内容? 详见下表。

终点评估的维度和内容

序号	维度	内容
1	相对起点	相对于起点,终点是否有其进步意义?
2	客观标准	相对于客观标准,终点是否达到了? 是否考入了某所学校? 是否取得了理想的排名?
3	他人满意度	学校、老师、家长是否满意最后的结果?
4	可持续性	这个终点,是否具有可持续性? 是否有一个好的发展前景?

3.路径

(1)路径的界定

路径,顾名思义,就是起点与终点之间的"路"。不要担心起点和终点之间有没有路,只要定下了终点,就一定能找到路,正所谓,"只要思想不滑坡,办法总比困难多"。

　　从战略方面理解，路径代表着前进方向。方向问题是个大问题，方向性错误的破坏性不是一般的小错误可以相比的。比如，是采取刷题方式来提升成绩，还是依靠课堂听讲来提高成绩？这就是一个方向性的问题，方向错了，如同南辕北辙，努力就失去了意义。

　　从战术角度理解，路径代表着具体的手段和方法。比如，怎样解出一道题，如何整理错题本，怎样高效睡眠等。具体的手段和方法都是可以试验、调试的。

　　从多样性角度理解，路径是多样的，但是最优路径是唯一的。从起点到终点，可以有很多条路，但是最优路径，特别是在特定条件约束下的适合本人的最优路径，往往只有一条。

　　（2）路径的分类

路径的分类

序号	路径	内容
1	自我依赖	以前怎么学，现在还怎么学，从个人的过往经历中总结成功经验，指导今后的发展
2	借鉴他人	优秀的人是如何成功的？他们走了什么样的路径？采取了什么样的方法？
3	改良创新	能不能对路径进行改良，采取一些创新性的操作？

　　（3）路径的选择与执行

　　①要广罗列。尽可能多地罗列出备选路径，进行综合比选。

　　②要慎选择。审慎作出决定，挑选出一条最优路径来。

　　③要回头看。及时复盘反思，总结经验，不断迭代更新。

　　④要坚定走。一旦认定了这条路径，就坚定地走下去。

　　4．"道路"模型的难点和要点

　　"道路"模型的难点有二：一是要意识到"道路"模型的存在，并且套用这个模型。回想一下，哥白尼提出了日心说，牛顿从苹果掉落想到万有引力，他们厉害在何处？我认为，他们厉害在对一些司空见惯的"常识"进行了思考，提出了问题，进而给出了答案。同样，"道路"模型的难点就在于考生有意地认识到这个模型的存在，并且自觉把自身的逆袭、刷题置于这个模型之中。这个难点解决了，剩下的问题就都不是大问题了。

　　二是在套用"道路"模型时，要明白：起点可以模糊，路径可以改变，终点可以调整，但是方向绝不能变。如果去问一些成功人士，他们甚至自己都不知道自己是怎么成功的。由成功的"果"来推测起先的"因"，很多时候是很牵强的，未必有很强的解释力。曾有人问一个著名的钢琴家成功的秘诀，他说我也不知道啊，就是一直练琴一直练琴罢了。

对于"道路"模型来说,起点是可以模糊的,因为起点你是改变不了的;路径是可以改变的,因为路径本身就需要尝试、改进、优化;终点也是可以调整的,起初哪个小孩的梦想不是成为科学家、宇航员呢,到最后不也都改变了梦想。但是一旦路径确定之后,大的方向一定不能变,一定是按从起点到终点的方向在前进的。钢琴家也许不知道成功的秘诀,可哪怕是每天弹 10 分钟琴,也肯定是在往好的方向发展,总比不练琴要好。每天做一张卷子,未必能实现梦想,可是总比每天啥也不干、睡大觉要好。这就是说,进度可以慢,节奏可以缓,但一定要确保自己是在前进着的。

如下图所示,这三条路径虽然长短各异,但最起码大方向都是"从左边到右边",最终都能抵达终点。

如下图所示,这三条路径要么"南辕北辙",要么"中道折返",都犯了方向性错误,都是不可取的。

(二)"治病"模型

生老病死乃自然法则。一句话概括"治病"模型就是:有什么"病"？是什么"病因"？怎么治疗？如下图所示,它由 3 个步骤组成:一是全面检查,二是病因分析,三是务求治本。

使用这个模型,要抛却各式各样的立场偏见。按照这个模型的假设,人都是有"病"的,考生也都是有"病"的。这个"病",不是"生理病",不是"心理病",而是"考试病""学习病"。

1. 步骤一:全面检查

这个步骤的性质和"道路"模型中的起点评估是相同的,都是对现状进行分析。不同点主要在于二者的倾向性不同:起点评估相对中立客观,侧重于冷静分析;全面检查目的性较强,侧重于"挑毛病"。

(1)全面检查的目的

全面检查的目的性强,就是判断有没有"病"、有什么"病"。那么判断具体"疾病"的标准是什么呢？详见下表。

判断"疾病"的标准

序号	"疾病"大类	表现症状	主要内容
1	成绩类"疾病"	①成绩和排名达不到理想状态。②成绩和排名缺乏稳定性	成绩类"疾病"是最重要、最严重、最受关注的一类。这是一个比较出来的结果,具有相对性。考生如果排名倒数,但是并没有什么上进心,那倒也无所谓。考生即便排名靠前,但目标可能更为远大,这也算"有病"
2	方法类"疾病"	①找不到方法。②方法不适用。③方法没效果。④方法不可持续	方法类"疾病"也很常见,各种症状的原因大多是没有找到合适且管用的学习方法
3	能力类"疾病"	①某个学科相关专项能力薄弱(比如阅读理解能力、归纳概括能力等)。②个人特质类能力薄弱(比如专注力、执行力、意志力等)。③能力提升缓慢	能力类"疾病"是从属于方法类"疾病"的,归根结底就是没有找到提升特定能力的方法
4	自我调适类"疾病"	①师生矛盾无法调和。②亲子矛盾无法调和。③同学矛盾无法调和	这类"疾病",如果可以调和,忍一忍也就过去了;但是如果无法调和,发生剧烈冲突,则会直接影响全局

这四类"疾病"中,成绩类"疾病"是"急性病",其他三类"疾病"都是"基础病"。如同现实中绝对健康的人是不存在的一样,这四类"疾病"每一位考生都或多或少会有一些,关键是看哪些可以暂时容忍,哪些必须立即"治疗"。

(2)全面检查的手段(见下表)

全面检查的手段

序号	手段	内容
1	专业检查	请专门的辅导机构或专职老师进行全面、详细的检查
2	自我诊断	自己查找资料,自我对照进行检查
3	同辈评议	可以邀请同龄人、同学来进行评判
4	家庭会议	可以通过家庭会议的形式,让家人指出自身的问题

(3)诊断结果的运用

既然做了全面检查,那么肯定要有一个诊断结果。

一是有没有"病"。这是定性的判断。人的能力虽然各异,但人的欲望是无止境的。班级第一的同学想考年级第一,年级第一的同学想考清华、北大,能考清华、北大的同学想考省"状元"……

二是有"病"的话,可不可以拖下去?需不需要治疗?能不能治好?大部分人正常死亡时都身患数种疾病,有的是慢性的,有的是急性的,但不是所有的疾病都能造成人的死亡,有很多基础疾病都是伴随着一个正常人的终身的。普通的头疼脑热需要做手术吗? 不需要。吃点药就好了。所以要对"疾病"的应对方式进行研判。

三是没"病"的话,是不是需要"没病找病"? 世界是发展的。即便考生现在成绩不错,各方面也都挺好,那就不前进了吗? 是不是应当定个什么目标去努力一下? 是不是应当保持进取心,去努力追求更好的结果?

2. 步骤二:病因分析

进行了全面检查,那么下一步就是找到病灶,对病因进行分析。病因分析得足够透彻,病症才能得到及时、有效的治疗。

我们还是从自然人的健康状况来看。人为什么会得病? 病因到底是什么? 比如感冒,可能是着凉了;比如癌症,可能是因为不好的生活习惯或精神因素。除了基因这样很难改变的因素,影响健康程度好坏的决定性因素是什么呢?

答案就是:免疫力!

免疫力就是问题的核心。免疫力强的人,必然很难、很少得病,就算得病了,症状也很轻,很容易自愈。

同时也不能忽视的是,一些外力因素也是重要的病因。免疫力虽然很重要,起决定作用,但也不是万能的。也就是说,得病的原因有二:一是根本性的——免疫力不强;二是直接性的——具体的外力。对待根本性的病因,要想办法求得治本之策,对待直接的外力影响,要采取断然措施速战速决。

对待一个症状,我们要去分析,这个症状反映出的病因,是根本性的还是直接性的? 是必然性的,还是偶然性的? 比如下面这道题。

例题:

已知集合 $M=\{x|-1<x<3\}$,$N=\{x|-2<x<1\}$,则 $M\bigcap N=($　　$)$

A.$(-2,1)$　　　　B.$(-1,1)$　　　　C.$(1,3)$　　　　D.$(-2,3)$

这是 2014 年高考新课标文科数学 I 卷中的第 1 题,是送分题。如果考生没做对,就要认真分析一下是纯粹的粗心导致,还是对集合这个概念掌握得不彻底?

3. 步骤三:务求治本

治病,有治标和治本两个思路。比如感冒了,吃点感冒药就属于治标不治本;感冒之后坚持适量的运动,健康作息,提升免疫力,就是治本之策(虽然很慢)。

这就是说,林林总总各种病症,治本之策就是提升免疫力,提升了免疫力,大部分病症都好解决。

那么,对于考生来说,所谓"知识基础",所谓"课本",所谓"综合素质"等,都不是"本","刷题力"才是"本"。

"刷题力"之于考生,正如免疫力之于人体。

那么,何谓"刷题力"?

我们可以从国家实力的角度来看。国际社会中,做到"小"而"强"是很难的,但做到"大"而"强"是相对容易的。"小"而"弱"是常见的,"大"而"弱"是少见的。这就启示我们,首先要提升"吨位",再去谋求提升"强度"。吨位大了,体量大了,即便不强,也有影响力在那里。为什么劳斯莱斯更安全?除了花里胡哨的那些技术,归根结底是因为劳斯莱斯它重啊!一般的小轿车也就 1 吨多,劳斯莱斯重近 3 吨,两车相撞自然吨位小的更吃亏。

对于人体来讲也一样,就是先吃胖,再变壮。一般情况下,体格健壮的人比瘦骨嶙峋的人更容易有好的免疫力,为什么?因为瘦骨嶙峋的人相比之下缺乏物质基础。照此来看,"刷题力"由如下表所示的四种能力组成。提升这四种能力,就是在提升"刷题力",就是在"治本"。能力强的考生未必成绩会好,但是能力强的考生大概率成绩会好。

提升刷题力的做法

序号	能力类型	做法
1	吸收能力	①要善于"纳谏",虚心请教各方有益意见和建议,不要刚愎自用。 ②要善于复盘反思,及时回顾,认真总结经验教训。 ③要有筛选机制,不能"饥不择食"
2	消化能力	①要善于归纳概括,学会"要点化"。 ②要善于洞察,找到事物的关键点、核心所在。 ③要善于理性分析,保持情绪的稳定性。 ④要建立稳定的复习机制、记忆机制、联想机制
3	输出能力	①要知行合一、以知促行。 ②要锻炼持续输出能力。 ③要建立经常性的测试机制、反馈机制
4	承压能力	①要有远大的理想,赋予所做的事情以"意义感"。 ②要有坚强的意志、坚定的决心。 ③要有柔软的身段和灵活的手腕。 ④要提高身体承压能力、心理承压能力。 ⑤要有底线思维

吸收能力怎么提高？核心就是多看、多听、多学。

消化能力怎么提高？核心就是多反思、多分析、多记忆。

输出能力怎么提高？核心就是多交流、多练习、多写作。

承压能力怎么提高？核心就是多尝试、多受挫、多吃亏。

当然，除了"治本之策"，针对各种具体问题、具体技巧的"微操"也是需要的。这种微操的核心原理就是有针对性地进行刻意练习。比如上文提到的高考数学第1题，如果你觉得总是在这个问题上粗心犯错，那就对这道题做"大剂量"、有针对性的练习，必定会有提高。我们找出 2011—2020 年新课标高考数学卷中关于集合这个知识点的选择题，有针对性地进行训练就会发现真的很简单，就算是个五年级的小学生，只要知道了基础知识，做出这道高考题也是易如反掌。

例题：

1. 已知集合 $M=\{0,1,2,3,4\}$，$N=\{1,3,5\}$，$P=M\bigcap N$，则 P 的子集共有（　　）

A. 2 个　　　　　B. 4 个　　　　　C. 6 个　　　　　D. 8 个

2. 已知集合 $A=\{x\mid x^2-x-2<0\}$，$B=\{x\mid -1<x<1\}$，则（　　）

A. $A\subsetneqq B$　　　B. $B\subsetneqq A$　　　C. $A=B$　　　D. $A\bigcap B=\varnothing$

3. 已知集合 $A=\{1,2,3,4\}$，$B=\{x\mid x=n^2,n\in A\}$，则 $A\bigcap B=$（　　）

A. $\{1,4\}$　　　B. $\{2,3\}$　　　C. $\{9,16\}$　　　D. $\{1,2\}$

4. 已知集合 $M=\{x\mid -1<x<3\}$，$N=\{x\mid -2<x<1\}$，则 $M\bigcap N=$（　　）

A. $(-2,1)$　　B. $(-1,1)$　　C. $(1,3)$　　D. $(-2,3)$

5. 已知集合 $A=\{x\mid x=3n+2,n\in \mathbf{N}\}$，$B=\{6,8,10,12,14\}$，则集合 $A\bigcap B$ 中元素的个数为（　　）

A. 5　　　　　B. 4　　　　　C. 3　　　　　D. 2

6. 设集合 $A=\{1,3,5,7\}$，$B=\{x\mid 2\leqslant x\leqslant 5\}$，则 $A\bigcap B=$（　　）

A. $\{1,3\}$　　　B. $\{3,5\}$　　　C. $\{5,7\}$　　　D. $\{1,7\}$

7. 已知集合 $A=\{x\mid x<2\}$，$B=\{x\mid 3-2x>0\}$，则（　　）

A. $A\bigcap B=\left\{x\mid x<\dfrac{3}{2}\right\}$　　　　　B. $A\bigcap B=\varnothing$

C. $A\bigcup B=\left\{x\mid x<\dfrac{3}{2}\right\}$　　　　　D. $A\bigcup B=\mathbf{R}$

8. 已知集合 $A=\{0,2\}$，$B=\{-2,-1,0,1,2\}$，则 $A\bigcap B=$（　　）

A. $\{0,2\}$　　　B. $\{1,2\}$　　　C. $\{0\}$　　　　D. $\{-2,-1,0,1,2\}$

9. 已知集合 $U=\{1,2,3,4,5,6,7\}$，$A=\{2,3,4,5\}$，$B=\{2,3,6,7\}$，则 $B\bigcap\complement_U A=(\qquad)$

A. $\{1,6\}$ B. $\{1,7\}$ C. $\{6,7\}$ D. $\{1,6,7\}$

10. 已知集合 $A=\{x\,|\,x^2-3x-4<0\}$，$B=\{-4,1,3,5\}$，则 $A\bigcap B=(\qquad)$

A. $\{-4,1\}$ B. $\{1,5\}$ C. $\{3,5\}$ D. $\{1,3\}$

（三）"一条鞭"熵值管理模型

"一条鞭法"是明代嘉靖时期确立的赋税及徭役制度，由桂萼在嘉靖九年（1530年）提出，之后由张居正于万历九年（1581年）推广到全国。新法规定：把各州县的田赋、徭役以及其他杂征总为一条，合并征收银两，按亩折算缴纳。这样大大简化了税制，方便征收税款，同时使地方官员难以作弊，进而增加财政收入。"一条鞭法"上承唐代的两税法，下启清代的摊丁入亩，是中国历史上具有深远历史影响的一次社会变革，既是明代社会矛盾激化的被动之举，也是中国古代商品经济发展到一定程度的主动选择。[142]

抛开具体的利弊之谈，我们从"一条鞭法"中总结提炼出一些有益的参考因素，得出了"一条鞭"熵值管理模型，应用于刷题全程之中。用一句话概括"一条鞭"熵值管理模型就是：通过对刷题流程再造，明确抓手，实现高效的熵值管理。

1. "一条鞭"就是"抓手"

在官方话语体系中，"抓手"与"一条鞭"就有共同之处，经常会出现一句话，叫作"书记抓、抓书记"，意思就是某项工作非常重要，必须由书记亲自去推动，同时为了督促干好这项工作，上级书记要盯着下级书记。还有一句经常提到的话就是：以××为抓手。意思就是这项工作的着力点就是××这件事。刷题方面的事不能含糊，更不能务虚，天花乱坠终归要落地，核心就是怎么落地、怎么去抓。这个抓手就是主要矛盾，就是风暴眼。

2. 熵理论及其在管理科学中的应用

什么是熵？简单来说，就是无序程度的度量。熵越高，表示一个系统越混乱、越无序、越不确定。

举个简单的例子：把一句话拆成几个词，它们彼此组合起来可以有多种可能性，那么它们的无序程度就很高；但把它们组合成一个表意明确的句子，就只能表达一个意思，那么这个句子的无序程度就非常低，确定性就提高了。

142　百度百科. 一条鞭法. [EB/OL]. [2022-05-06].

比如，"小明""小红""喜欢"，这三个词就有两种可能性：究竟是小明喜欢小红，还是小红喜欢小明？但如果我们把它变成"小明喜欢小红"，从词语变成句子，它的表意就非常明确了。

在这个例子中，前者就是一个高熵的状态，而后者就是一个低熵的状态。

热力学第二定律告诉我们：一个孤立系统，总是倾向于由低熵状态向高熵状态演化。因为高熵状态从概率上是更可能出现的，而低熵状态是更不可能出现的。这就是大家耳熟能详的熵增定律。

举个简单的例子：一个房间，正常情况下，如果不去收拾它，它一定会随着时间推移，变得越来越乱、越来越脏，这就是一个高熵的混乱状态。那如何让它变成低熵的有序状态呢？热力学告诉我们，这就需要进行能量的交换，亦即对这个孤立系统注入能量。在这个例子里，就是需要你主动地去收拾它、整理它，亦即注入你的时间、精力，才能使它进行熵减——由高熵的无序状态，回到低熵的有序状态。

生命其实也是如此，绝对的自由意味着无序，亦即无限的可能性，但生命又是熵减的有序体，二者在本质上就是互相对立的。

有些同学表示不理解。其实是这样：生命的本质是什么？如果我们把生命看作一个系统，那么它就是通过摄取能量，把外界无序的、混乱的信息，转变为自身内部有序的信息。这就是熵减的有序体。

比如，你每天都在成长，那么你的身体发生了什么变化？你通过进食来获取蛋白质、糖类、脂肪等，用来构建和修复你的组织；你和外界产生交互，这些信息通过大脑的记忆活动被筛选出来、沉淀下来，形成你的记忆；乃至于你产生一个想法，都是因为大脑中 160 亿个神经元在放电，从而把各种感官信息、心理表征和记忆印记整合起来，组合成一个统一的、整体的、有序的意识……

这些，都是从无序到有序的熵减过程。

可以说，成长的过程，就是我们不断汲取外界的能量，让自己从更加无序变得更加有序的过程。

我们的思维，其实也是一样的。我们每一天都在从外界摄入信息，这些信息可能来自各种渠道，表达不同的内容，激发不同的思考……它们本质上是无序的，都是一块块信息碎片，彼此之间可以有无数种组合。这是一种高熵的状态。因为高熵状态的可能性非常多，这就意味着大脑不得不耗费许许多多能源，来使它们变得有序并储存它们。

那么如何才能把摄入的信息化为己用，让自己能够记住、理解和用上？其实就是把这些信息，从高熵的无序状态转化为低熵的有序状态。碎片化和体系化这对概念背后的本质其实就是高熵无序和低熵有序。

什么叫作碎片化信息？不是说你从微博、知乎、公众号等看到的内容就一定是碎片化的，你读书、听课得来的内容就一定是体系化的，它核心的点是：当这些信息进入你的大脑里面，是以什么样的形式被编码和储存的。你孤立地、碎片地去记忆它们，那就是碎片化的；反之，你能够把它们串联成一个体系，使彼此之间建立联系，让知识连成一张网，那就是体系化的。只有后者，才是真正有效的学习，也是能够持久记住、理解和应用的学习方式。

3. "一条鞭"熵值管理模型的应用举例

"一条鞭"熵值管理模型给我们的启示是什么？如何应用？我认为主要有以下几点：

（1）要注意流程问题，学会简化，学会要点化，做到"繁事归一"、务求实效

每一天，我们都会进行各种各样的决策，小到穿什么衣服出门，吃什么早餐，做点什么来消磨时间，大到这个报告怎么写，确定什么选题……诸如此类，不一而足。

实际上，无论决策大小，它都是一种权衡的过程。一方面，这个过程会占用认知资源，消耗我们的能量；另一方面，一个决策完成后，实际上不会全部从大脑中释放出来——可能还会有一点点残留，比如"这个决策对吗""我是不是选错了"，诸如此类。

这就导致了：在一天里面，你做的决策越多，就越容易让大脑后台超负荷，从而陷入疲劳和烦躁之中。这就叫作决策疲劳。

2011年的一项研究中，研究人员观察了美国法官做出的 1 100 个假释。他们发现，一个人能否获得假释，影响最大的并非他们的罪名、背景和供述，而是法官作出裁决的时间：早上判决的案例中，超过 70% 获得了假释；而下午宣判的案例中，只有不到 10% 获得了假释。哪怕后者有些罪名更轻、刑期也更短。原因很简单：经过一整天的审判和思考，法官们到了下午已经疲劳不堪，因此，他们会轻视犯人的供述，更加草率地下达判决。你可能听过一句话：不要在晚上作出重要的决定。原因也是一样的。

如何应对决策疲劳呢？一个思维方式是：简化自己需要作出的决策。

对于一些不重要的、细微的决策，尽量让它们不过脑子。要么设计一套规则直接套用，要么随便选一个，不要耗费太多的时间精力。通过行动获得反馈，不断微调、优化这个规则，就可以把决策交给规则，避免自己反反复复地思考、权衡。再比

如,像吃什么、穿什么、如何消磨时间,这种细枝末节的事情,就更不用说了。要么随便选一个,要么让别人决定即可。不要浪费一分一毫的脑力。

你的精力,应该留给那些真正重要的、需要审慎思考和权衡的问题上。以错题本为例,我本人的经验就是,各个学科的错题都整理到一个错题本上,这样就做到了"归一";一张卷子,有用的东西都被"啃下来了",做完扔掉也行,盯着这个错题本就够了。

(2)学会分解任务

生活中,很常见的一个情况是:我们每天总会有大量的任务,铺天盖地地压过来,让我们难以喘息。尽管很多任务没法立刻着手去做,但它就是会在那里,一直吸引着你的注意力,让你不由自主地想着它。这是导致心累的最常见原因。

对于这种情况,最常用的方法是什么呢? 那就是先写下来,然后分解。

先把这些盘踞在脑海里的烦恼和事项写下来,把它们请出大脑;然后对它们进行分解:我可以先做什么,再做什么,大概在什么时候做;最后准备行动时,只看第一步,不看其余的步骤,让自己先做了再说。

大多数时候,我们的困扰都源于想得太多。很多明明也许不会发生的事情,我们总是会去担忧;很多明明并不复杂的问题,我们总是会去害怕、烦恼……也就是说:我们的恐惧往往并非来源于对象本身,而是来源于对不确定性的恐惧。

所以,这个做法可以破除我们对于不确定性的恐惧,让我们知道:它并没有什么大不了的,我只要先这样,再这样,就可以了。

尽管每一步也许都并不那么容易,但没有关系。每分解一次,你就使得它的不确定性降低了一些,复杂度降低了一些。如果还是很庞大,再循环重复这三步,一步步把它分而治之,攻克掉。

(3)化零为整与化整为零相结合

我们在生活中,经常会碰到一个情况:一整天下来,都在忙着处理各种各样的琐碎事务:吃饭、上厕所、聊天、刷手机、回群聊、做题、听课……要说什么都没做吧,也算不上;但要说做了什么吧,也实在说不上来,可谓"日计有余,岁计不足"。

要牢记一点:我们的产出和成果,很大程度上是由整块的事情决定的。很多琐碎的事情,不是说不重要,但一方面,它们的价值的确不高;另一方面,它们会造成大量的思维碎片,堆积在大脑里,大大加重大脑的负担。尤其是当我们不断在多个任务之间切换的时候,每切换一次都需要耗费一部分资源去调整状态、重新加载,这就会导致整块的信息变得支离破碎,大大增加了占据的后台空间。很多时候,这正是使得我们感到精疲力尽的最大因素。所以,一个管理时间和精力最基本的技巧,就是把碎片化的事情尽可能集中到一个时间段一起做,来腾出整块的时间去做一些更有意义的事情。

比如,能不能在每天里专门腾出几个时间段,用来处理一切沟通的事务?再比如,可不可以利用每天在食堂打饭的时间,背几个英语单词?背几首必背古诗词?养成这个习惯,你会发现每天的事情还是那么多,但似乎并没有那么令人厌烦了。

(4)找到抓手,抓住主要矛盾

这里说的专注,不是说要全神贯注在一件事情上、一刻都不能分心,这也是不可能的,而是说要想清楚当下最重要的事情是什么,除此之外的事情,能不能拒绝掉,或是尽量拖着,先不管它。也就是尽量减少"要我做",专注去做"我要做"。

考生可能很难做到这一点,因为这需要你去拒绝别人(尤其是对于高度敏感者)。但这是必须克服的一步。要知道:这个世界上除了你自己,别人都是无法为你负责的。

所以,决策的本质是什么呢?不是从好的和坏的里面选一个,那毫无意义。而是要么从两个坏的之间,选择一个比较不坏的;要么从两个好的之间,舍弃一个不那么好的。但如果你纠结于"损失厌恶",想要把所有事情做好,想要一切兼得,很多时候只会让自己陷入超负荷的情形里,难以脱身。

这样会导致什么结果呢?你背负的东西越多,就越不容易把它们都做好,状态会越来越差,导致最终效果更差⋯⋯形成一个负面循环。要跳出这个循环,只有舍弃身上过度的负担,能够接纳自己的"不完美""做不来""不合适"。

三、3个步骤:有限锚定、循环操作、迭代升级

人们常说,练武不练功,到老一场空。基本功就像房屋的地基一样,没有基础,想要建造高楼大厦无异于痴人说梦。这个道理对考生同样适用。为什么有的同学花费大量时间去刷了大量的题,学习却毫无进步,而有些同学通过做题就能很快提高学习成绩?其中的关键就在于有没有扎实的刷题基本功,有没有高效的刷题方法。下面这3个步骤是许涵仁有限刷题法的操作步骤,是刷题的基本功,是核心中的核心。无论应对什么考试,都可以按照这3个步骤来操作。

(一)有限锚定

1.有限锚定的定义和操作要点

如果要通过刷题的方式来备考,那就要先定一个目标。这个目标是一个体系,

是多层嵌套的,大目标套着若干小目标,每个小目标里面还有若干小目标,并且这个目标体系是有限度的。

有目标才能有方向,有方向才能校准方向,我们在"道路"模型中就提到过,重要的是起点到终点的大方向不能有问题。我们定下了目标才能有前进的方向,有了方向才能时刻进行比对,去校准方向。像无头苍蝇一样随处乱撞是要不得的。

有目标才能定任务,有任务才能完成任务。有了目标的指引,才能根据目标来分配具体的任务,才能对任务完成情况进行评估。不同的目标要求,对应着不同的任务需求。

在有限的资源(见下表)的约束下,锚定的内容必须是有限的。

有限的资源及其内容

序号	有限的资源	内容
1	有限的备考时间	无论是中考、高考、考研、公考,其复习备考时间都是有限定的。一般来说,最长也就是一年,更多的是半年甚至几个月。即便是复读,总的备考时间也终归是有限的
2	有限的学习时间	一天时间再长也超不过 24 小时,那么一个考生极限的学习时间也超不过这个时间。更何况,考生需要正常的休息、睡眠、放松、学习,一天当中真正用来全身心刷题的时间是很有限的
3	有限的能力	①有限的记忆能力。不是每个人都拥有照相机式的记忆,大部分人的记忆能力都是正常水平。 ②有限的理解能力。大部分考生的理解能力都是正常水平。 ③有限的承压能力。大部分考生承受各种压力的水平也是有限的,做不到"铁石心肠"
4	有限的健康水平	人毕竟不是机器,总会遇到各种头疼脑热。在复习备考期间,因为压力过大、精神紧张,出现健康问题的情况会更频繁
5	有限的心力	人的注意力资源是有限的,往往只能集中精力做好一件事,双线作战往往是两头不讨好
6	有限的支持	①有限的资金支持。通常来说家庭给予考生资金支持的意愿都是很强烈的,父母都舍得为孩子付出金钱。可是这个资金支持毕竟是有限的:一是资金支持的作用有限;二是资金支持的数额有限。 ②父母的心血支持。父母为了考生付出了大量心血,考生如果长期空耗父母的支持,会增加父母烦恼和焦虑

2.有限锚定及其内容

有限锚定及其内容

序号	有限锚定	内容
1	定有限目标	①目标分尺度。大的目标可以是"干大事""挣大钱"这些比较虚的想法,中等目标可以是"上清华、北大""考上公务员"等,微观目标可以是做完一本辅导资料、彻底掌握几本错题本、排名进入前几等。 ②各级目标的关系上要互相嵌套。大目标要包含中小目标,中小目标一定是为大目标服务的。 ③心理预期上要分底线、中线、高线。比如高线可以是清华北大,中线可以是"双一流",底线可以是二本
2	定榜样	定下一个可以模仿、借鉴的榜样,这样可以做到"有案可循"
3	定有限的学习任务	①学哪些专项知识。比如,记忆领域的知识,医疗健康方面的知识,专业报考方面的知识等。 ②学哪些课本知识,比如,作文知识、地理知识、语法知识等
4	定有限的复习任务	学过的东西当然要复习,但是复习必然有侧重,有限的时间里要复习的内容必然是有限的
5	定有限题库	刷题,最重要的一点就是刷什么题。考生不可能刷无限的题,这就需要定下一个有限的题库,考生只要把这个有限的题库里的题刷几遍就可以了。 ①模拟卷。市面上有很多针对特定考生的模拟卷,这些模拟卷质量参差不齐,但可以说是题库的最重要组成部分。 ②真题卷。真题卷就是往年的真题,有重要的参考价值。 ③"百科全书"式题库。就是针对某一学科,知识点全面、各种题型都包含的辅导资料
6	定标准答案	刷题过程中很容易被忽视却极端重要的一点就是:一定要有标准答案。如果没有标准答案,刷题的意义就不大。如果标准答案是一大段内容,那就要对其进行标准化处理,分解成几个要点,这样便于记忆。在公务员申论考试和考研中,有标准答案尤为重要
7	定有限遍数	对题库中的题目以及辅导书目,必须重复刷很多次,这个是很容易被忽视的。不同的题目、不同性质的知识点,重复次数是不同的。有的一遍就行,有的二三十遍也不够
8	定有限计划	必须对任务目标进行分解,确定下来今天干什么,本周干什么,本月干什么,并且这些要干的内容一定不能超出自己的能力范围,要根据实践情况灵活调试
9	定辅导书目	在刷题过程中,除了题库,还需要一些辅导书目。以地理为例,除了地理题目,还需要地图册这样的基础资料

3.有限锚定的应用举例

为了形象地展示有限锚定的具体过程，我们在这里举例说明，仅供参考，考生可以结合自身情况进行取舍。

有限锚定应用案例：高三文科学生半年逆袭的有限目标制定

一、情况描述

某高三文科学生，男，所在高中是本市排名前三的"好学校"，但是考生本人成绩排名靠后，排在年级170名左右，距离高考还有半年。

二、有限的资源的约束（现状分析或起点评估）

1.有限的备考时间

高考是来年6月7日，决定采取新思路的时间是当年的12月1日，那么算下来备考时间只有半年多。6月之后的时间只有六七天，根据冗余思想，这几天是不能算数的，那么满打满算也就180天左右。如果最后20天安排做高强度冲刺练习，再扣掉10天左右的周末、节假日，那么备考时间也就150天。

注意：在分析备考时间时，最起码要精确到天，同时要保留足够的冗余。

2.有限的学习时间

一天24个小时真正能够利用到的有效时间很短。抛开晚上睡觉8小时、午睡半小时、各种吃喝拉撒、洗漱、往返学校等时间，一天中能全部利用的时间也就14个小时左右。再进一步分析，如果课堂时间还需要听老师讲课，课后还要留点时间做规定的练习题，那么能完全自主利用的时间最多也就6小时左右。

3.有限的能力

能力可以从很多个维度去细分，比如记忆能力、理解能力、分析能力等。我们在分析自身能力的时候，可以笼统地去分析，用"强""弱""还可以"等笼统的描述就行，因为能力是会变化的，是会随着刷题的深入而提升的。就该考生当时的情况来说，各方面的能力都属"一般"。

4.有限的健康水平

考生能不能熬夜？如果能熬夜，那么学习时间就会多一些。考生有没有什么大病？如果有大病，还要注意保养好身体，这些健康成本都要计算在内。该考生的身体状况不支持长期熬夜，如果保障不了正常睡眠，各方面状态就会很差，得不偿失。

5.有限的心力

考生能否应对来自老师或者家长的"诘难"？能否坚定地走下去？考生的心大不大，意志力强不强，从根本上决定了最终能否通过刷题实现逆袭。意志力就像肌肉，当你为了实现某一目标而锻炼它时，它会变得强壮，而过了一段时间不再需要它时，它就会变得松懈和软弱。当你想要再为了同样的目标而把它练得强壮时，就需要花费更大的力气和决心。考生一定要充分激发自身逆袭的斗志，一是唤醒自己内心的渴求；二是不忘外界的竞争和对抗，用你心里的"敌人"点燃你的斗志。

6.有限的支持

比如，晚上学习需要安静的环境，那么家里能否掏得起临时租下一个房屋的租金？该考生的家庭状况一般，但是支撑高三半年在外租住的资金实力还是有的。

三、有限锚定的内容

1.定有限目标

目标一定要明确，要有客观的衡量标准。该考生从小喜欢历史、政治，有一番干事业的冲动，所以立志上更好的学校。可以定下三个目标：高线目标——清华、北大；中线目标——"双一流"大学；底线目标——一本院校。在这几个目标中，努力程度按高线目标准备，心理预期按底线目标准备。

2.定榜样

通过阅读书籍、网上查找资料，找到一些短期快速逆袭成功的案例，从成功者身上借鉴一些经验。

3.定有限的学习任务

语文：古文知识（如实词、虚词等），现代文阅读，文言文阅读，作文素材，必背古诗词等；

数学：做题技巧等（所有新知识已经学完）；

英语：单词积累等；

政治：政治课本上各种原理等；

历史：历史基础知识等；

地理：地理基础知识等；

记忆：记忆术等。

以上都是考生从未接触过或者未完全掌握的知识,需要有意识地关注、刻意地练习。

4.定有限的复习任务

主要复习高一、高二的课本内容,以及错题本。

5.定有限题库

定下有限题库至关重要,因为题库是刷题的重要抓手,是贯穿逆袭之旅始终的存在。在这里,我们主要的刷题阵地依托于最新的45张模拟卷子。为什么是模拟卷子呢? 因为模拟卷是有可能押中题的,而且高质量的模拟卷丝毫不逊于高考真题。模拟卷的结构、考查点、答案设置都是针对性极强的。45张模拟卷,只要考生真正掌握了,可以说几乎是无敌般的存在。

语文:45张模拟卷子(除去作文),1～2本优秀作文素材。对于平时基础较好且想在高考中取得好成绩的考生来说,这些内容是足够的。作文需要单独抽出时间去练习,并且一定要向老师请教,请教关于立意、观点、字迹等的注意点和技巧。优秀的作文素材是必需的,需要熟读成诵。

数学:45张模拟卷子,30张高考真卷的选择题、填空题。为什么要加上30张高考真卷的选择题和填空题(小题)呢? 因为对于数学来讲,大题的设置,结构性是很强的,对解题思路和技巧的考查也并不复杂,关键是熟练程度问题。数学的小题则不然,其难点不在于运算,而在于对思路、技巧、方法的考查,也就是说,你见得少,就处于劣势地位,见得多,就处于优势地位。所以,有必要多做至少30张高考真卷的小题,并且要将其中有价值的题目,录入错题本中。

英语:约30张模拟卷子,5～10篇范文。该考生的英语基础还可以,那么只要保持水平,保持语感就行了。英语作文的重复率是比较高的,需要有针对性地背诵一些范文,由于字体很影响卷面分,所以要练练英文书法。

政治:45张模拟卷子,上一年度45张模拟卷子的小题,课本背诵。其实政治题目考查的知识点是很固定的,答案要点也多从课本中来,所以课本上的重要原理必须原文背诵,特别是要熟练掌握课本目录(框架)。

历史:45张模拟卷子,上一年度45张模拟卷子的小题。高考历史拿高分的秘诀绝不是盯着课本死背书。知识基础当然重要,但历史的知识基础除了课本中的基本史实,大部分都要靠平时积累。若平时积累得不够,短期内是无法提升成绩的,只能靠大量做题,从题目中积累历史基础知识。历史的高考真题卷,特别是各省自行命制的卷子,质量参差不齐,最主要是标准答案不够"标准",答题逻辑不是十足地符合"逻辑",所以刷真题要以全国卷为宜。历史的小题,必须见很多、刷很多、背很多,培养"题感"才行。

地理:45张模拟卷子,上一年度45张模拟卷子的小题,1本地图册。地理方面容易被忽视的就是地图,一定要对各种各样的地图烂熟于心,闭上眼就能知道这个地方的东南西北、经纬坐标等。

政治、历史、地理可放在文综一张卷子里。错题本作为题库的补充,将其他各种类型卷子上的错题摘录进来。

在考前冲刺阶段,可以买来当年的预测卷,针对文综(较难提高)和数学(容易下降)进行有针对性的、大题量的冲刺刷题。

6.定标准答案

题目与答案是伴生的,没有标准答案的题目不具有记忆的价值。即便是语文作文这样的开放性主观题目,也要有一个范文或者优秀立意才行。所以,在选取题库和掌握题目时,必须对标准答案给予足够的重视。

7.定有限遍数

卷子做一遍,题目背一遍往往是不行的,至少要3～5遍,有些甚至要数十遍。这就需要根据实践来灵活调试了。针对该考生的情况,制定的大体目标是:语文卷子平均做3遍;数学卷子拆开分专项练习,1～3遍;英语卷子2遍;文综平均3～5遍,且需要背诵答案。

8.定有限计划

150天的时间内要做完数百张卷子,肯定不可能是一天一张。我们可以将45张卷子拆解成20张和25张两部分,在0～20张和21～45张这两个阶段,学生的能力明显是不一样的。如果是20张,那么4个学科就是80张,30天足够做完一遍了。可以一边按计划进行,一边调试进度。下面,我们可以拟定一个比较详细的计划。这个计划是个"靶子",实践过程中可以在此基础上灵活调整。

刷题计划示例

阶段	主要目的	主要内容	时刻	任务
第一阶段：预备阶段（12月1日—12月31日，约30天）	通过不断循环、迭代，找到适合自己且比较高效的刷题模式、时间管理、记忆管理、学科配比、整理错题、复习与背诵等	语文：10张模拟卷3遍；整理好作文必背内容。 数学：45张模拟卷的选择题和30张真题卷的选择题，做1遍并将典型错题录入错题本。 英语：10张模拟卷2遍，2篇优秀作文。 文综：10张模拟卷3遍，上一年度45张模拟卷的小题刷1遍，将典型错题录入错题本。 记忆本：掌握一套属于自己的记忆本。	起床—07:20	起床；适量运动；早饭；赶到教室
			07:20—08:00	早读；回忆昨天所做的事；背诵错题本
			08:00—12:00	视情况刷任意1门科目的2张卷子或2门科目的各1张卷子，并且对照答案进行评改
			12:00—13:00	午饭；放松
			13:00—14:00	午睡；回忆上午所做的事
			14:00—17:30	视情况刷1张卷子或2门科目记忆相关基础知识；整理、背诵错题本
			17:30—18:00	晚饭
			18:00—23:00	视情况刷任意1门科目的2张卷子或2门科目的各1张卷（不要求1天内重复出现4门科目，但2天内4门科目要做到全覆盖）
第二阶段：稳步推进阶段（1月1日—3月31日，约90天）	在预备阶段形成的刷题模式的基础上，稳步推进，大规模刷题	语文：20张模拟卷3遍；10次以上真题作文训练；熟练背诵作文。 数学：10~30张以上模拟卷的大题分知识点刷1~3遍（分知识点刷题，指的是单独将某大题抽出来刷，连刷几十张。数学卷的第17题相对简单，可以刷10~20张；压轴题可以刷30张）。 英语：20张模拟卷2遍，5篇优秀作文并且熟练默写，坚持背诵单词。 文综：30张模拟卷3遍，政治、地理基础知识背熟	起床—07:20	起床；适量运动；早饭；赶到教室
			07:20—08:00	早读；回忆昨天所做的事；背诵错题本
			08:00—12:00	视情况刷任意1门科目的3张卷子或2门科目共3张卷子；并且对照答案进行评改；整理、背诵错题本
			12:00—13:00	午饭；放松
			13:00—14:00	午睡；回忆上午所做的事
			14:00—17:30	视情况刷2张卷子或2门科目记忆相关基础知识；整理背诵错题本
			17:30—18:00	晚饭
			18:00—23:00	视情况刷任意1门科目的3张卷子或2门科目的共3张卷子，并且对照答案进行评改；背诵错题本

（续表）

阶段	主要目的	主要内容	时刻	任务
第三阶段：巩固阶段（4月1日—5月15日，约45天）	在这个阶段，不但要继续大量刷题，还要复习巩固全部已经刷过的卷子和错题本，务必将所有做过的题目彻底印入脑海	语文：15张模拟卷3遍；之前做过的30张模拟案卷2遍；熟练背诵作文必背内容并且总结出自己的套路 数学：45张模拟卷的大题分知识点再刷1~2遍。 英语：10张模拟卷2遍，5篇优秀作文熟练默写；坚持背诵重点单词。 文综：30张模拟卷3遍，政治、地理基础知识背熟	起床—07:20	起床；适量运动；早饭；赶到教室
			07:20—08:00	早读；回忆昨天所做的事；背诵错题本
			08:00—12:00	只刷1门科目的卷子，尽可能加快速度，增大刷题量；整理、背诵错题本
			12:00—13:00	午饭；放松
			13:00—14:00	午睡；回忆上午所做的事
			14:00—17:30	只刷1门科目的卷子，尽可能加快速度，增大刷题量；背诵错题本
			17:30—18:00	晚饭
			18:00—23:00	只刷1门科目的卷子，尽可能加快速度，增大刷题量；背诵错题本
第四阶段：冲刺阶段（5月16日—5月31日，约15天）	在这个阶段，需要疯狂地巩固刷题，同时不断复习背诵错题本	错题本：此时错题本应在5本以上，要反复背诵。 语文：找到做过的10张得分最低的卷子再做3遍，其余卷子反复背诵答案；熟练背诵作文必背内容，并且运用自己的套路进行5篇以上的模拟写作。 数学：单独抽出20张卷子的压轴题，计算量大的题反复刷。 英语：对曾经做过的模拟卷要继续巩固并且熟练默写，对背诵过的作文要继续巩固，快速背诵从头到尾。 文综：对45张模拟卷的大题，反复背诵大题的答案，政治、地理基础知识继续巩固 尾刷1~2遍	起床—07:20	起床；适量运动；早饭；赶到教室
			07:20—08:00	早读；回忆昨天所做的事；背诵错题本
			08:00—12:00	视情况进行刷题或背诵
			12:00—13:00	午饭；放松
			13:00—14:00	午睡；回忆上午所做的事
			14:00—17:30	视情况进行刷题或背诵
			17:30—18:00	晚饭
			18:00—23:00	视情况进行刷题或背诵

（续表）

阶段	主要目的	主要内容	时刻	任务
第五阶段：疯狂冲刺阶段（6月1日—6月6日晚上）	这个阶段，刷题实践要以"一天等于二十年"①的速度向前推进并获重大突破	错题本：错题本要反复背诵。语文：反复背诵曾经刷过的卷子，熟练背诵优秀作文，至少写3篇。数学：刷10张以上的预测卷；反复背诵错题本中的易错点和创造性解题思路。英语：刷1~3张预测卷保持语感，在已背诵过的作文集中，选择背诵并默写几篇以保持语感。文综：5天之内刷完30张预测卷 对45张模拟卷的大题反复背诵，政治、地理基础持续巩固	6月1日—6月5日	根据实际情况灵活调配时间，可以适当透支睡眠，但尽量不要太晚，饮食一定要正常
			6月6日上午	因为第二天下午是数学考试，并且第二中午前都无法复习数学，所以这个时间段要留给数学。主要是复习错题本上的易错点和有价值的解题思路，做几道计算量大的题保持感觉
第六阶段：微操阶段（6月7日—6月8日）	这个阶段，需要极其微小精妙的操作，以确保每一门考试之前，都对这门科目进行充分的复习，有非常好的题感	重点是错题本要快速复习多遍，保持良好的感觉	6月6日下午、晚上	因为第二天上午是语文考试，所以这个时间段必须留给语文
			6月7日 09:00—11:30 语文	注意保持平常的作息和饮食，无论上一场考试情况如何，考过的科目就不要再思考得失了，全力准备下一场
			6月7日 15:00—17:00 数学	
			6月8日 09:00—11:30 文综	
			6月8日 15:00—17:00 英语	

① 1863年4月9日，马克思在给恩格斯的信中说："只有那些用尺子和每次'报纸趣闻'来衡量世界历史的德国小市民才能想象；在这种伟大的发展中，二十年比一天长，虽然以后可能又会有一天等于二十年的时期。"

以上案例,只是对"有限锚定"的一个应用举例。考生可以仿照这个案例来安排。针对核心的内容(题库、计划、遍数)必须非常明确并且及时迭代更新,其他的有限锚定可以适当模糊处理,未必做到那么精确,大方向是对的就行。

(二)循环操作

定下有限的目标、有限的计划,只是万里长征走完了第一步。接下来的重要步骤就是"循环操作"。前文提到"有限遍数",就是循环操作的一个具体体现。

循环操作的核心目的就是要解决"记不住"的问题。就像伟人曾说的,什么东西只有抓得很紧,毫不放松,才能抓住。抓而不紧,等于不抓。[143]

记不住,几乎是一切问题的核心所在。解决这个问题的抓手,就是循环操作。

通过循环操作,通过不断重复,就更有可能形成"肌肉记忆",培养良好的"感觉",最终实现提升。

1. 循环操作首先是一种理念

理念是"虚"的,是由思维加工之后形成的念头。循环操作就是这样一种理念,在这种理念的指导下,考生采取一系列的措施把抽象的理念通过抓手转换为现实,进而实现既定的目标。

(1)重复理念

重复理念的核心就是:只做一遍的事情是无意义的,如果无意义那就不需要去做,或者简单应付一下就可以了。我们都知道,像高考、中考这些大型考试,除非复读,大多数人都只能经历一遍,这种当然是不能算作"无意义"的事情。这里主要说的是备考过程中的各项准备工作。比如,平常的周测,看似有点用处,但真的有意义吗?我的答案是,如果仅仅只是考试的时候做一遍,考试结束听一遍讲解,就扔到一边去了,那么这样的周测就是无意义的。别说是周测,就是这样的期中考试、期末考试,也是无意义的。为什么?因为无论什么题目,无论出题人费了多少心血,对考生来讲,只要你不重复去做,你就不可能完全记住。记都记不住,何来理解和掌握呢?

比如在表演领域,重复练习就有很大用处。从生理学上讲,重复练习可以帮助演员有效提升表演的效能;从心理学上讲,重复练习可以消除心理定式带来的负面影响,有利于突破心理定式和极限,使演员的表演状态达到新的高度,最大限度地激发演员的潜力;从表演上讲,重复练习可以帮助逐渐找到情感传达所需的冲动。

143　中国中共文献研究会编订.毛泽东箴言[M].北京:人民出版社,2009:260.

运用的前提是理解,理解的前提是记忆,记忆的前提是重复。《三体》中有句话很有名:"失去人性,失去很多。失去兽性,失去一切。"我们也可以说:失去努力,失去很多。失去重复,失去一切。卷子要重复做,题目要重复刷,作文要重复背,错题要重复看,框架要重复更新……总之,不重复则无意义。

(2)闭环理念

闭环这个概念来自电路学领域,全称是"闭环结构",由此也衍生出了"闭环管理""形成闭环"等概念。在传染病防控中经常使用"闭环管理"。

应用于刷题领域的闭环理念,其实也很好理解。我们以月考为例。语文考试考了80分,考完之后就应当对错误的题目进行分析,进而理解并掌握。对于有价值的题目,还要整理并写进错题本,以便反复温习、背诵。如果考完只是改了一下答案就把卷子扔到了一边,那么就没有形成一个闭环,这些题目就仅仅是"经过了"你的大脑,而没有"留存在"你的大脑,如下图所示。

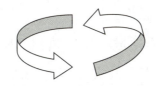

闭环管理才能在大脑中"留住"题目

"输入题目"而非对题目进行闭环管理,题目就只会"流过大脑",
而且输出的时候会衰减得很严重,随着时间的流逝会衰减得更多

(3)分解还原理念

手工作坊和现代工厂的一个重要区别就在于,现代工厂对工业品的生产多是标准化、流水线化的,这也是西方快餐和传统中餐的一大差别。那么对产品进行流水线化生产,前提就是要对其制作过程进行分解。比如,一个汉堡具体有几片面包、几片菜叶、几张肉饼、经过几分钟的加热、添加多大量的佐料等。这背后其实就是分解还原理念在起指导作用。我在前面章节中曾经详述过还原论,其实道理都是一样的。要想进行循环操作,必须首先对做题的机制流程进行分解。比如,题目如何获取?不同类型的题目要分别做多少遍?不会做的题目怎么处理?

(4)稳中有进理念

我们都知道,人在原地转圈,除了头晕并不会有任何进步。同样,单纯的重复、

循环也是不行的。我们需要的是稳中有进。重复、循环都是为了打牢"稳"的基础，稳了才能进。所谓稳住，就是不要奢望"跃进"，饭要一口一口吃，题要一道一道做，不要指望一口吃个胖子。所谓前进，就是说不能陷入"没有发展的增长"（内卷）。就好比吃饭，光吃胖是没有太大用处的。当然可以先吃"胖"，但是吃胖之后一定要变"壮"。

2. 循环操作也是一个机制

仅仅认识世界是不够的，更重要的是改变世界。循环操作不光是一种理念，更是一种理念指导下的操作机制。建立起了一个好的机制，各方面就能如同一台精密的机器顺利运转。

构建循环操作机制的第一步是把问题进行抽象化，剥离出它的核心问题和共性特征，从而建立模型。所以，需要有意识地培养自己抽象思考、抓取本质的能力。

不妨多问自己：这个问题，从更高的层次来看，它的根源是什么？这样可以有效地锻炼自己思考问题本质的能力。

当然，过多的循环回路也会造成一定的负担。所以，我们要追求的是，在生活中，把相似问题、相关领域的回路合并进行拓展，用更高层次的框架去容纳它们，形成一个更大的回路。

（1）这个机制需要有实物载体，需要有"阵地"（见下表）

如同打仗要有阵地一样，循环操作不可能只是在大脑中空转的理念，必须有实物性质的载体。基于这些载体，循环操作才得以拥有物质基础。

循环操作的"阵地"

序号	"阵地"	内　容
1	错题本	错题本是循环操作的最主要"阵地"，可以通过将各种有价值的错题录入错题本中，实现对错题的有效循环复习
2	档案夹	可以将一些有用的材料、卷子等收进特定的档案夹
3	课本	课本是非常重要的阵地，大多数学科的首要任务都是看课本
4	晨读	通过特定时间的诵读来强化记忆
5	卷子或辅导资料	通过对卷子或辅导资料的循环重复来强化记忆
6	定时复习	固定时间、固定地点的作息安排也是循环操作机制的一部分

这个机制的规则要足够简单，流程要最小化、最优化。一个运转良好的循环回路，一定要有一套足够简单的规则：简洁，明确，无歧义，无须额外投入精力去思考。这样才能尽可能降低启动、运行、维护的时间成本、心力成本。如果每一步出错的概率是5%，那10个步骤都不出错的概率只有59.87%。所以尽量精简流程步骤，

去掉所有不必要的操作,就可以降低整体出错的概率。

(2)这个机制要有冗余设计

过分追求精简、简化,会导致机制过于精巧,容错率非常低。所以,需要人为添加一些必要的冗余,避免受到冲击时回路停转。什么样的机制算是必要的冗余呢?像增加一个验证的步骤,增设一个监督的机制,事先考虑好 Plan B 和应急预案,信息做备份,这些都是。举个例子,在高三复习备考期间,我每个月都会整理满满一大本错题本,每次回家,我都要把它们带上。可有次回家之后发现错题本全都不翼而飞!当时真是把我吓坏了,好在只是把错题本忘在教室了。打那之后,每次回家,我就不再把错题本全部带上,总是只带一部分,这样即便丢了,也还能剩点。

(3)这个机制要可以复盘

一个一成不变的循环回路是没有生命力的。所以,一定要留出复盘的时间,在过程中收集数据,及时记录下反馈,不断优化和迭代自己的循环操作机制。如同飞机上的黑匣子一样,一旦飞机失事,可以通过黑匣子中的数据对飞机的飞行状态进行模拟,进而找到事故原因。

(4)这个机制需要初期投入

这是构建循环操作机制中很难的一点。因为它要求克服大脑的本能,从较难的路径入手,把简单的问题复杂化,这同时也是必经之路。只有培养起了这个习惯,我们才能真正践行循环回路,避免受到短期反馈的驱动,只看重眼前,不断疲于奔命去救火。不妨从生活、工作中的小事开始,让自己多折腾一些,慢慢地适应这种思维模式,从追求结果过渡到专注于过程。

一开始,可以先针对一些简单的、高频的问题,试着去建立机制。在这个过程中,你会慢慢找到感觉,开始习惯用实验的目光和心态看待自己的学习和生活。接下来,再不断去改进和完善自己的回路,慢慢拓展,以提升自己的学习效率。

(5)这个机制要能够形成习惯

习惯就是大脑进入了预设好的“小恶魔”状态(即出窍状态)。习惯可以帮我们节省力气,为我们的大脑腾出空间进行别的活动。以倒车为例,第一次把车倒回车位时,你肯定是高度警惕。各种信息应接不暇,让你觉得倒车难如登天。但很快你就学会了对这些信息进行组块,只要脑中一出现“开始倒车”的念头,你就已经在倒车了。这时你的大脑就进入了一种出窍状态,在这种模式下,大脑无法清醒意识到它正在做的每件事。[144]

144　芭芭拉·奥克利. 学习之道[M]. 教育无边界字幕组,译. 北京:机械工业出版社,2016:83-84.

你可能想不到,自己受控于习惯性出窍状态的情况有多么频繁。这就是习惯的关键所在:在你执行习惯性动作的时候,不用集中注意力思考。

习惯性动作的时间有长有短。短暂的习惯性动作可以是对路人无心的一笑,或者是瞄一眼指甲干不干净。持续时间较长的习惯性动作,可以是下班回家后跑跑步或是看几个小时电视。

习惯的构成[145]

序号	循环的	内容
1	信号	这就是使你进入"出窍状态"的触发点。信号可以很简单,比如仅仅看到计划清单上面的第一个任务(提醒你"要开始做下周的作业啦"),或者是看到朋友发来的一条短信(提醒你"又可以偷懒了")。信号本身没有好坏之分,你对信号的反应,也就是你的反应程序才是重点
2	反应程序	这就是你的出窍状态——你的大脑在接到信号暗示时作出的常规性、习惯性的反应。"小恶魔"的反应可以是无害的或有益的,但在最坏的情况下,可能会有很强的破坏性、会违抗常识
3	奖励机制	习惯之所以得以发展和继续,是因为它能激励我们,让我们感到愉悦。拖延是一种很容易养成的习惯,因为它会迅速地奖励你,把注意力转移到更愉快的事情上去。好习惯只有得到更大的奖励,才能逃开拖延的魔爪。找到各种方式奖励自己学习的好习惯至关重要
4	信念	习惯的强大效果,来自你对它的信念。想要改变习惯,你需要做的是改变自己内心深处的信念。改变拖延的习惯,最重要的是要有"自己一定能行"的信念。你可能会发现,在工作、学习进展中一旦遭遇压力,你就会很渴望退回到原先令你更舒适的习惯里去。但你对新系统效果的坚信不疑,能够助你渡过难关。巩固信念的方式之一就是发展一个新的朋友圈。要想培养"我能行"的信念,就要多和抱有这种信念的同学相处。与志同道合的朋友共同建立一种鼓舞人心的氛围,这样就算你在一时的软弱中忘记了想要坚守的价值,朋友间上进的氛围也能够帮你不忘初心

(6)这个机制要兼顾周期性和突击性

循环操作是有周期的。比如,同样是从头到尾看一遍错题本,可以用一周,也可以用一天,这就是周期的不同。循环操作,既要考虑周期性,也要考虑突击性,这主要是基于"伤其十指和断其一指"的考虑。比如,住宿的同学周末回家,可能只有不到两天的时间,那么把所有学科都复习一遍显然是不现实的,索性回家一次只复习一到两个学科,或者只解决一到两个具体问题就可以了。再比如,我们在前文中提到的刷题计划示例,其中有一个要求就是要在1

---

145 芭芭拉·奥克利.学习之道[M].教育无边界字幕组,译.北京:机械工业出版社,2016:87.

天或 2 天之内将 4 个学科的卷子都兼顾到，这就是一个小型周期。

（三）迭代升级

人的思维，其实是自己所接触过的一切信息的聚合。你潜移默化接受的一切信息，会构建起你的思维框架。你的一切思考、分析和观点，都是建立在这个思维框架的基础之上。简而言之，你所接触到的一切，构成了你的大脑。

我们用来解答各种题目的"知识框架"，我们用来获取题目、吸收题目、提升能力的流程机制，都是这个大的思维框架的一部分，是大框架中的小框架。

思维框架，是用来解释现实、指导现实的。思维框架想要更加贴近真实，更加科学实用，就需要每隔一段时间，对它进行又一次的推翻、打破、修复、重建，对它进行辩证否定。这就是认知的迭代升级过程。

迭代出自计算机科学领域，是重复反馈的活动，其目的通常是为了逼近所需目标或结果。每一次对过程重复成为一次"迭代"，而每一次迭代得到的结果会作为下一次迭代的初始值。引申到刷题领域，就是要对已有的思维框架、刷题流程、操作机制通过自我迭代实现优化升级，这也是人的成长的过程。为什么我们通常认为很多中老年人的思想固化呢？就是因为他们的框架成型了，而且不愿意"打补丁"升级。而社会在变、时代在变，固化的认知难以应对变化的生活现实。

自我认知的迭代升级、操作机制的迭代升级，本质上都是一样的。那么，如何才能通过自我迭代实现认知升级呢？

（1）要摒弃"一步到位"的完美主义心态

在职场中，从事文字材料撰写工作的人大多明白一个道理：好稿子不是一口气写出来的，而是一遍又一遍改出来的。同样，在备考中、在刷题中，我们一定要一次性把所有事情做到尽善尽美吗？其实不是的。把一件事情一次性做好、做到极致是不现实的，更现实的做法是，先做出来，再想办法不断去优化它。完成优于完美，行动优于计划。要相信一点，那就是你是时时刻刻在成长的。这一刻的你所认为的完美，在未来的某一天一定会变得不够好。既然如此，不如让它跟随自己一起成长，也就是把核心的东西做到 80 分、90 分，其他的部分做到 60 分即可。关注自己在这个过程中的成长，并留出修改和优化的空间。用这种心态去做事情，你会发现，一切都会变得更加顺利。

（2）不要傲慢，更不要刚愎自用，要建立反思、怀疑和推翻的思维习惯

如果一个人的思维框架受到质疑和挑战，第一反应是什么呢？是否定，是习惯性的自我防卫。这种自我防卫恰恰是自我迭代的大敌。每次遇到这种情景，也许

都是一枚认知升级的种子，但可惜都被你的思维防卫机制扼杀于摇篮之中。

所以，如果你在思考问题的过程中碰壁了，或是觉得钻进了牛角尖，不妨跳出来，从更高的角度看待自己：有哪些观念是我认为不言自明、绝对正确的？如果不考虑这些观念会怎么样？如果站在这些观念的反面去考虑会怎么样？

建立这样的习惯，可以帮助我们摆脱错误观念的影响，将新的信息吸纳进来，完成对思维框架的再造和重建。一颗能够容纳两种全然不同观点的内心，才是真正强大的内心。你必须时刻让你的内心受到两种矛盾观念的冲击、磨砺，并在这个过程中不断反思和检讨自己，这样才能真正实现心智的成长。

还要特别注意不要傲慢。不能因为对新的观点、新的事物的傲慢心理，而不去认真对待它们。1903 年飞机刚被发明出来时，第一次离开地面飞行，只维持了 59 秒，被当时的人们嘲笑。记住，愚蠢和无知都不是生存的障碍，傲慢才是。

（3）养成文献综述、调查研究、实验验证的科学求知习惯

我们去知网随便下载一篇严肃的学术论文，会发现第一部分永远是文献综述。我们研究任何一个领域的内容，首先要做的其实就是看看前人都有哪些研究，否则很有可能犯了"为了造汽车，重新发明一遍轮子"的错误。以本书的撰写为例，我先是阅读了大量的相关文献，并且进行了文献综述。看一看前人都有哪些研究，他们的研究有哪些经验和不足，这样就能少走弯路。同样，考生认真阅读这本书的过程，也就是在做文献综述的过程。仅看我这一本书也是不够的，需要更多的相关学习资料来支撑。

调查研究也是必不可少的。"凡是忧愁没有办法的时候，就去调查研究，一经调查研究，办法就出来了，问题就解决了。"调查研究之后，要大胆假设、小心求证，用实验验证的方法，把自己当作"实验品"来进行实验。不同的刷题方法的效果肯定不一样，可通过实验来寻找最适合的方法。

比如，为什么要将语文和英语的作文单独抽出来进行练习呢？为什么要对文综和数学的小题扩大刷题范围呢？为什么数学的刷题不是套卷形式刷，而是将知识点单独抽出来刷呢？其实这都是实践中摸索出来的。刷题的很多流程都很难通过流程去精密计算出来，都需要依靠经验积累的沉淀，需要考生亲自去不断地调配、实验、观察、记录、改良、验证。

（4）广泛涉猎，扩大知识面，接触多学科，了解更多的核心原理

世界上不同的领域之间其实都有着一些共性，这些共性就是最基本的底层原理。量子力学和佛学，哲学和物理学，历史学和政治学，化学和社会学等，这些看似不相关的领域，很多底层原理都是共同的。很多时候，你无须去了解一

个领域的细节,只需要掌握这些基本原理,你就能掌握它的脉络,从而从更高的层次去看待这些领域。

不同领域之间的相互作用,可以让我们的思维变得更加立体,同时也可以拓展我们思考问题的通道。对于一个问题,我们将不再局限于一两条固定路径,而是用多元化、多路径的方式去进行思考,从而找到更好的、更高层次的解决方法。

所以,要保持开放的心态,扩大知识面,见识更多的可能性。查理·芒格就曾说过,他的智慧来源于他的思想格栅(格栅,就是栅栏)。什么是思想格栅? 栅栏是这样的形状:许多条竖木板和横木板相互交叉,划分出格子。在这里面,每条竖木板可被看作一个知识领域,而每条横木板就是知识领域之间的联系,它串联起了不同的知识领域。建立这样的思维后,你会发现只要掌握一些通用的核心原理,很多难题都可以迎刃而解。

(5)深刻认知并灵活运用联系的普遍性

世界的万事万物之间,必然存在着某种联系和共通之处。我们要做的就是找到这个联系。如果你以点状的形式思考和学习事物,那只能说明你还没有找到最本质的那条能够将它们联系起来的线。如同张三丰教张无忌的太极剑法一样,得意而忘形,所有的招式,所有孤立的点都是形式,真正的本质永远是点与点之间的联系。"正面搞不通,可以从其他方面着手,如同打仗……学习也是一样,正面的东西一时看不懂,就从其他的东西看起,先打下基础,就可以一点一点地搞通正面的东西。"

什么时刻你会感受到迭代升级? 那就是,某个时刻你突然有一种茅塞顿开的感觉,脑海里大量零碎的片段、想法、知识点突然间涌上心头,被一根根无形的线索联系到一起,组成了一张全新的、庞大的网络。这个网络是自洽的、完善的,你会感到以前所有的疑难和困惑,随着这张网络的建立而烟消云散。

四、4个关键:记忆为纲、题目为王、速度为要、自主为本

在使用有限刷题法,必须坚持"记忆为纲、题目为王、速度为要、自主为本"的十六字口诀,这十六字方针是决定刷题成败的关键。

(一)记忆为纲

记不住,一切就都等于零,记忆好坏关乎刷题成效和最终成绩。记忆是一切刷题行为的"纲",一切行为都要为记忆去服务,这点考生务必要牢记。

记忆是需要方法的,想记住就要讲究方式方法,就要提升记忆力。我们举一个小例子来说明。

在错题本中记录错题时，经常会遇到一个问题，就是去筛选和记忆一个错误的结论还是正确的结论？

比如下面这一道题：

下列选项中对"怜"解析不正确的一项是（　　　）

A. 楚人一炬，可怜焦土！（可惜，令人遗憾）

B. 可怜体无比，阿母为汝求。（可惜）

C. 可怜身上衣正单，心忧炭贱愿天寒。（值得怜悯）

D. 不遇知音者，谁怜长叹人？（怜悯，同情）

这道题选 B。"怜"应为"可爱"。

再比如这道题：

下列关于贞观之治的认识，不正确的是（　　　）

A. 隋末农民战争迫使唐初统治者吸取教训

B. 国家统一与安定为盛世的出现提供了条件

C. 唐太宗的励精图治是盛世出现的决定性因素

D. 人民群众的辛勤劳动为盛世奠定了物质基础

这道题选 C。

像以上这两道题，其正确答案恰恰是一个错误的结论，那么对待此类问题，该如何去筛选和记忆呢？

在回答这个问题之前，我想请大家思考一个问题：为什么谣言的传播总是非常容易，但辟谣却一点也不容易呢？

有一个非常简单的答案，你或许立刻就能想到：因为谣言一般都非常简单，但辟谣一般都不怎么简单。举个例子：维生素 C 和虾不能同吃，否则会砷中毒——谣言只需要这么一句就可以了。简单粗暴，煞有介事。

但辟谣呢？就要讲清楚：虾体内的砷 96% 是有机砷，不会和维生素 C 反应；4% 的无机砷和维生素 C 反应所产生的砒霜极其微量，远远达不到使人中毒的量；可能还要科普一下基本的化学知识、毒理知识等。在这种情况下，无论是传播，还是理解，后者的难度都会远远高于前者。

这个答案看起来很合理，但这就是全部原因了吗？其实不尽然，这只是很小一部分原因。

实际上，人脑有一整套完善的机制，来维持自己对世界的认知和理解始终保持稳定。这套机制，原本是被设计出来用在危机四伏的原始时代提高生存率的。但也正是这套机制，使得我们的大脑变得封闭和顽固，不容易被说服和改变，总是一意孤行,钻牛角尖,在错误的方向越陷越深。不仅仅是谣言,这套机制在生活中的方方面面,都在发挥着作用。

　　为什么比起复杂的信息,大脑会更青睐简单的信息?原因非常简单,为了更好地生存,大脑有一个特性:它会尽可能地节省需要消耗的能量。因此,越简单的信息越容易被大脑吸收——因为接收起来不费脑。同时,复杂的信息,大脑也会倾向于把它简化,从而降低认知成本。

　　怎么简化呢?大脑常用的模式,是把一段事实压缩成一个高信息密度的观点。但这也相应的有两个特点值得我们注意:一个是孤立记忆,一个是逆火效应。[146]

　　我们的观念不会凭空产生,一定都有诱因,这些诱因往往是一系列事实。但长期来看,我们会淡忘这些诱因,只留下最终的观念并储存起来——这就是孤立记忆。

　　孤立观念可能占了我们观念的绝大部分。比如,在你心里一直觉得 A 市的房价真便宜啊!为什么会这样想?原因也许是几个月之前,你的朋友跟你说,在 A 市郊区买了套房,地段比较偏,价格很便宜。但久而久之,这些细节就很容易丢失,只留下一个 A 市房价真便宜的孤立观念。

　　当我们形成了孤立记忆的观念之后,哪怕这些诱因被推翻、被更新——譬如说,你发现 A 市的房价其实也不便宜——也很难改变我们的观念了。因为原来的逻辑链条已经断掉了,你只记住了最后的结论。

　　另一个是逆火效应。就是说如果我们一直暴露在信息冲突的环境里,那些频繁但不够强力的反面信息,不但不会改变你的信念,反而会进一步强化它。

　　什么意思呢?假如你已经深信不疑某个明星是渣男的人设,那么当你看到他的正面信息时,你以为你会改变信念吗?不会。你更可能产生的念头是:这些都是买的水军和通稿吧……

　　为什么会这样呢?因为当一个信念不断地在你脑中生长、滋长,它就会慢慢地成为你的思想的一部分。

　　你会开始用它去思考周围的问题,把它作为你的思维框架,甚至作为你性格、态度、世界观的一部分。所以,推翻这个信念,意味着什么呢?你要否定你自己的一部分。这是一件非常痛苦的事情。

　　说到这里,我们一开始的问题也就有答案了,那就是:去记忆正确的结论本身,而不要去记忆字面意义上的"正确答案"。如果你一会儿记忆错误的结论,一会儿

146　本部分内容参考了"Lachel. 大脑的漏洞:你是如何走向狭隘和顽固的?[EB/OL]. 微信公众号'L 先生说',2019-12-05[2022-05-06]",在此表示感谢。

记忆正确的结论,那么时间长了,你自己也搞不清楚到底哪个是错的、哪个是对的。

当然,在具体处理时,可以利用逆火效应,"一题一议",灵活处理,比如可以将四个选项都写上,但是在正确的结论处用对比很鲜明的记号笔标出。

在记忆此类题目时,千万不要认为只记忆正确的结论就错过了另一些有价值的内容,不是的。相信我,只记忆正确的还记不完呢,不要想着啥都能记住,只记忆正确的就足够了。这个小例子说明,记忆确实是门学问,是需要方式方法的。

有的考生持有这样的观点:学到的内容只有记下来才有价值,如果我没记住,或者不会使用,那么一定是记笔记方法不对。他们会不断追求一套完美的记笔记方法,既方便记录,又方便提取、检索,最好还能便携、随想随用。

其实他们陷入了一个误区:认为学习(刷题)仅仅等同于"储存"。

我们要搞清楚一点:

学习(刷题)先是储存,然后是记忆,最后是应用。

什么意思呢? 无论是记忆力还是记笔记,着眼点其实都在于如何存放知识。但是看到了不一定记住了,记住了不等于会用了。刷过的题、学到的知识确实是一种资产,但资产要合理地储存,灵活地运用。

单单强调"存放"知识,是没有意义的。这些知识以原本的面貌囤积起来,并不会产生任何变化、价值——我们只是在复制它们,并没有真正让它们创造出新的东西。

为什么读了很多书、做了很多题,却没有起到任何作用? 很大程度上就是因为你只是在被动吸收这些信息,没有记住这些信息,更没有发挥出它们的价值。

如何将知识真正用起来? 本质的做法是将知识进行聚合、关联,让这些散落的知识点集聚成整体,涌现出新的特征、洞察力和方法。

在这个过程中,储存只是一个过渡阶段,甚至是最不重要的阶段。

那么,通过刷题来提升成绩的本质模式是什么呢? 如下图所示,这就构成了一个完整的流水线操作。

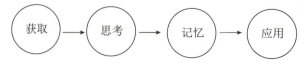

获取 → 思考 → 记忆 → 应用

囤积起来的只是信息,它本身是没有太大价值的。只有让信息流动起来,经过我们的深度思考加工,记忆整合,聚合成整体,再用来指导实际行动,才能成为知识。这就是通过刷题来提升成绩的过程,也是认知升级、不断自我提升的过程。

下面我们再来介绍几个非常实用的记忆术。

1.逻辑记忆法

一般而言,逻辑记忆是最准确、最高效的。一个东西它是有逻辑的,就更容易被记忆。比如,一堆乱七八糟的数字,我们是很难记住的,但是如果是 01,08,15,22,……这样的数列,我们就很容易记住。为什么? 因为它是有规律、有逻辑的,我们只要掌握通项公式和初始的数字即可。同样,当我们在背诵作文、记忆化学公式等内容的时候,首先要做的一定是去理解它,试图去掌握它的结构、逻辑、主旨、关键词、通用规律,在此基础上再去诵读记忆。我们在此摘录一篇报纸评论文章进行解析:

……

青年的理想信念关乎国家未来。青年理想远大、信念坚定,是一个国家、一个民族无坚不摧的前进动力。把树立正确的理想、坚定的信念作为立身之本,努力成长为党、国家和人民所期盼的有志青年,青春岁月就有了正确的人生航向。在第二十六届中国青年五四奖章入围者当中,有从事高精尖技术研究的科研工作者,有风里来雨里去的快递员,有学为人师、行为世范的小学教师,有扎根基层服务群众的驻村书记……他们把自己的小我融入祖国的大我、人民的大我之中,与时代同步伐、与人民共命运,实现了人生价值、升华了人生境界。理想指引人生方向,信念决定事业成败。要树立对马克思主义的信仰、对中国特色社会主义的信念、对中华民族伟大复兴中国梦的信心,在全面建设社会主义现代化国家新征程中勇当开路先锋、争当事业闯将,让青春在创新创造中闪光。

青年人朝气蓬勃,是全社会最富有活力、最具有创造性的群体。素质过硬,能够经得起风雨、受得住磨砺、扛得住摔打;享受了更加公平、更高质量的教育,科学文化素养迈上新台阶;适应社会、融入社会,参与社会发展进程,成为正能量的倡导者和践行者……新时代中国青年精力充沛、思维活跃,正在拔节生长、奋力奔跑,努力成长为堪当民族复兴重任的时代新人。事实充分证明,中国青年是有远大理想抱负的青年,是有深厚家国情怀的青年,是有伟大创造力的青年。无论过去、现在还是未来,中国青年始终是实现中华民族伟大复兴的先锋力量。

当代青年建功立业的舞台空前广阔、梦想成真的前景空前光明。勇挑重担、勇克难关、勇斗风险,才能担起时代重任。一方面,奋斗不只是响亮的口号,而是要在做好每一件小事、完成每一项任务、履行每一项职责中见精神,必须实学实干、埋头苦干,在攀登知识高峰中追求卓越,在肩负时代重任时行胜于言,在真刀真枪的实干中成就一番事业。另一方面,当今时代知识更新不断加快,社会分工日益细化,新技术、新模式、新业态层出不穷,对青年能力素质提出了新的更高要求,要珍惜韶华、不负青春,提高内在素质,锤炼过硬本领,使自己的思维视野、思想观念、认识水平跟上越来越快的时代发展。

……

来源:《人民日报》(2022年04月28日第04版),有删节

我们可以看到,这篇文章是有逻辑的,并且每一段也都有其自身的结构,下面我们对其进行标注分析。

青年的理想信念关乎国家未来。(青年理想远大、信念坚定,是一个国家、一个民族无坚不摧的前进动力。把树立正确的理想、坚定的信念作为立身之本,努力成长为党、国家和人民所期盼的有志青年,青春岁月就有了正确的人生航向。)(在第二十六届中国青年五四奖章入围者当中,有从事高精尖技术研究的科研工作者,有风里来雨里去的快递员,有学为人师、行为世范的小学教师,有扎根基层服务群众的驻村书记……他们把自己的小我融入祖国的大我、人民的大我之中,与时代同步伐、与人民共命运,实现了人生价值、升华了人生境界。)(理想指引人生方向,信念决定事业成败。要树立对马克思主义的信仰、对中国特色社会主义的信念、对中华民族伟大复兴中国梦的信心,在全面建设社会主义现代化国家新征程中勇当开路先锋、争当事业闯将,让青春在创新创造中闪光。)

青年人朝气蓬勃,是全社会最富有活力、最具有创造性的群体。(素质过硬,能够经得起风雨、受得住磨砺、扛得住摔打;享受了更加公平、更高质量的教育,科学文化素养迈上新台阶;适应社会、融入社会,参与社会发展进程,成为正能量的倡导者和践行者……新时代中国青年精力充沛、思维活跃,正在拔节生长、奋力奔跑,努力成长为堪当民族复兴重任的时代新人。)(事实充分证明,中国青年是有远大理想抱负的青年,是有深厚家国情怀的青年,是有伟大创造力的青年。)(无论过去、现在还是未来,中国青年始终是实现中华民族伟大复兴的先锋力量。)

当代青年建功立业的舞台空前广阔、梦想成真的前景空前光明。(勇挑重担、勇克难关、勇斗风险,才能担起时代重任。)(一方面,奋斗不只是响亮的口号,而是要在做好每一件小事、完成每一项任务、履行每一项职责中见精神,必须实学实干、埋头苦干,在攀登知识高峰中追求卓越,在肩负时代重任时行胜于言,在真刀真枪的实干中成就一番事业。)(另一方面,当今时代知识更新不断加快,社会分工日益细化,新技术、新模式、新业态层出不穷,对青年能力素质提出了新的更高要求,要珍惜韶华、不负青春,提高内在素质,锤炼过硬本领,使自己的思维视野、思想观念、

认识水平跟上越来越快的时代发展。)

　　上文加下画线的部分,就是这篇文章中具有标志性的语句,我们抓住了标志性语句,就抓住了这篇文章的"骨骼"和"脉络",立起了"四梁八柱"。括号括起来的部分是一个意思,一个段落就由那么几个意思构成。加着重号的是关键的词组结构。通过这样的拆解,我们就掌握了这篇文章的逻辑,懂了逻辑和关键点,自然就易于背诵和掌握了。

2.顺口溜法

　　顺口溜法这个记忆方法想必大家都很熟悉,应该也都用过,在此就不做过多介绍了。顺口溜法,在记忆元素周期表、朝代顺序、自然地理知识方面还是比较有效的。当然,同样一个东西,用不同的方法去记忆,效果也是不同的,比如元素周期表,既可以用顺口溜法记忆,也可以用下边的定桩法去记忆,考生都可以尝试尝试。

3.定桩法

　　定桩法,顾名思义,就是定下一堆桩子,靠着桩子的帮助来记忆东西。每个人可以根据自己的喜好、知识储备来定桩,我在这里只举个定数字桩的例子。如下表所示,我将0～100的数字,每个都结合它的发音或形状等去联想搭配一个事物。每一个事物和数字之间都是一一对应的,想到数字我就能对应相应的事物,想到事物我就能转换成数字。比如,数字"01"从形状上看像个"小刀",所以我们将"01"与"小刀"这个事物结合;数字"23"是篮球巨星乔丹的球衣号码,所以我们将二者对应;数字"79"的发音听上去像"气球",所以我们将二者进行组合。每个人都有自身独特的知识背景和生活阅历,所以不同的人遇到不同的数字可能会有不同的联想,可以结合自身去定桩。当我们去记忆大量数字的时候,只需要记忆由这些数字所对应事物串联成的故事就可以了。

01	小刀	02	鸭子	03	耳朵	04	红旗
05	鱼钩	06	勺子	07	拐杖	08	葫芦
09	猫咪	10	棒球	11	筷子	12	婴儿
13	医生	14	钥匙	15	鹦鹉	16	洋流
17	遗迹	18	尾巴	19	泥鳅	20	耳屎
21	鳄鱼	22	凉凉	23	乔丹	24	儿子
25	二胡	26	河流	27	耳机	28	恶霸
29	二球	30	三菱	31	重工	32	小三
33	石人山	34	三思	35	山谷	36	山路

（续表）

37	山鸡	38	三八线	39	三角	40	司令
41	司仪	42	四两	43	佛山	44	石狮
45	师傅	46	石榴	47	司机	48	死吧
49	私教	50	五环	51	劳动	52	吾儿
53	辅导书	54	护士	55	芜湖	56	物流
57	母鸡	58	网站	59	五角	60	榴梿
61	路演	62	驴儿	63	庐山	64	炉子
65	路虎	66	乐乐	67	卤鸡	68	路霸
69	足球队	70	麒麟	71	爱奇艺	72	妻儿
73	祁山	74	棋子	75	奇虎	76	气流
77	铁扇公主	78	奇葩	79	气球	80	巴林
81	军队	82	拔凉	83	爬山	84	消毒液
85	胖虎	86	漂移	87	八旗	88	粑粑
89	芭蕉	90	九〇后	91	酒药	92	九儿
93	团体	94	狗	95	猪	96	老鼠
97	香港	98	酒吧	99	澳门	100	眼镜

我们以背诵圆周率为例：在 3.1415926 之后的 20 位数字是：53589793238462643383。

这 20 位数字所对应的"桩"如下表所示：

53	58	97	93	23	84	62	64	33	83
辅导书	网站	香港	团体	乔丹	消毒液	驴儿	炉子	石人山	爬山

我们可以编造下面这个故事：

为了买"五三"（53）这本辅导书，我们浏览某著名网站（58），正在浏览的时候，人一下子穿越到了香港（97），看到了好多社会团体（93），他们中间是篮球明星乔丹（23），他手中拿着 84 消毒液（84），骑着驴子（62）往前走，突然天山掉下来一个火炉（64），人们都探着脑袋往前看，结果一下集体穿越到了石人山（33），所以就一起爬山（83）去了。

这个故事非常离奇，只要我们能记住它，就能串联起来这 20 个数字。这 20 个数字所构成的故事可以作为一个电视连续剧的第一集，每一集都是独立的故事，但是都有一定的连续性，这样我们就可以快速地记忆圆周率了。与之类似，记忆电话号码、身份证号、页码、数学公式等数字类的东西，都可以采取这样的方式。由这些意象所组成的故事，切记一定要足够的曲折、夸张、离奇、超现实，越是这样，越容易被记住。你想想，你在大街上逛街，一般长相的人你是记不住的，走过去就忘了。如果一个大明星过来了，你肯定会记忆很久；如果一个脸上纹了个很大的正方形的潮人走过，你大概率也会忘不掉。

4. 记忆宫殿法（迷宫法）

记忆宫殿法，就是在你的脑海中想象出一个属于自己的庞大的宫殿，或者仓库，或者迷宫，或者路线，或者图书馆等。在这样一个空间之中，所有的知识、题目、文章，都可以按照一定的规则进行检索。比如，你可以在脑海中建构一个从在宿舍起床到教室的路线：

睁眼→掀开被子→穿衣服→洗漱→下楼梯→去食堂→打饭→吃饭→去教学楼→进教室

那么，我们在记忆一些特定的东西时，可以将每一个场景都搭配上相应的记忆要素，这样就方便记忆了。

再比如，你可以在脑海中搭建一个图书馆，图书馆里按照字母顺序摆放着不同的书架，每一个书架又有好几层，你可以将数学错题本放在第一排第一列的第一层，将某一张数学卷子放在第一排第一列的第二层等。这样，通过形象的联想，就可以提升记忆效率。

5. 回想测试法

这个方法非常适合记忆古诗词、英语书面表达、短文类型的内容，其路线是：

阅读→理解→默写→核改→再默写→再核改→再阅读→再默写……

我们举个背诵古诗词的例子。

原文：

野　歌

[唐]李贺

鸦翎羽箭山桑弓，仰天射落衔芦鸿。

麻衣黑肥冲北风，带酒日晚歌田中。

男儿屈穷心不穷，枯荣不等嗔天公。

寒风又变为春柳，条条看即烟濛濛。

首先，我们要通读一遍这首诗，"鸦翎""嗔"可能不知道读音，那么首先要弄清楚。然后我们要掌握这首诗的大意。这首诗的大意如下：

译文：

拉开山桑木制成的弓，仰天射出用乌鸦羽毛作箭羽的箭，弦响箭飞，高空中口衔芦苇疾飞而过的大雁应声中箭，跌落下来。

穿着肥硕宽大的黑色粗麻布衣服，迎着呼啸的北风，在田野里烧烤着猎物，饮酒高歌，直到暮色四起，黄昏来临。

大丈夫虽然身受压抑，遭遇困窘，才志不得伸展，但心志不可沉沦。愤怒问天公：上天为什么要做有枯有荣这样不公平的安排？

凛冽寒风终将过去，即将到来的应是和煦春风拂绿枯柳。到那时缀满嫩绿的柳条看上去正像轻烟笼罩一般，摇曳多姿。

然后，我们对这首诗进行填空式的默写。一个可能的默写情况如下：

□□羽箭山桑弓，仰□□落□□□。

麻衣□□冲北风，带□□□歌田中。

男□□穷心不穷，□□□等嗔□公。

寒风又□□□柳，条条看即□□□。

方框位置可能是想不起这个字怎么写，也有可能是忘了该填什么，但不管怎样，这个位置是没有记下来的。正文的总字数是 56 个字，第一次默写错了 24 个，写对了 32 个，正确率约是 57.1%。核改过后，我们进行第二次默写，这次的正确率可能就是 90% 了。然后再进行第三次默写，正确率可能就是 100% 了。接下来我们再诵读两遍，基本上也就记住了这首诗。通过反复默写练习，提高了记忆力，再遇到新的诗，第一次默写的正确率就可能达到 90% 以上了。

需要说明的是，我们在记忆这首诗的时候，也可以抛开译文，先不去理解这首诗，仅仅是读一遍就开始默写，这样对记忆力起到的训练作用会更大些。

6. 闭耳诵读法

诵读是最基础、最基本的记忆方法。但是通过诵读来记忆，有以下三个问题：一是空气传导的效率低，诵读出来的内容，传导到自己耳朵里，进而进入大脑里，损耗太多；二是容易受到"噪声"干扰；三是有些内容没法诵读，比如有些数学公式、化学反应式。

针对这些问题，我们可以采取以下改进措施：

第一，诵读时捂住耳朵，以声音的骨传导代替声音的空气传导，减少损耗。

第二，以"白噪声"抵消"噪声"干扰，比如空调外挂机声、蝉鸣声、班级早读时的背景声都属于白噪声，而歌声、说话声就属于"噪声"，会影响诵读效果。

第三，读与看相结合，化整为零，反复看、重复看、不停看。

7. 思维导图法

思维导图也是比较常见的记忆方法，市面上有很多关于思维导图的书籍。不过在高考复习备考过程中，我是不太推荐这个方法的。思维导图虽然花里胡哨、特别好看，但是有那画画的时间，早就背好几篇作文了。我个人认为，对思想政治、历史这两个学科来说，画出知识框架图、结构图就可以了，没必要画得跟迷宫似的，太费劲了。

总之，记忆为纲是贯穿整个刷题过程的主线，一切刷题的行为都要围绕这个主线来进行。记忆力好不等同于成绩高，但是记忆力是一切学习的基础，我们必须在刷题中注重提升记忆能力。不管什么记忆方法，用心、用脑、投入时间、利用遗忘规律进行重复都是必需的。方法再好，不用心不行，不复习不行，复习得少也不行。

（二）题目为王

有一天下班开车，我听广播里的专家在指导中学教育时说道："要让孩子学会爱和勇气，不能让孩子就知道应试，blabla……"

当时我就想笑：爱和勇气能让你上名校吗？不能！但是高效刷题可以！还有，刷题和爱、刷题和勇气是对立的吗？难道不能通过刷题来建立考生对学习的信心和热情？

我们反对机械刷题、题海战术，但是要想提高成绩，离开做题就是空中楼阁、无源之水。酒是"粮食精"，题是"知识精"。无论是基础知识、素质拓展、解题技巧、思维训练，都是由一个一个具体的题目构成和反映的。考生要想逆袭，就要打心底里鲜明确立起"题目为王"的备考导向，使这个主抓手形成抓成绩提升的完整链条和体系。

刷题是提高成绩的长久之策，不是权宜之计，要持续定期常态化开展，以刷题的主动轮带动人生成长的所有轮子一起转，进而形成强大的新动能。

树立题目为王的理念，就是让考生养成"题目化"的思维，发现问题、解决问题，用题目化的思维来想问题、办事情，一切行动围绕着掌握题目去开展。

在这里重点强调一下错题本的重要性。因为在有限刷题法的框架里，错题本是非常非常重要的刷题"阵地"。

有些考生喜欢记纸质笔记，把错题记到不同的、花里胡哨的本子上；有的喜欢利用现代工具，把笔记、错题记录到手机上、平板电脑上；有的则喜欢把错题弄到一个又一个零散的便签纸上……。可是有一个问题：

记了这么多笔记和错题，然后呢？

很多时候，就没有然后了。

当然有的考生会说，我给笔记、错题都做了详细的标签和分类，我会定期复习回顾，我会分享给同学，我遇到问题第一时间会检索笔记，考前我会反复温习错题本……诸如此类。

但请稍等，好好思考一下：在过去的一年里，你做的这些功课，能用到的有没有 10%？记到头脑里的有没有 5%？

我想绝大部分考生都达不到这个数字，如果到了这个数字，成绩一定是不会差的。

我在开始逆袭之旅前，曾经有一段时间，也特别喜欢记错题、囤积笔记。那时，我也尝试着把不同学科的错题记到不同的笔记本上。可后来实在不堪重负，不了了之。

我发现我的成绩、排名并没有任何改变，这说明什么呢？这说明这些错题、这些笔记对我来说，其实相当于没有什么作用。

此后，我再也不去囤积笔记、囤积错题（当然，不记录错题和笔记也是不对的，是另一个极端）。

这就是说，大量低效地去记录错题、笔记，只会带给考生一种错觉，除了感动自己也没有别的什么作用了。这样做只是把记录当成学习，把收集当成拥有，把浏览当成内化，把信息当成知识。要明白，获取信息不等于内化信息，见过题目不等于能解出题目。

我一直在强调有限性，就是说考生要意识到，大量无用、杂乱、低价值的信息，正是需要被舍弃的。

什么是无用、杂乱、低价值的信息？简而言之，就是没有必要重复的东西。

比如，一些特别简单或者特别复杂的题目。特别简单的题目，知道就行了，记录下来没什么意思。特别复杂的题目，记录下来了，超出了自己的能力极限，记下来即便再次遇到也还是做不出来。但是，如果一道题目，能给你带来一些有用的东西，那么它就有记录的必要，是高价值的。比如我多次举例的"15×4"和"14×5"，这两个计算都非常简单，可是在高度紧张的考场上确实容易出错，那么虽然简单，它也有记录的必要。

比如，一些看似很实用但其实没什么用的顺口溜、口诀、高频考点、易混淆点、高级技巧。这些东西乍看上去真是好啊，但是你会发现这些东西实在太多了，而且自己根本记不住啊！最主要的是，这些都是别人总结的，不是你本人原创的，做到灵活运用十分困难。比如，我在网上见到有人总结的几个口诀："禅让制遭破坏，夏商建立齐开怀""齐楚秦燕赵魏韩，东南西北到中央""1649，查理便走，1793，路易升天"……这些知识点，要么没有到需要编口诀去记忆的程度，要么就是容易产生歧义（因为不是自己编的）。

（三）速度为要

在复习备考时，要有沉下来、慢下来的战略耐心。但是在考场上，做题速度、答卷速度关乎成败。

考生一定要牢记一点：

高三特别努力，水平特别高，但是高考考场上题没做完、卷子没写完，一切等于零。

再重复一遍：

高三特别努力，水平特别高，但是高考考场上题没做完、卷子没写完，一切等于零。

这提示我们要做好两点：一是在复习备考的大周期上，既要保持战略耐心，又要做好时间管理；二是要求我们在考场上解题时，要做好速度管理，不浪费一分一秒。

1. 我们先说战略上的时间管理

时间就是金钱，或者说时间是比金钱更重要的资源。那么，我们到底有多少时间资源是可以支配的呢？这是涉及时间管理的一个基本问题。

许多考生都感觉时间管理离自己很远，只是把它当作一种概念和理论，于是很容易出现想得很美好，但没办法实现的状况，或者定好目标就束之高阁了，根本没有考虑实际操作的可行性。

其实，管理时间就是在给自己"算账"和"数钱"；它是一个非常具体和精确的过程。我们要弄清楚自己有多少"本钱"，想做什么事情以及分几个步骤来做。

（1）要灵活运用穿插学习的方法来提高超值回报

在某种程度上，清晨时光就是生命的本质。[147] 睡眠和休息丧失了时间，却取得了明天工作的精力。如果有什么蠢人，不知此理，拒绝睡觉，他（她）明天就没有精神了，这是蚀本生意。[148]

与其过度学习，不如穿插学习。过度学习是指学生已经掌握了某些知识，但仍对其不断地进行钻研和练习。一个例题或许就能帮学生获得某类难题的正解，可他（她）紧接着又重复做了更多同类题目。尽管做更多同类题目常能让学生在接下来的考试中的成绩突飞猛进，但在整个学习过程中，刚学会就做太多同类题目，效果反而不好。

不管在教室还是哪里，学生应在每个学习或练习的单元时间内，把学习内容尽量最大化，也就是应该让自己的学习时间得到超值的回报。怎样才能做到呢？文献无一例外地回答：与其在同类技巧、概念上投入太长时间去学和练，不如把精力

---

147 叔本华.一切都在孤独里成全：叔本华的人生智慧[M].李东旭,编译.苏州：古吴轩出版社,2018：192.
148 中国中共文献研究会编订.毛泽东箴言[M].北京：人民出版社,2009：296.

分配到更短的学习时间段上,以避免过度学习。这不是说长时间学习就一定是坏主意。只要学生不在同类技巧或概念上投入过多精力,那么学习时间长一点并没什么坏处。一旦理解了概念"X",学习重心就应该转移到别的概念上,过几天再来回顾概念"X"。[149] 需要说明的是,特殊时期、关键时刻,是需要过度学习的,比如在高考前,就是需要通过过度学习来找到题感。

(2)拖延会成瘾

拖延所提供的片刻兴奋与解脱是乏味现实的避风港。因此,你轻而易举地欺骗自己,上网查资料比看课本、做作业更能高效地利用一切时间;你也会自欺欺人地编故事:比如有机化学需要空间推理,而这正是你的弱项,所以你学不好是天经地义的;还有那些冠冕堂皇的荒唐借口:如果我考试前很久就开始学,我会忘。你可别忘了,别的学科也有考试,到考试那天要一次学完所有欠下账是不可能的。

研究者发现,拖延症不仅可以作为技不如人的借口,甚至会成为虚荣心的温床。"我作完了实验报告,参加了市场调查之后,昨天才开始备考的。当然啦,我本来可以做得更好。但有这么多事要忙,这样已经很不错啦。"更有甚者,哪怕是那些努力学习的人也会误以为拖延能让他们显得精明能干:"我是昨天一晚上补完的期中考试内容哦!"

长达几个世纪以来,杀人者都对砒霜青睐有加。只要在早餐面包上撒一点,用不了一天你就会痛苦地一命呜呼。然而,在1875年的德国文理协会第48届会议上,有两个人坐在观众面前,轻松从容地服下了两倍于致命剂量的砒霜。可想而知,那时大家有多震惊!可第二天,他们又面带微笑地回到了会场。尿检显示二人并没有使诈,他们确实服食了砒霜。

但是怎么可能有人服砒霜却不死,甚至看起来若无其事呢?

这个看似无关的故事与我们讲到的拖延时间有许多可以类比之处。了解一些拖延症的认知心理学原理,就如同了解毒药的化学原理一样,能够帮助我们形成有益健康的预防机制。两位实验者事先服用过极少量的砒霜。微量的砒霜对人的危害并不大,甚至会让人产生免疫力。这种做法可以让你之后承受更大的剂量,还显得健康如故。然而,在肉眼不可察之处,它们会潜移默化地增加你的患癌症风险,并损坏你的器官。[150]

(3)要充分利用碎片时间高效学习

在考生的学习和生活中,有大量的碎片时间,比如课间休息、上下学的路上、食

---

149 芭芭拉·奥克利.学习之道[M].教育无边界字幕组,译.北京:机械工业出版社,2016:66-67.
150 芭芭拉·奥克利.学习之道[M].教育无边界字幕组,译.北京:机械工业出版社,2016:73-79.

堂排队打饭的空隙等,这些时间应该怎样高效率地利用? 我想,很多人都会选择读书、看公众号,或者听讲座、公开课。这很好,总比发呆或者什么也不干好得多。但是,这仍然不是最高效的利用方式。

高效刷题法,所谓高效就是要求提高时间的利用效率,这些零零散散的时间都是可以挖掘的"富矿"。

为什么呢? 因为碎片时间在整个时间中的占比是很高的(按一天 8 小时睡眠、10 小时课堂时间计算,一天之中的碎片时间就差不多有 6 个小时。无法压缩的吃饭、洗漱、排泄、必要的休息等所需时间按照 2 小时计算,一天之中差不多有 4 个小时的碎片时间),如果完全不加利用,实在太过可惜。

很多知识并不是考生单纯依靠课堂学习就能掌握的,因为这些知识需要不断地去重复记忆。当然有些知识往往结构复杂,有着严格的推理过程和思考逻辑,你要完全进入作者的语境里面,跟着他(她)的思路,分析其论证过程,记住其结论,这在很多时候无法在碎片时间里完成,往往需要整块时间。

碎片时间要和整块时间相结合,化零为整和化整为零两个思路要灵活运用。

那么,对于碎片时间,最好的利用方式是什么呢? 不是学习和吸收新知识,而是重复记忆和定点思考。

①重复记忆,就是利用大量碎片时间来重复一些必须记忆的东西,它们可以是课堂里没有记住的知识点,也可以是其他必须记住的知识。我在高三的时候,利用课间休息的时间快速翻阅错题本,以此巩固记忆;利用上下学、打饭的时间,将一些经典古诗词名句装入口袋快速背诵,以此提升掌握的熟练程度。

②定点思考,就是把工作、学习中遇到的问题,分解成一个个更小的问题,然后把它们列成清单,随身携带,利用碎片时间进行思考和推导。在这个过程中,把取得的任何进展和反馈都记下来,便于下一次继续思考。这就是把工作化整为零、逐步攻克的最好方式,也是最能节省时间的方式。

那些看起来很聪明、成绩很好的学霸,其实并不是真的比我们聪明多少,而是因为他们在生活中的每一秒,在别人发呆、放空、浑浑噩噩的时候,都时刻在脑中对各种情形、各类题目进行思考、推演、分析,所以对各种路径和结果早已烂熟于心。

我们要注意的是,避免同时处理多任务对我们造成的负面影响,在这方面有以下技巧:

①冥想。如果你即将开始一项工作,而大脑中还残存着许多杂念时,不妨先闭上眼睛,深呼吸,尝试着与它们和解,告诉自己不要焦虑。很多时候,给自己一些正

面的心理暗示,以及通过一些操作——比如用悠长、缓慢的深呼吸,刺激分泌内啡肽,传达出平静、舒缓的信号,可以让身体镇静下来,降低自己的焦虑水平。深呼吸的时候,不妨回想自己以前的优秀表现,想象那些正面的、令人兴奋的场景,提高整个人的信心,提高大脑的活跃程度。这会有助于把注意力集中在手头即将开始的事情上。

②**向自己提一个问题,尝试去解决它**。"问题"是最能够吸引注意力的东西。在开始一项工作之前,提一个问题,并在实践中寻求答案,会为你的刷题增加乐趣,提高注意力。这样一来,就可以把枯燥的刷题变成一个寻求答案、解决问题的过程。这可以显著提高自己集中精力的意愿。

③**利用白噪声**。什么是白噪声? 在班级内早读时的噪声、咖啡馆背景的嘈杂声、树林里的风声、流水声、火炉里噼啪的声音、路人杂乱的交谈声等都是白噪声。这些声音对大脑来说是低优先级的,不会给大脑造成任何负担;二是它们可以掩盖各种突兀的、细小的噪声,从而帮助你跟环境隔绝起来。也可以听轻音乐,但是注意尽量不要听有歌词的音乐,也不要听摇滚、重金属等律动感太强的音乐,因为它们会吸引你的大脑的注意力。

④**将琐事集中在同一个时间段处理**。不要急着玩微信、QQ、游戏、抖音,专心致志刷题,等告一段落或者感到疲倦时再休息一下,将这些琐事都搞定。

⑤**隔绝干扰**。如果可以,挑一个单独的、确保不会受到任何干扰的地方刷题。当然,很多时候这一点主要看班级的具体情况,而不取决于自己。

⑥**奖赏期待**。什么叫作奖赏期待呢? 简而言之,就是在自己的生活中多创造一些可能性、不确定性,让自己收获不经意的喜悦。比如,告诉自己:如果刷题顺利,就给自己买一个一直想要的东西,作为一个小奖励。这可以使我们始终对生活充满期待,保持良好的多巴胺水平。再比如,在业余的时间,参加一些团体、运动,让自己怀揣认识更多有趣的人、获得新的生命体验的期待,从而来有力地消除每天学习生活的慵常和疲惫感。这些都是让生活充满阳光的方式。

⑦**适度放松**。通过适当放松,可以提升大脑中的多巴胺和血清素水平,让自己保持一个良好的状态。比如,多晒太阳,日光可以有效地促进血清素分泌,让人的情绪变得舒缓、柔和;多运动,可以有效提高血清素水平,从而有效地缓解焦虑、压力,提高幸福感;偶尔看一些有趣的视频,既不容易上瘾,又能了解一些稀奇古怪的知识,还能让自己得到有效的放松;少摄入碳水,多摄入一些氨基酸均衡的高蛋白质食物,比如瘦肉、蛋、奶,可以为身体制造血清素提供原料。

2.我们再说战术上的速度管理

电影《功夫》中有这样一句话:天下武功,唯快不破。我们平常说"又快又好"或者"又好又快",其实我的体会是,首先要做到"快",先"快"而后能"好",越快越好。

链　接

火神山医院简介

武汉火神山医院位于武汉市蔡甸区知音湖大道,是参照 2003 年抗击非典期间"北京小汤山医院"模式,在武汉职工疗养院建设一座专门医院,集中收治新型冠状病毒性肺炎患者。医院总建筑面积 3.39 万平方米,编设床位 1 000 张,开设重症监护病区、重症病区、普通病区,设置感染控制、检验、特诊、放射诊断等辅助科室,不设门诊。

2020 年 1 月 23 日,武汉市城建局紧急召集中建三局等单位举行专题会议,2020 年 1 月 24 日,武汉火神山医院相关设计方案完成;2020 年 1 月 29 日,武汉火神山医院建设已进入病房安装攻坚期;2020 年 2 月 2 日上午,武汉火神山医院正式交付。从方案设计到建成交付仅用 10 天时间,被誉为中国速度。

2020 年 1 月 23 日下午,武汉市城建局紧急召集中建三局等单位举行专题会议,要求参照 2003 年抗击非典期间"北京小汤山医院"模式,在武汉职工疗养院建设一座专门医院——武汉火神山医院。1 月 23 日 13 时 06 分,中国中元国际工程有限公司收到了武汉市城乡建设局的求助函。78 分钟后,修订完善的小汤山医院图纸送达武汉。同时,以黄锡璆为组长的技术专家组在京组建,小汤山医院曾经的设计团队时隔 17 年再次集结。2020 年 1 月 23 日下午,中信建筑设计研究总院(简称:中信设计)接到武汉火神山医院的紧急设计任务,迅速组建起 60 余人的项目组,当晚即投入设计工作。中信设计在接到任务 5 小时内完成场地平整设计图,为连夜开工争取到了时间;24 小时内完成方案设计图,获武汉市政府认可;经 60 小时连续奋战,至 1 月 26 日凌晨交付全部施工图。1 月 23 日 17 时,在武汉,作为火神山医院建设的牵头单位,中建三局召开应急医院施工筹备会,即刻筹备各项施工资源。1 月 23 日 22 时,来自中建三局和武汉建工、武汉市政、汉阳市政等企业的上百台挖掘机、推土机等施工机械紧急集合,通宵进行场平、回填等施工。1 月 24 日起,武汉华胜工程建设科技有限公司组队进入火神山医院开展现场监理工作。

2020年1月24日凌晨1时,中建三局在施工现场召开抗肺炎应急工程建设领导小组第一次会议,并成立应急工程建设现场指挥部。凌晨,医院建设指挥部已调集了35台铲车、10台推土机和8台压路机抵达医院建设现场,开始了土地平整等相关准备工作。当天,武汉市毫米科技工程有限公司等单位的人员奔赴火神山医院工地,用北斗高精度技术为医院建设进行放线测量。他们为建设方提供北斗RTK设备,利用北斗的高精度测量技术为医院建设进行基础测绘定位与施工,多数的测量都是一次性完成工作,节省了大量时间。

2020年1月29日,武汉火神山医院建设已进入病房安装攻坚期。现场4 000余名工人、近千台大型机械24小时轮班继续抢建。场地平整和回填全部完成,板房基础混凝土浇筑完成约90%;300多个箱式板房骨架安装已经完成,约400个场外板房完成拼装;水电暖通、机电设备等材料全面到位,已同步开始作业。1月29日晚,中铁工业旗下中铁重工收到武汉市政集团支援武汉火神山医院建设通知。1月30日8时,援建队伍奔赴火神山医院施工现场抢工期。

2020年1月31日下午,在火神山医院电力施工现场,4台环网柜和24台箱式变压器的送电工作正式开始。1月31日23时49分,经过国家电网施工人员五天五夜的奋战,火神山医院全部通电。1月23日晚,中国铁塔湖北分公司主动向省委省政府、省通信管理局请命,随武汉火神山医院同步推进移动通信网络覆盖,会同当地三家运营商一起努力,确保移动通信网络设施与医院同步交付使用。

2020年2月1日,武汉火神山医院完成电力工程施工,顺利通电。

2020年2月2日上午,武汉火神山医院举行交付仪式,火神山医院正式交付人民军队医务工作者。

2020年2月4日,武汉火神山医院开始正式接诊新型冠状病毒感染的肺炎确诊患者,并于当日9时许收治首批患者。2020年2月13日下午4时,经过火神山医院医护人员8天的精心诊治,7位新冠肺炎患者的临床症状和核酸检测达到出院指标,成为火神山医院第一批痊愈出院患者。2020年3月15日,武汉市建立梯次转移工作机制,轻症患者将转至火神山医院等7家医院。2020年4月15日火神山医院正式休舱。

火神山医院的设计、施工,就是特殊情况下凸显速度重要性的一个经典例证。

知识链接

何为高周转?

房企高周转模式由来已久。一个项目投入一次赚10%,如果一年周转10次的话,年回报就是100%。现金流回正的时间对开发商而言非常重要。

2004年左右,万科以美国帕尔迪为标杆企业,引进了高周转模式,主要是最大限度地提升资金的流动性和使用效率。

从根本上讲,高周转是强调资金的使用效率。业内较早研究高周转模式的赛普咨询表示,高周转企业的核心经营逻辑是通过回收自由资金及项目现金流贡献来实现规模发展。

对于开发商来讲,高周转主要反映的就是投资效率,新城控股高级副总裁欧阳捷称,高周转可以提高资产收益率。就好比通过采用大规模、自动化生产线生产的汽车,要比手工制造老爷车的生产效率更高,投资回报率当然也就更高。

因此,高周转涉及房地产开发的各个环节,是企业综合能力的体现,产品的标准化程度、流程的高效与否、团队的专业能力,以及供应链、供应商资源等,都关系到资金周转的快与慢。

为了能更好地理解高周转和资金的使用情况,一位房企人士进一步介绍称,一个房地产项目从拿地到封顶交付,有两个关键的时间节点:第一个是开盘,涉及前期投入资金的回正;第二个结构封顶,涉及快速回款和再开发。"前期的资金投入一般是开发贷、大股东借款等,有一定的资金成本,一般总部都会有一个现金流回正的考核要求,这个节点以开盘为准。第二个节点是结构封顶,根据相关文件规定,商品房必须在结构封顶时才能取得商业银行的个人购房按揭贷款,所以开发企业想要获得这方面的流动资金,都会对上述两个节点控制严格。"

同样,在考场上唯快不破,先快而后能好。如果一道题花费了几十分钟的时间才解出来,那就失去了实际意义。为了提高速度,要做好以下两点:

(1)在平时备考时,要增大冗余设计,以快为先

以高考为例,语文、文综、理综通常是150分钟,数学、外语通常是120分钟,那么考生平时在做卷子的时候就一定要增大冗余设计,备足提前量,不能在平时就习惯于把时间给用没了。在我高三的时候,同学们周测做文综卷子,往往是时间延长30分钟也写不完,而我则是提前30分钟就写完了。当然,速度快未必分数高,但

是速度快是必须的,首先要速度快,在快的基础上再力求得高分。

平时训练增大冗余设计的最重要考虑,就是考场上的紧张情绪。很多考生上了考场大脑就一片空白,手不自觉地颤抖,平时一道题 3 分钟,考场可能需要 10 分钟;平时写 10 个字要 5 秒钟,考场上就可能需要 10 秒钟。所以必须把功夫放在平时,加快书写速度。

特别要注意的一点就是,平时训练一定要实打实地去书写。比如作文,平时训练的时候,光在大脑里琢磨一下思路而不去动手写是不行的。实打实地去书写,才会发现各种各样的问题。

(2)在考场上,不能浪费一分一秒

比如,一道 5 分的题目,花费了 10 分钟还没解答出来,这该有多危险啊!所以遇到不会做的难题,立即放弃,做下一道,采取先易后难的策略,迂回前进。

(四)自主为本

其实这个标题完整的表述应该是:独立自主地应用为"本"。在整个复习备考过程中,必须坚持独立自主,必须坚持自主创新,必须坚持以应用为主。刷题的关键不在于"刷",而在于通过"想"来实现"用"。关于独立自主的重要性在前文已经阐释了,这部分主要强调应用的重要性。

很多考生犯的一个错误就是:他们见过了很多知识点,但实际上对于这些题目和知识点的认知只停留在字典式认知的层级,甚至有非常多的错误和缺漏。

什么叫字典式认知呢?

我们举个例子,比如,什么是记忆曲线?

这个问题非常简单,绝大多数人都能脱口而出:不就是一个表示记忆随着时间而衰减的曲线吗?但是,这个模型是在什么情形下提出的?它主要用来做什么?学术界怎么看待这个模型?有哪些争议、补充和修订?如今一般用来做什么?有没有更好、更有效的替代选择?这些,很多人就回答不出来了。

这就是字典式认知。他们对知识的理解,停留在识别的程度,就像字典:这个词是什么意思,它的解释是什么,一句话讲完,没了。

但更重要的是什么呢?它的来源,它的用法,它的发展脉络,它的应用场景,它的相关研究、讨论,以及透过它我们可以联想、整合起哪些相关的知识,构筑成一个更大的什么框架等。

你是真的在学东西,还是只是在满足刷题的幻觉?

再重复一遍:题的关键不在于"刷",而在于通过"想"来实现"用"。

简而言之:你花费多少脑力,能够获得和巩固的知识就有多少。费尽心思去省时间、省脑力,结果就是收获会等比例减少。如何才能让大脑觉得一个知识重要呢? 最简单的办法就是去"想"。绞尽脑汁、千方百计地从不同角度、不同层面去想,去"围攻"它,把它拆散了再重新组装起来。

正是这个拆散了再组装的过程,把我们做过的题、学到的知识点,牢牢地嵌入我们的大脑里。

所以你读再多的干货,看再多的笔记,不动脑,也是没有用的。

知识体系矩阵

基础知识	模块知识	零散信息
教学授课	整理输出	信息渠道
发散联系	系统化	开放迭代

这是一个知识体系矩阵。[151] 它由 9 个元素构成,分别代表了建立知识体系过程中至关重要的 9 个方面。下面我们来深入探讨。

1. 我们学什么? ——三种知识

什么是知识体系? 知识体系是跟碎片知识相对应的概念,是高度有序的知识集合,它由大量的知识点和有序的结构两部分组成。

所谓有序,就是在知识体系内的所有的知识点都有机地连接在一起,自己知道某一个知识点应该放在哪里,也知道它会通向何方,更知道如何去使用。有属于自己知识体系的人,往往表现出来的样子就是对某个知识领域非常精通,无论问他(她)关于这个方面的什么问题,他(她)都能从你的问题切入,旁征博引,将大量的原理、机制、知识点娓娓道来,清晰而严谨。在他(她)脑海中,如果说碎片知识是一张张街景的速写,那么知识体系就是一副完整的地图。

如何建立属于自己的知识体系呢?

我们需要从三个层次切入,分别是基础知识、模块知识、零散信息。

(1)基础知识

如同盖一座大厦需要先打好地基一样,知识体系的根基是大量的基础知识。没有量的支撑,再精巧、复杂的结构也是无意义的。所以建立知识体系的第一步,就是要见识足够多的基础知识。这一点至关重要,但许多人却往往在这一步就走错了路。

比如,学英语首先得认识单词吧? 基础的单词都不认识,就是阅读理解能力再

151　本部分内容参考了"Lachel. 建立知识体系,这份指南就够了. [EB/OL]. 微信公众号'L 先生说',2018-03-04[2022-05-06]"。

强,也是没办法做题的。学物理,基础的力学定律得知道吧?学化学,元素周期表得知道吧?

基础知识是广博且客观的,它能告诉你这个学科是研究什么的,用什么方法去研究,目前有哪些普遍认可的原理,它可以将你的思维方式调整到这个领域的公认模式。

(2)模块知识

如果说基础知识是构成知识体系的地基或者原料,那么模块知识就是让这些原料发光发热、建立有序结构的方式。

人类是由意义驱动的族群。我们所有的知识,本质上都是为了某种目的而存在的。不存在没有源头、没有意义的知识。比如勾股定理,"$a^2+b^2=c^2$"只是一个客观的知识,而"$a^2+b^2=?$"这样一个问题则是一个有"意义"的知识。所以说,一个问题及其答案,就是一个模块化的知识。最好的学习方法是什么?就是问题驱动。先有了一个问题,对某个事物产生了兴趣,你再去探索它,去完善和丰富自己的知识体系,来试着解决问题,进而得到答案,这才是最有效的学习过程。只有采取问题导向,用这种方式去思考,才能更好地激发和活化所学到的知识。

比如,背诵大量的古代诗歌的目的不是为了机械地记忆,而是看能不能从这些诗歌中发现哲理,能不能总结出诗歌写作或赏析的技巧,进而为己所用,这就形成了一个有序的结构,即一个模块化的知识。通过这种方式,你才能对学到的基础知识赋予意义和价值,使其体系化。

(3)零散信息

基础知识和模块知识共同构造了知识体系的绝大部分。剩下的一部分,就是零散信息。

零散信息简单来说,就是对于前两者的补充和更新。

任何一个领域都在发展之中,不断地修正之前的小错误、在某些方向进行探索。它们的形式,可能是新闻、论文、网络文章、书籍等。知识体系不是静态的,而是一个需要不断迭代和完善的动态系统。必须有新的水流进来,再经过冲洗、过滤,才能不断维持它的生机活力。

比如,1930年天文学家发现冥王星,并将其视为太阳系第九大行星。但是随着人们认识的不断深入,2006年国际天文联合会正式定义行星概念,将冥王星踢出行星行列,化为矮行星——这就是一个"更新包"。那么当你看到这则新闻后,就应当意识到,哦,我的知识体系需要更新了。

所以,知识重要,但应用比知识更重要。学无止境,知识永远在路上。

2.我们从哪里学？——三种方式

（1）教学授课

要想入门一个学科领域，你需要好的基础知识材料，但尚未入门的人又如何去分辨什么才是好的学习材料？所以你需要课堂授课，需要老师教学。

课堂教学虽然备受诟病，比如个性化不足、知识更新慢等，但是课堂教学起码能够保证讲授一些基础的、被大家公认的通识知识。当然，课堂教学也可以是广义的，你的朋友、父母、同学、明星，任何一个人，甚至也可以是一个网站、一个服务、一个在线教育平台。

教学授课的作用是为你提供一条有效的学习路径。什么是学习路径？你该从什么地方入门，然后学什么，再然后学什么，接着学什么等。一条好的学习路径，必定是由易到难、由浅入深、由广至专的，它会保持一定的梯度和难度。这凸显了一个好的学校、好的老师的重要性。

（2）整理输出

想要将知识内化于心，光靠机械记忆来输入是远远不够的。经过整理，然后输出才是最好的内化方式。

如何更好地记住一个知识点？其实很简单：把它用你自己的话说出来，教给别人。但是，在我们的日常学习中，太多考生只注重输入，而忽视了输出。

他们听课、做题、背书、刷朋友圈、看新闻、读书、聊天，都是在输入，但输入之后呢？真正能够记住、能够纳入知识体系的很少很少。他们不断地用输入的新鲜感来刺激大脑，以虚假的学习感、掌控感来麻醉自己，却一直害怕思考和输出，这样是不利于知识的系统化的。

（3）信息渠道

信息渠道是指我们获取一切碎片化信息的来源。

碎片化的学习有其作用，它的意义在于更新和补充，而不是建造。如果你对一个学科、一个领域一无所知，那么，碎片化信息有害无益。因为它们往往简单、片面、直观，难以构建有效的逻辑和结构。你所得到的只是一堆砖头，而不是一座房子。但如果你已经有了成型的体系，那么碎片化信息就相当有用了——它可以成为有益的补充，起到"添砖加瓦"的功效。当你看到任意一条信息，你会知道应该把这条信息放在哪里，应该如何去批判吸收，这就是在将碎片信息系统化。

但这样做的前提是，你必须拥有对这个领域知识的充分认知和积累，必须得先有一个框架。

下面推荐一些常用的信息渠道：

①百度：无论什么学科、什么领域，百度都是较好用、较全面的信息来源之一，遇到困难可以先百度一下试试。

②知网：知网平台上有大量的学术论文，可以获取某个领域的前沿信息。

③媒体：新华社、央视网、今日头条等。

④社群：各类专业微信群、QQ群、抖音社群等。

3. 我们怎么学？——三种心态

(1) 发散联系

在学习任何一个知识点时，可以尝试着问自己以下三个问题。

它是什么？它从哪里来？它往哪里去？

第一个问题提示你去找"同类项"。从记忆里找到与其相似的概念，弄清楚它们之间有哪些异同点；这个新的知识点是什么，不是什么，属于什么，不属于什么。

第二个问题提示你追根溯源，找到这个知识点的来源，谁提出的？怎么来的？原本是为了解决/解释什么的？它的形成原因是什么？通过不断地问为什么来逼近整个逻辑链条的起点。

第三个问题提示你往下拓展，去找这个知识点的应用情景。去思考把它放到这个场合下，会怎么样；把它放到那个语境下，又会怎么样。

这种思维方式的核心，就是发散联系：尽可能找到并建立起这个新的知识点和旧知识点之间的联系。孤立地去理解一个知识点是没有意义的，你记不住它也无法将它纳入体系中。只有不断去寻求联系，去建立接点和连线，才能将这个知识点纳入自己的知识网络里面。

(2) 系统化

联系是以新的知识点为基础，对其进行发散关联；而系统化则是拔高一个层次，从更高的维度去看待眼前的知识网络，关注系统本身的结构、所在的位置和触发点。

比如，当你要找某个内容时，你可以打开哪本书，找到哪条目录，翻到哪一页，将你要的信息找出来。这就是一个最简单的系统。具体内容是一个层级，目录是一个层级，书是一个层级，再往上延伸，书架、各种知识载体等，又是整个更大的系统的一个层级。每一个层级，就是一个子系统，也是系统中的一个有机组成部分。

当视野拔高时,你会发现看到的东西完全不一样,你的思维方式也会完全不一样。某个局部战役可能输了,但从整体战略来看却赢了,就是这个道理。时刻注意系统,以系统化的思维来对待零散的知识点,将自己的思维和视角不断拔高,能有助于你更好地掌握自己的知识体系。

(3)开放迭代

任何一个知识领域的发展,都是不断螺旋上升的。每一次螺旋上升都是一次迭代。

很多考生的弱点就在这里,笃信自己的正确性,却不敢直视自己的相对正确性,更不敢推翻自己。这就无异于断绝了知识的来源,只会一直抱残守缺。科学精神不是追捧某个理论,认为某个理论永远正确,而是求证、探索和质疑。当一个人坚定自己代表真理时,真理就已经离他(她)而去了。

任何一个完善的知识系统,都是一个开放的系统,都要经历不断地迭代升级。

真正学习并掌握一道题目乃至一类题目,需要经过这样一个循环:

具体题目→思考→记忆→联系→抽象性概括→应用。

只有走完一遍流程,你才能说真正做到了触类旁通。这就叫作内化。

如果仅仅是看过、见过、做过,但是全然没有记住,更没有掌握,那做再多的题也是没有用的。看过、见过、做过,仅仅是第一步的具体经验,距离最终应用还差得远。

那么,有什么方法,可以帮助我们建立"自动化应用"的习惯呢?

1.用自己的话去概括复述

不要死记硬背书里的文字,而是试着在理解的基础上,把它用自己的话讲出来。

有效的学习方法是什么? 就是学习时,假装身边有个人,在心里把内容讲给他(她)听,教会他(她)。这就是一种精细加工式的输出。

同时,它可以培养你动脑的习惯。你会不会经常感到,很多书读过一遍就忘了,连写了什么都记不住? 很多时候,就是因为没有动脑,仅仅只是读懂——甚至有时是自以为读懂,而没有真正内化。

解决这个问题的好方法就是不断用自己的话复述,来刺激我们的大脑,在整个阅读的过程中,大脑不断地活跃。不要把读书作为偷懒的借口,光读书不思考等于浪费时光。

　　哪怕是藏书最丰的图书馆,如果书籍放置混乱的话,其实际用处也不及一个收藏不多、但却整理得有条有理的小图书室。同样,大量的知识如果未经自己思想的细心加工处理,其价值也远远逊色于数量更少、但却经过头脑多方反复斟酌的知识。这是因为只有通过把每一真实的知识相互比较,把我们的所知从各个方面和角度融会贯通以后,我们才算是完全掌握这些知识,才能真正地将它们为自己所用。我们只能深思自己所知的东西——这样我们就真正学到了一些道理;但反过来说,也只有经过深思的东西才能成为我们的真知。

——叔本华

　　尽管有时候我们可以在一本书里轻而易举、现成地找到自己几经艰辛、缓慢地思考和组合才得以发现的某一见解或某一真理,但是,经过自己的思维所获得的见解或真理却是价值百倍的。这是因为,每一见解或真理,只有经过自己的思维才会真正融入我们的思想系统,才会成为这整体的一部分和某一活的肢节;才可以与我们总体的思想完美、牢固地联系起来,其根据和结果才可以为我们所了解,这一见解或真理也才可以带上我们整个思维模式的色彩、色调和烙印;在我们需要的时候,这一认识才可以呼之即来,为我们所用。因此,这一见解或真理有其扎实的基础,再也不会消失。据此,歌德的这两行诗句在这里完全适用,并且也得到了阐释:

　　我们必须流下热汗,才能重新拥有父亲留下的遗产。

——叔本华

2. 发散联想

　　随意打开一本书,翻上几页。一边翻,一边让思维随意地流动,不断从各个角度审视所读到的内容:这个观点很有意思,它的支撑是什么? 这个案例很有意思,我能不能用起来? 这种写法很有意思,我能从中想到什么? 然后,把这一切想法,都记录下来。这其实是一种更有效的阅读和学习方法。

3. 用主题去统摄内容

　　比纵向阅读更重要的是横向阅读。

　　不妨试试这样做:找一个感兴趣的主题,通过在线课程、书籍、网站、专家指导……去获取一切相关的资料。通过这种方式,把各种零碎的信息重新整合起来,成为自己的观点和体系。

　　如果可以,用这种方法去代替单纯读书。你会发现,读书本身并没有那么神圣、那么正襟危坐,它只是你去主动学习、拓展知识体系的一种渠道。

你可能会问,这样不会很花时间吧? 其实不会。为什么? 因为我只是把别人浪费在读完一本书上的时间,充分利用起来而已。要知道:如果没有主题统摄,没有为我所用,即使你读再多书,那也不过是在获取碎片信息罢了。

4. 丰富知识体系

经过以上3个步骤,定期地对自己掌握到的知识进行审视,问自己:这些知识,能如何纳入我已有的知识体系里面? 试着把它们画出来,重建知识结构。你会发现,自己大脑里的知识会不断升级换代,看问题、分析问题的视角会常用常新。你不会再去关注到底读了多少本书,因为,你已经完全超脱了这个层次。

第五节　高考科目分析

在前边的讲解中,我们已经对有限刷题法的原理进行了详细阐释。懂了原理是远远不够的,原理性的通用方法还要和具体的科目特点相结合。

这部分主要是对一些常见的考试科目进行深入分析,力图加深考生对具体科目的理解与把握。这部分内容,我们将语文、文综、考研思政、公考申论归为一类,称之为"Ⅰ类科目"(本书主要以高考的语文和文综为例);将数学、理综归为一类,称之为"Ⅱ类科目";将英语单独归为一类,称之为"Ⅲ类科目";另外加上其他类(钢琴、篮球、书法、公文写作等)。我们用较大篇幅对这四类学科进行深入分析,力求讲清楚各门具体科目的意义、内容、特点、能力要求,帮助考生更好地应用有限刷题法。

一、"Ⅰ类科目":语文+文综+考研思政+公考申论

(一)为什么要把语文、文综、考研思政、公考申论放在一起?

遍观市面上的教辅、卷子,似乎也找不到将"Ⅰ类科目"中任意二者放在一起铺陈的。事实上,"Ⅰ类科目"的内容是高度同源、考查高度相似的,完全可以放在一起进行论述,在实践中也可以放在一起进行备考。

1. "Ⅰ类科目"是文科与理科的主要分野,"Ⅰ类科目"之中的各科目具有一些共同特点

"Ⅰ类科目"有一个显著的共同特点,就是汉字多,都是由大量文字组成题干、设问和答案。

"Ⅰ类科目"的共同点

序号	共同点	内容
1	科目本身的导向性	试想,同样的科目放到外国必然会变换考查内容
2	答案的主观性、模糊性、不确定性	答案往往是一大段文字,这与数学或英语有着明显的区别,并且从真题卷来看,试题的结构化非常明显
3	知识来源的开放性	很多问题压根见都没见、听都没听说过,问题的来源无迹可寻。也正是基于此,语文和文综各科的课本与试卷的直接关联不大(语文必背古诗文、政治和地理基础知识除外)
4	设问的反常规取向	虽然有很多"套路""模板",但试卷的问题设置总是尝试着追求创新、不落俗套
5	分数的稳定性	分数的稳定,意味着差就是差,好就是好,很难发生波动。也正因如此,成绩一旦提上去了,就很难下来

2. 在高考中取得语文和文综的高分,需要一些共同的能力

(1)抽象思维能力

数学、物理、化学的原理固然抽象,不过一旦弄懂了,往往就一通百通;生物的诸多知识点与生活紧密相连,比较形象。而"Ⅰ类科目"的各种知识点以及话语体系却是比较"大"和"虚",规律性又不明显,如果没有一定的抽象思维能力,实在是困难重重。

(2)发散联想能力

可简单理解为扩句的能力。看见一道题目、一个知识点,就要想起来曾经见过的、背过的东西来。再比如写作文,题目让你写"勇气",那你就得以勇气为圆心,想出一大堆的东西来。学好"Ⅰ类科目",没点联想能力是不行的。

(3)归纳概括能力

可简单理解为缩句的能力。就是要抛开问题的表象,直达问题的实质。这里我来举一个例子:之前我有一个朋友准备应聘某行政部门,为了顺利通过面试,他准备了十几个问题,他和我聊天的时候,想让我提问他,做个模拟面试。他给我发来了他准备的问题,总共有以下十七个:

①本中心职责。

②本部门职责。

③机构改革的变化、意义、问题。

④打击传销及其对策。

⑤证照分离改革、该部门的作用。

⑥消费投诉公示。

⑦打击互联网广告的违法行为。

⑧企业信用信息公示系统。

⑨多证合一。

⑩市场监管部门的相关工作。

⑪加强直销管理的相关工作。

⑫企业名称自主申报改革。

⑬电子营业执照。

⑭商标注册便利化改革。

⑮双随机、一公开。

⑯加强信息共享、联合监管。

⑰简政放权。

我也不是很懂这些问题，就随便提问了几个，有的答得比较流利，有的就比较结巴。我又仔细看了一下，发现了其问题所在。他的面试准备不可谓不充分，但是这17个问题没有归类、没有逻辑，不方便记忆。面试的时候大脑紧张，很有可能就会记混，达不到自己的预期。我给他的建议就是：归纳分类，形成模板。

拿这17个问题来说，可以归纳为有逻辑的四个大类（其实，这些内容都是比较常规性的政策性语言）：

第一类：针对企业，简化流程、激发活力。

第二类：针对群众，保护权益、便民利民。

第三类：针对市场，打击违法、维护秩序。

第四类：针对自身，机构改革、优化职能。

前三类问题的解决，凸显了解决第四类问题的迫切性；第四类问题的解决，有助于前三类问题更好解决。经过这样简单的分类，原本17个问题就被归纳成了四类问题，而每一类问题的答案其实大差不差，这样就非常便于记忆了。

（4）语言运用能力

"Ⅰ类科目"的本质，都是语言，无非是开源性的强弱有差别。创作一篇文章，那就是作文；修改一篇文章，那就是改语病；要让文章有文采，就需要用到典故、诗词，这就涉及古文、古诗词；文章的用意、手法、结构何在，这就是阅读理解；碎片化、专门化的文章，那就成了文综的题干；文章的深度取决于背后的思想，也就是文科思维；创作一篇实务类、社会热点类文章，那就是申论了。在日常生活中，与人交谈,我们可以感受到明显的差异。有的人说话词不达意、东一榔头西一棒槌,而有的人说话简明扼要、精炼概括,这就是语言能力的直观体现。你内心的真实意思是什么? 你想要表达出来什么? 你想以怎样的方式表达? 你想使用怎样的语言风格? 都应当在你的完全掌控之中,这就是所谓的语言组织能力。

语言组织能力最重要的用武之地就是在规范答题时的应用:

①要忠于题干。题干包含了题目的要求和一些答题的信息,如表述的范围、角度和表达方式等,审清题干是做好阅读题的前提。

②要忠于原文。很多阅读题的答案往往在原文之中,不要凭空去想. 即使有些题目找不出原词句组成答案,也要弄通语境,得其要旨,不能自由生发,离"题"万里。

③要忠于语言规则。答案表述要做到要点全面,内容精确,用词准确,语言简洁,字数不超过规定数,要尽量用最少的语言表达最多的信息。

④要根据赋分分条答题。一道题配多少分,是给考生如何答题的一个重要暗示。比如某道题配给 2 分,若要求考生概括作答,则只要答出概括内容(概括内容中的词语必须紧扣原文)即可;若要求用原文来作答,则是在原文中寻找一两处恰当的语句来作答。

例题:

问题:陈纳德的人格魅力是他至今仍被怀念的一个重要原因。请结合材料简要分析。

答案:

①强烈的正义感,过人的勇气:"七七事变"后立即决定留在中国支援抗战,即使美国国务院发布命令也不撤回。

②意志坚定,百折不挠:克服了重重困难,招募志愿者来华参战。

③真诚正直,善良友爱:主动要求国民政府停发津贴,得到陈香梅的爱情,飞虎队队员每年组织纪念活动。

"强烈的正义感,过人的勇气""意志坚定,百折不挠""真诚正直,善良友爱"都是概括性的词语,都需要考生自己去总结概括,是最主要的得分点;后边的具体阐释,源于原文又高度概括,也非常考验考生的文字运用能力。

3. 实现"Ⅰ类科目"的快速逆袭,需要一些共同的要求和做法

(1)大量的背诵、记忆

"Ⅰ类科目"要想取得高分,必须进行大量的背诵、记忆。记忆什么? 课本上的必背内容、大量的优秀作文、大量的优秀古诗文、大量的优秀答案、大量的原题、大量的社会热点、大量的政策理论,这些都是要背诵、记忆的。

（2）刷题

一切学习的落脚点，归根结底还是把题目答对、拿到高分甚至满分。因此，单纯的背诵、记忆是不行的，必须和刷题结合起来。语文和文综的刷题，结构相似、程序相仿，将其一并处理会更加高效。同时，语文和文综的刷题几乎不存在知识门槛的问题（数学就需要一定的知识门槛，比如还没有学过圆锥曲线，那么相应的题目就刷不了，整体的刷题效果也要大打折扣）。高三的学生写语文卷子和高一的学生写语文卷子，差别并不大；高一的学生做文综高考卷子是一脸懵，高三学完全部的课本知识再去做，一样还是懵。

基于上述几点原因，我们将"Ⅰ类科目"放在一起进行讨论。同学们在现实的学习中，可以对它们打包处理、打包刷题。

（二）如何看待语文和文综学科？

语文，是语言和文学的简称，是基础教育课程体系中的一门重要学科。文综的全称是文科综合，在高考中是由政治、历史与地理三科组合而成的试卷。（近年来推行的新高考已成为主流，本书是按传统归类为文综和理综来进行论述的）与理科相比，文综是文科的突出特点，语文则是文科的灵魂。

考研政治可以视为高中政治科目的延续（事实上，考研政治的难度不如高考文综中的政治），而公考申论，跟高考语文中的作文没什么本质差异。考研政治和公考申论通常都不需要太多的备考时间，而且考生通常也很自觉地不看课本（因为很多时候就没有"课本"），所以本部分对这两门不作过多讨论。

通常讲的"文科"可以具体细分为文科课本、文科试卷（题目）、文科答案这三个层面。

1. 文科课本的特点

文科课本，指的是语文、政治、历史、地理的教科书。无论是哪个版本的教材，这些教科书都有一些共性特点：

（1）导向性

不单单是教科书，文科的试题也非常关注时政，关注近几年高考语文、文综的试题，都是紧贴时事热点。

真正把文科学好的人，必定有着深厚的历史情怀和人文底蕴，要保持对历史、政治、文化的敬畏感。

（2）议程设置

一个国家那么多人，如果没有一些共同的知识储备，没有一些共同的记忆，那么不同阶层、不同群体间该如何共同对话呢？文科就给我们提供了一些共同的话语背景。在生活中谈起某个历史事件,大家会自觉地将其定位到某个历史时期,就有了共同话语。

(3)务虚,缺乏实操性

我们总是会听到"文科无用论"的观点,但仅凭有用无用这样的判断实在太武断了。事实上,即便是理科,大部分大学专业学习和最终的工作也没关系。没关系那就不学了吗? 这跟文理科有没有用关系不大,文理科只是个用来筛选排序的载体罢了,只不过是设定一个知识框架,然后在这个框架里筛选学习能力和接受能力相对较好的人。考什么其实不重要,所有人面对的都是一样的。文理科不重要,文理科实用与否也不重要,重要的是能够通过学习文理科取得高的排名,进入理想的大学,进而获得良好的教育。

2.文科试卷(题目)的特点

(1)就题论题

文科当然要讲导向,但文科试卷则必然要有"专业性",如果整张卷子都是"大道理",那还有什么区分度? 不是说不讲导向,而是更多地聚焦到具体的事实、事件、细节中;更多的就事论事、就题说题;更多的体现题目的规律特点。比如说,我们通常认为,对清末时期的历史事件评价都是"偏负面"的,可下面这道题,就是一个"偏正面"的评价,这就是做到了就事论事。

2011 年文综新课标全国卷第 40 题节选:

材料三

取士概归学堂,固已明示天下以作新之基……且设立学堂者,并非专为储才,乃以开通民智为主,使人人获有普及之教育,具有普通之知能,上知效忠于国,下得自谋其生。其才高者,固足以佐治理,次者亦不失为合格之国民。

查科场试士,但凭文字之短长,不问人品之贤否。是以暗中摸索,最足为世诟讥。今学堂定章于各项科学外,另立品行一门,用积分法,与各门科学一体考核,同记分数,共分言语、容止、行动、做事、交际、出游六项,随处稽查,第其等差,至考试时,亦以该生平日品行分数,并合计算。

凡算学、地理、财政、兵事、交涉、铁路、矿务、警察、外国政法等事,但有一长,皆可保送。俟考试时分别去取……其取定者,酌量用为主事、中书、知县官。

——摘编自《袁世凯、赵尔巽、张之洞等会奏之停科举推广学校折暨上谕立停科举以广学校》(1905 年)

(2)根据材料三并结合所学知识,简要评述清末对"德""才"的新认识。

参考答案:

德和才都是国民应具备的基本素质;强调学校在德才培养中的重要性;德可以通过课程教育、日常考查等方法养成;在官员选拔中更重视专业知识与技能。继承古代德才兼备的人才观,适应时代需要,有利于新式人才的培养。

再比如,2018 年高考作文,作文题目当然是要讲导向,但是真正的高分作文必定不能全是"大而化之"。可以说,题干的"讲导向"是表,隐藏在题干背后的题目规律和技巧才是里。这就很考验我们具体问题具体分析的能力了。

2021 年高考文科综合全国卷试题评析(节选)[152]

......

2021 年高考文科综合命题遵循的基本原则主要有:第一,落实立德树人根本任务,突出建党 100 周年等重大主题,充分反映我国经济社会发展成就,引导学生厚植爱党、爱国、爱社会主义的情感;第二,强化基础知识、关键能力、学科素养的考查,强调基本概念、基本原理的迁移运用;第三,增强试题的开放性和灵活性,通过优化情境设计提高能力考查的有效性。

具体有四个方面特点:

一是加强德智体美劳全面考查,落实立德树人。包括全面融入立德树人,增强"四个自信",坚定理想信念;党史巧妙入题,筑牢信仰根基;深化体美劳考查引导,促进全面发展。

二是增强试题开放性,落实《总体方案》考查要求。包括创新试题设问方式;融合核心素养考查理念;探索题型的多元开放。

三是加强关键能力考查,体现学科特色。包括强调逻辑推理能力考查;加强辩证思维能力考查;提高能力考查的有效性。

四是深化基础性考查,发挥"以考促学"导向作用。包括突出考查基本概念、基本原理;强调知识融会贯通;关注解决生活实际问题。

......

152 教育部考试中心.紧扣时代脉搏 加强关键能力考查——2021 年高考文科综合全国卷试题评析[J].中国考试,2021(07):88-94.

(2)筛选性

既然是题目,自然体现出区分度。对于文科来讲,体现区分度的方向有两个:一个是考查你"见没见过",也就是你的知识储备;再一个就是考查你"会不会",也就是给你材料,能否进行准确的归纳概括。

2013年文综新课标全国Ⅰ卷第28题:

恩格斯称赞一位近代科学家的研究成就是"自然科学的独立宣言",他指的应是(　　　)

A.哥白尼的"日心说"否定了宗教神学崇信的"地心说"

B.伽利略创立的实验科学推动了近代科学的发展

C.牛顿创立经典力学完成了科学史上的划时代飞跃

D.达尔文的生物进化论颠覆了关于人类起源的传统观念

参考答案:A

这道题就是考查你"见没见过",各种答案解析无论再怎么事后诸葛亮也都是徒劳的。这道题,知道就是知道,不知道就是不知道。

2016年文综新课标全国Ⅰ卷第45题:

南北朝时,士族族谱是选任官员的重要依据。唐朝初年,旧士族虽已没落,但清河崔氏、范阳卢氏等数家所谓"山东士族",仍凭借祖先的影响,享有崇高的社会地位。这些家族编写族谱,标榜为华夏"高门",自诩"家风"优良,相互间通婚。唐初那些以军功起家的大臣,也把能与他们通婚视作荣耀。

唐太宗决心从族谱入手,改变这种状况。他下令修撰全国总谱《氏族志》,不限地域,不分民族渊源,收集当时全国各地具有影响的293个家族,排出等级,但不作为任用官员的依据。编写者受习惯影响,将当时只任六品官的清河人崔民干列为第一等。这让唐太宗颇不高兴,下令:"不须论数世以前,止取今日官爵高下作等级。"于是皇族被列为第一,外戚次之,清河崔氏只排到第三等。当时文武大臣中,不少人的祖先在北朝后期才从草原南迁,也因此跻身"高门"之列。

——摘编自唐长孺《魏晋南北朝隋唐史三论》

(1)根据材料并结合所学知识,概括唐太宗时谱牒改革的内容。

参考答案:朝廷主持修撰全国总谱;扩大入选范围;否定谱牒在选任官员中的作用;建立新的门第标准。

像这道题,很少有考生知道唐太宗谱牒改革这样一个史实,但是材料已经给出了具体的内容,只要能够根据材料概括出来就好了。

还有一点要特别注意,高考真卷题目、模拟卷题目和日常测验题目之间仍然有着许多不同,题目的质量也有差异。通常来讲,日常测验题目只考查平常所学内容,"学什么,考什么",所以筛选性是较低的。

(3)继承性、相似性

历年题目之间总会有许多相似的地方,新的题目总是在继承以往题目的基础上发展而来的。因此,只要题目做得多,总会觉得新题目似曾相识。或许是原题,或许是相同的知识点,或许是相同的设问方式,或许是相同的答案要点。总之,题目的创新不是凭空创新的,必定是在继承以往的基础上来创新的。

示例1:

(2015年语文新课标全国Ⅰ卷)11.(3)小说在刻画马兰花这个形象时,突出了她的哪些性格特征?请简要分析。

(2014年语文新课标全国Ⅰ卷)11.(2)作品中的渡夫有哪些性格特点?请简要分析。

(2012年语文新课标全国Ⅰ卷)11.(3)马裤先生有哪些性格特点?请简要分析。

点评:可以看到,这三年的高考真题,都在这个位置考查了"性格特点"这个考点。

示例2:

(2018年文综新课标全国Ⅰ卷)41.(2)根据材料二并结合所学知识,简述清末城镇乡地方自治的历史背景。

(2016年文综新课标全国Ⅰ卷)48.(1)根据材料并结合所学知识,概括高仙芝成为唐朝名将的时代背景。

(2014年文综新课标全国Ⅰ卷)40.(1)根据材料一、二并结合所学知识,分别指出宋应星、牛顿二人科技成果的特点及它们出现的背景。

点评:可以看到,这三年的高考真题,都在这个位置考查了"时代背景""历史背景"。继承与创新的关系在第四章第一节的"理论验证"中也曾经提到过。

3.文科答案的特点

(1)追求形式完美

文科答案的形式主要是要点化和重点突出。要点化就是罗列要点,重点突出就是将最重要的得分点前置。当然,"Ⅰ类科目"中各个科目之间的答案特点还是稍有不同的。文综的答案主要在于要点的正确性;而语文答案除了要点要正确,很多时候也讲求对语言文字的灵活运用,语句要通顺有逻辑;公考申论既注重要点的正确性,也考查实操性和公文格式。文科答案最标准的形式,其实就是领导讲话稿的形式,只不过答案通常是标准形式中的一部分。

在××××会议上的讲话

×××

(20××年×月×日)

这次会议是××召开的一次十分重要的会议。会议的主要任务是……。刚才,×××、×××和×××作了发言,下面我讲几点意见。

一、××是××的战略举措……

一是××激发了×××××。……

二是××带动了××××。……

三是××促进了××××。……

四是××体现了××××。……

……

二、进一步解放思想、转变观念……

第一,以×××××××。……

第二,以×××××××。……

第三,以×××××××。……

……

三、加强组织领导,确保……

一要自觉扛起××重任。……

二要支持××××××××。……

三要加强××××××。……

四要加快完善××××。……

五要狠抓××××××。……

同志们,×××××××××,××××,影响深远……!

这样一篇讲话稿,某种程度上就是语文和文综答案的原型。第一部分回顾这项工作取得的成就,强调这项工作的重要性和重大意义。第二部分讲这项工作如何开展以及注意事项;第三部分讲如何保障这项工作顺利完成。三部分起承转合、相互联系,把这项工作讲得十分清楚,共同服务于这次会议的目的。文综答案就像讲话稿中的要点;语文答案就像要点之中具体的阐释;公考申论则是直接考查能不能写出这样的讲话稿。"Ⅰ类科目"客观题的答案的特点也是如此,只不过命题者已经提供好了备选项,不需要考生自己原创出来罢了。

2012 年文综新课标全国Ⅰ卷第 48(2)题：

根据材料并结合所学知识，简评道光皇帝的禁烟政策。

参考答案：措施较全面，取得一定成效；虎门销烟，具有正义性；鸦片战争后具有妥协性。

点评：观察这道题的答案，我们可以发现答案是由三个要点构成的，在考生的临场答案中，只要包含了这三个要点，无论语句是否通顺，都是能够获得满分的。

2017 年语文新课标全国Ⅰ卷第 20 题：

在下面一段文字横线处补写恰当的语句，使整段文字语意完整连贯，内容贴切，逻辑严密。每处不超过 15 个字。

药品可以帮我们预防、治疗疾病，但若使用不当，＿＿＿①＿＿＿，以口服药为例，药物进入胃肠道后逐渐被吸进血液，随着时间推移，＿＿＿②＿＿＿，当药物浓度高于某一数值时就开始发挥疗效，然而，＿＿＿③＿＿＿，超过一定限度就可能产生毒性，危害身体健康。

参考答案：①也可能使身体受到损害

②血液中药物浓度会逐渐提高

③药物浓度并不是越高越好

点评：我们可以发现，该题的答案同样由三个要点构成，除了注意大意要正确，还要注意答案的用词和语句的通顺。

(2)主观性强，答案不唯一

客观题永远是客观的。A 就是 A，C 就是 C，理综的客观题更是如此。这个客观，指的是标准答案与考生的选项一致就可拿到满分（即答案的唯一性），而并非具体的为什么选择这个选项（即答案的合理性）。

答案的主观性主要体现在大题上。理综的大题，首先是看答案是否正确，答案正确了，形式、思路看上去没问题，那满分就妥妥的；答案不对，那就再对照评分标准，按照步骤给分，因此理综的主观性不强。

"Ⅰ类科目"的大题则不然，形式完美、字迹工整、得分要点全、语言凝练都是影响得分的重要因素。一方面，标准答案和评分细则不同，而且差别往往很大。标准答案往往很简略，可答题的时候真的那么写了，反而拿不到满分。另一方面，阅卷人有一定的主观性在里面。文科答案的主观性强，导致了相较于理科，文科的"专家型权力"更大，自由裁量权大。

(3)考查逻辑与思维

语文、文综答案往往呈现要点化排列，而为什么写这些要点而不是那些要点、为什么要点间要这样排列,都是有一定逻辑关系的。有的要点之间地位相同,无所谓谁先谁后,有的要点则分值不同,有先后之分。

逻辑背后是思维的养成。文科题目见得多了,能力上去了,自然就会养成文科思维。理科思维追求确定性,终极目的是寻找一个"通项公式""万能公式",试图用最少的语言去描述、预测一切复杂的事物。比如我们熟知的科学家爱因斯坦,他生命中的后三十年,基本上就是在寻找一个大统一理论,但遗憾的是,直到去世,爱因斯坦也没能找到这个大统一理论。

与理科思维不同,文科思维是以形象思维(记忆)为主,逻辑思维为辅,采用归纳、联想、类比、推演等多种方式对事物进行描述和本质分析的辩证思维方法。

①归纳,就是从个别事实走向一般概念和结论,这更多地依靠"感觉""直觉"。比如找了 3 个三角形,发现它们的内角和都是 180°,就得出结论三角形内角和都是 180°;比如看到了历史课本中,我国古代各种先进的农业生产技术、各式各样的农作物,我们就将其概括为"发达的古代农业"等。

②联想,就是由此物想到彼物。联想的能力谁都有,看见乌云我们就想起下雨,看到姚明我们就想起篮球,这种具象的联想是很容易的。但是对于文科学习来讲,联想却没有那么容易,因为抽象性太强。"Ⅰ类科目"中的联想,主要就是寻找"同理"和"同构"。同理就是说二者虽不是同种事物,但道理是相同的;同构则是指两个事物之间的结构是相同的。练功夫和文科学习不是一回事,可是道理是相同的,这就是"同理"。我们看到很多文综答案的形式是一样的,这就是简单的"同构"。还有的"同构"更为抽象,比如逻辑的"同构"等。

③类比,就是由两个对象的某些相同或相似的性质、特点,来推断它们在其他性质、特点上也有可能相同或相似。类比思维在语文、文综中占据了至关重要的地位。其实类比思维也一直贯穿于整本书中。我们说一个人有悟性,其实这个"悟",我觉得很重要的一点就是会类比。类比主要体现在两个方面:一个是上文提到的,要善于联想;再一个是要善于对比,找出相似或相异的地方。类比是从个别到个别,其结论未必可靠、精确。但作为一种思维模式,它对我们文科学习思维的养成是大有裨益的。任何时间、任何地点、任何事,我们都可以发挥想象力与已经见过的试卷、题目、答案进行类比,时间一长,受益无穷。

④推演,就是从已知条件出发,按一定的逻辑思维,运用相关的概念、性质、定理等,经过推理、演算,得出结论。简单地说,就是由已知条件、逻辑推理、所得结论三部分构成,其中的逻辑推理最为重要。推演在文科的学习中不是最重要的,但同

样是必需的。

当然，文科思维不是上述几种思维的简单加总，而是上述几种思维的相互作用。对于各种思维方法，都要加以灵活运用，最终将文科思维内化于心，外化于行。养成文科思维，不是一朝一夕就可以实现的，它需要大量做题、大量阅读、大量记忆、大量思考，更需要世事的积淀和岁月的磨砺，即便是高考结束，思维的进步也不能停息，文科的学习、人文素养的提升，是一辈子的事情。人总归是要成长的，不能一辈子只停留在高三的水平上。

（三）语文、文综分数一直很低。为什么语文、文综难提高、难得高分？

我想，同学们最关心的就是如何快速提高语文、文综的分数，迫切希望一个关于这个问题的明确答案。我倒觉得真的没有必要过于在乎平时的分数，应当将主要精力放在如何提高能力上来。大多数同学在乎的分数，其实是平时测验的分数，而非高考的语文、文综分数。高考（考研、公考）的分数和平时的测验分数是不能画等号的。

所以我们必须先搞清楚平常考试的实质。从功能上看，平常的考试有以下几个作用：

一是阶段性检测、反馈。学了这一单元，那就对这个单元进行一下考查，看效果如何；学习了一个学期，那就对这一个学期的学习效果进行一下检测。

二是规定动作。进行各种考试是学校学习的应有之义，是一种规定性的动作。

三是对高考的预备。无论是任何性质的测验，只要不是高考，都有着为高考做准备的意味在里面，都算得上是一种演习、一种模拟。尤其是到了高三，各种有针对性的模拟层出不穷，什么周测、月考、模拟考，多了去了。

然而，高考和平常考试有着很大的不同。

一方面，高考的选拔性凸显，题目的难度、灵活性加大，分数段变化明显。高考相比于平常考试，选拔性会更强一些。既然要选拔出更优秀、更适应这样一种模式的学生，自然会体现在题目设置上。高考题的命题人也通常是命题专家，出的题目质量会更高一些。题目难易也会影响到整体分值的分布，题难了，大家普遍会得高分，但相应的分数线也会上涨；题简单了，大家普遍分数较低，分数线自然也会跳水。以河南省文科一本线为例，虽然每年的一本线都是 500 多分，可是相邻年份间的差值有时也会很大，如下图所示，2010－2013 年这四年，分别变化了＋30 分、－5分、－38 分。在这样剧烈变动的分数情况下，请问平常测验的分数还有多大参考价值呢？

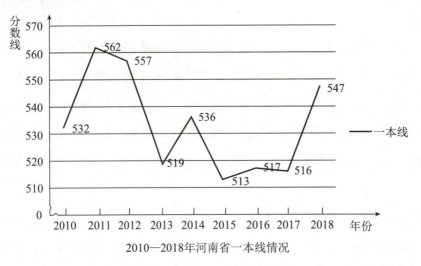

2010—2018年河南省一本线情况

　　另一方面,考生人数无限放大,排名差距急剧扩大。除了部分直辖市和西部等省份,大部分省份每年参加高考的人数都以数十万及至一百多万计,而你所在的学校,同一年级才多少人呢? 在你所在的年级里,可能两个紧邻的名次之间相差几分、十几分的都有,可在真正的高考中,每1分都塞着几十上百甚至上千人。我们在前面讲过正态分布,以2016年河南省文科高考为例,根据2016年河南省文科高考一分一段表制图,如下图所示,其中横轴代表分数,纵轴代表考取该分数的考生数量。我们可以直观地发现,大部分考生的分数都在中间区域,考取高分和低分的考生都是少数。第一名(660分)跟第二名(654分)相差6分,第二名(654分)和第三名(647分)相差7分,可是到了300分左右,同样考取325分的竟然有890人!

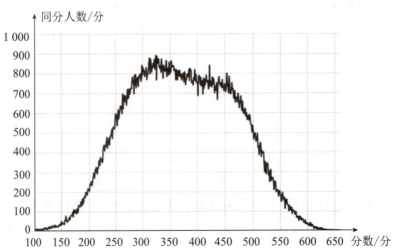

　　因此,如果你还在考虑类似"高考能否提高50分"这样的问题,就太没有必要了。平常考试和高考考试的成绩会有出入,过于关注平常成绩没什么用处,应当将精力放在如何提高语文、文综的能力上来,能力强,自然无惧题难题易、人多人少了。

（四）语文、文综的学习有哪些误区？

在语文、文综的学习中，如果不加思考，是会陷入一些误区的。大体上看，从课本（理论）和试卷（实践）两个方面，可以分为两类误区：一是"基础谬误"，二是"刷题谬误"。

过于重视所谓"基础"，一味地看课本，忽视做题，可以称为"基础谬误"。基础谬误的表现主要有两种：

(1)过分强调所谓知识体系、知识框架，轻视刷题及其技巧

知识体系、知识框架与真正的做题是有脱节的。框架背得溜熟，真正做题却往往很难简单套用。考过驾照的同学可能有体会，科目一的理论考试，拿到 90 分以上很容易，因为都是些理论题目，在电脑上判断对错而已，看看材料、背背书就得了。然而等到科目二、科目三考试的时候，因为要真正去驾驶汽车、上路考试，就会出现各种状况，通关率就会大幅下降。

和考驾照是同样的道理，知识体系固然非常全面，然而真正的考试是不会简单地去考查你的知识体系的。知识体系掌握得再牢靠，也未必能拿高分。考试的时候，有时间限制，有能力要求，有解题技巧，知识体系就算再全面也无法保证所有的题目都被囊括在你的知识体系之中。知识体系和具体的题目之间不是无缝衔接的。书本上当然有很多知识，可问题是，这些都是"母知识""元知识"，往往不能直接拿来使用。课本重要不重要？当然重要，但是不能过分"迷信"课本，在课本上浪费太多时间，这就有一点"拜课本教"的意思了。

(2)认为基础决定分数，分数波动不大

我们总是能听到一种论调：基础不好肯定考不好。通常讲的"基础"其实是非常狭隘的。"基础"的内涵是非常丰富的，绝非简单的课本知识那么简单。课本上的内容固然重要，但问题的关键在于各式各样、或难或易的题目，而不是课本。打基础当然重要，基础差也确实难以高分，可分数并不是完全由基础决定的，基础只能在很大程度上影响分数。以"基础差"为借口，一味地回避对题目的训练，无疑会使人陷入误区。

与"基础谬误"相反，过于重视刷题，而彻底无视课本，则陷入了"刷题谬误"，这两种误区都不可取。"刷题谬误"主要体现在不科学刷题上。题目就是整理好的知识点，是原理的应用。所有原理最终都是为了应用的。你只有见识了相当数量的应用方法，才会明白如何去应用，以及如何处理应用过程中的难点。从这个意义上讲，刷题没错。可是物极必反，过于重视刷题，彻底无视课本也是不可取的。

一方面，大量必须掌握的基础知识来自课本，否则刷题就失去了根基，无从谈起。比如说，你连近代签订的条约都背不全，那如何去做题？连时区都没分清如何去计算时差？连最基本的哲学原理都不懂，如何去组织答案？必备的基础知识当然要掌握！至少，也应当对课本非常熟悉，框架与体系都了然于胸才行。有了大体的知识框架，好比有了地图一样，每一道题目，你都会明晓大致的方位。另一方面，刷题必须体现科学性、系统性、可持续性，否则会事倍功半。刷题并不意味着逆袭，如果随随便便刷点题就能逆袭，那逆袭的成色也太低了。

（五）学好语文、文综需要什么能力？

1. 学好语文、文综，必须有坚定的执行力和良好的适应力

很多同学都有制订计划的习惯，这些计划往往非常完美。可是一定要明白一点，计划是用来执行的，不是用来欣赏的。再美妙的计划，如果无法执行，那终究只能是空中楼阁。前文的"有限锚定"部分已经对计划作了讲解，这里就不多说了。

在执行计划层面，我认为最重要的就是坚定的执行力。没有执行力，一切计划都是空谈，没有坚定的执行力，怀疑、挫折、嘲讽、困难会将你击溃。

说干就干，从现在就干，不要推到明天、后天或下周，"明日复明日"是大多数学生的真实写照。执行计划的时候，再被各种诱惑、琐事干扰，那就更不要想着逆袭了。

2. 学好语文、文综，必须有较强的记忆能力

我们在分析一道题的时候，不说这是一道历史题或者语文题，而是就题论题，具体问题具体分析。因此，只要有过大量的、持续的对题目的分析、记忆，是完全可以无视具体科目的差异的。

比如下面这道题，就是一个典例，我们当然知道它属于历史学科，可是具体的题目和宏观的学科属性有什么关联吗？也许有，但关联不大。所以我们的主要任务在于掌握题目，而不必过分关心这道题属于哪个学科。

例题：

（材料略）

（1）根据材料并结合所学知识，概括指出魏晋法律改革的主要特点。

（2）根据材料并结合所学知识，分别说明儒学对西汉、东汉、魏晋时期法律的影响。

答案：

（1）从现实需要出发；删繁就简；刑法与行政法规分离；突出伦理犯罪。

（2）"独尊儒术"后儒家经典开始影响法律实施；东汉时儒家学者深入影响法律条文的解释；魏晋时期儒学理念法制化。

文科的学习,提高记忆力非常重要,刷再多的题,记不住也是白搭。只有记忆并掌握的题目多了,能力才能上去,知识基础才能打牢。

如何提高记忆力?具体的记忆方法在前文中有提及,这里就不再细说了。简单说几点:第一,一定要用心,要有主动提高记忆力的意识;第二,要钻研方法,掌握记忆技巧,针对不同的记忆内容使用不同的方法、载体;第三,错题本要搞好,要随时准备复习。

高超的能力源自刻苦的练习,提升记忆能力自然需要大量的背诵、记忆。记忆能力上去了,做过的题目你都能掌握,语文、文综还愁得不了高分吗?

3.学好语文、文综,必须有优化答案的能力

主观题的答案具有主观性,即便是附带的标准答案,也未必是完美的,考试时你的作答就算和标准答案一字不差,也未必能够拿到满分。

在我们平常的应试训练中,必须拥有优化答案的能力。

第一,要学会评价答案。

就是说这个答案给得好不好,完美与否,如果将答案一字不落地写上去是否能够拿到满分。因此,必须对答案进行拆解,即满分是如何构成的,比如满分8分,是4个要点、一个2分,还是2个要点、1个4分,或是别的排布?

例题:

材料:2017年8月8日,九寨沟发生里氏7.0级地震。在震后重建规划中,当地有关部门制定了扩大生态保护区面积、扩大农牧发展区面积、适度减少旅游产业聚集区和人口聚集区面积等多项土地利用优化措施。

问:分别说明上述措施对九寨沟旅游发展的意义。

答案:扩大生态保护区面积有利于促进震后生态环境的恢复,有利于保护景区内的生物多样性,保持优美的景色,吸引游客来访;扩大农牧发展区面积,有利于景区内的经济良好发展;减少旅游聚集区能够防止旅游业过度发展带来的环境破坏。

解析:这道题是2018年高考新课标文综卷地理题。这道题目的答案分为3个大要点,5个小要点,虽然具体的评分有这样或者那样的细则,但无论如何,全部答对并且层次分明才更容易拿到满分。标准答案虽然是上面的表述形式,但是"一大片"的形式,容易使人看不清区分层次。我们在作答时,可以这样写:

①扩大生态保护区面积有利于促进震后生态环境的恢复,有利于保护景区内的生物多样性,保持优美的景色,吸引游客来访。

②扩大农牧发展区面积,有利于景区内的经济良好发展。

③减少旅游聚集区能够防止旅游业过度发展带来的环境破坏。

例题：

（材料略）

问：根据材料和所学知识，指出19世纪和20世纪世博会所体现的社会发展理念的变化，并分析这种变化的原因。

答案：

变化：19世纪关注科技与工业的发展；20世纪更关注人类和平、和谐以及人与自然的关系。

原因：世界大战造成的灾难；科技作用的两重性受到关注；冷战凸显对抗的危险；经济全球化，片面追求经济发展导致环境、资源问题；技术革命展示了新的发展前景。

解析：这道题，既要答出变化，也要答出原因，并且必须分开罗列才行。

第二，弄清答案的推导路径是怎样的。

就是说这个答案是怎样产生的？怎样才能够想到？通常来讲，一个文综题的答案来源是由以下几个方面结合产生的，即题干、设问、套路（相似的题目）、课本、常识。相比于理综，往往会出现一些"天外飞仙"似的"常识"，对此，只能是多做题，多见识，特别是一些选择题，实在是没有办法做到全部掌握。我们可以举下边几个例子分析一下。

例题：

《窦娥冤》揭露封建统治的黑暗，《水浒传》颂扬农民起义英雄杀富济贫。这反映了（   ）

A. 封建社会的腐朽没落   B. "异端"思想影响广泛

C. 普通民众的理想与愿望   D. 商业发展冲击传统观念

答案：C

解析：这道题的四个选项都是有道理的，或者说单独来看都是没问题的，当然标准答案是C，那么C就是正确的，但总的来看其推导过程还是有些牵强的。

例题：

"四面楚歌"典出楚汉战争。西汉初期，"楚歌"在社会上风行一时。这主要是因为（   ）

A. 南方经济的影响   B. 统治集团的更替

C. 北方文化的衰落   D. 民族融合的结果

答案：B

解析：这道题，A、C、D都是明显不符合史实的，但是选B也确实有些牵强。

例题：

德国学者乌尔里希·贝尔描述了一种现象：在经济全球化时代，任何大的民族企业，不论是"美国的""德国的"还是"法国的"大企业，都难以生存。这表明经济全球化时代（　　）

A. 世界经济发展趋于合理平衡

B. 推动世界经济发展的主要力量都出现变化

C. 跨国大企业的民族属性消失

D. 发达国家的资本开始扩张到全球范围

答案：B

解析：这道题，虽然正确答案是B，但是给出的答案解释是：由题干材料"不论是'美国的''德国的'还是'法国的'大企业，都难以生存"可看出推动世界经济发展的主要力量都出现变化。B选项中有一个"都"字，是非常绝对化的表述，这是有些牵强的。

为了提升自己推导答案的能力，我们需要做好以下几点：

一是提升分析问题的能力。从题干、设问中尽全力去挖掘所有的潜在信息。

二是多做题。题目做得多了自然就有了套路，并且一些类似的题目的答案，可以直接照搬照抄。

三是多背题。大量背诵优秀的答案，直接将大量的优秀答案装入脑中，收为己用。

四是熟悉课本。其实你题做多了会发现，题目来源中，最少的、最间接的来源才是课本。为什么？因为答案你都见过那还考个啥？再者，课本中的知识大多是基础性的背景材料，并不适宜出题。即便如此，我们依然要对课本有很深的记忆和理解。一旦一些背景性质的知识没有掌握，考生就会手足无措。

第三，是否方便记忆背诵。

在看到答案之后，无论答案是否完美，我们都要试着看能否将答案进行重组。如果答案并不完美，甚至非常简略、凌乱，我们就将其重组成要点式的结构，否则难以背诵、记忆。

优化答案是以提高解题能力为导向的，即优化答案的最终目的就是要提升你自己能够原创出最优解的能力。考试的时候，那些答案不都是你原创的吗？原创最优解的能力强了，分数可不就提高了吗？语文和文综的客观题的答案不需考生原创，是命题人提供的，考生只需要选出一个最优答案就好了。当考生的原创能力很强时，选择出一个最优答案自然易如反掌。

原创最优答案能力是如此重要,以致失去了这个能力将无法取得语文、文综的高分。如何快速实现语文、文综的逆袭,其实就约等于如何快速提高原创最优答案的能力。提高这项能力,一方面要养成文科思维,时时不忘以语文、文综的思维去看待世界、看待问题,任何一个新闻事件都可以拿学到的东西进行分析,都可以改编成问答的形式;另一方面必须构建一个属于自己的“最优答案库”,将各种有价值的答案入库并加以背诵、记忆,以达到学会说“行话”的目的。

所谓最优答案库,主要有两个:一个是错题本,另一个就是大量的标准答案。为了方便考生背诵、记忆,节省考生宝贵的时间,我搜寻了大量的优秀答案,并刨除其题干部分,只保留设问和答案,作为附录供大家读、背、使用。通过大量背诵这些优秀答案,考生的概括能力、记忆能力会大幅提升。

二、“Ⅱ类科目”:数学＋理综

(一)为什么要把数学和理综放在一起?

这是因为,这几个学科之间有着明显的共同特征:客观性、逻辑性、应用性,可以将其归为一类进行处理。

1.客观性

数学和理综的显著特点就是客观性,就是“对的就是对的,错的就是错的”,非常客观。即便是数学和理综的主观题,也是非常客观的。客观性带来的一个后果就是,分数判定上的模糊空间减少了,一道客观题往往要么是 0 分,要么是满分。

例题:

曲线 $y=x^2+\dfrac{1}{x}$ 在点 $(1,2)$ 处的切线方程为_____.

答案:$x-y+1=0$

解析:这道填空题的答案就是唯一的,不这样写是得不到分数的,正确答案和错误答案之间没有模糊空间。

例题:

Goodenough 等人因在锂离子电池及钴酸锂、磷酸铁锂等正极材料研究方面的卓越贡献而获得 2019 年的诺贝尔化学奖。回答下列问题:

(1)基态 Fe^{2+} 与 Fe^{3+} 离子中未成对的电子数之比为_____。

(2)Li 及其周期表中相邻元素的第一电离能(I_1)如表所示(表略)。$I_1(Li)>I_1(Na)$,原因是_____。$I_1(Be)>I_1(B)>I_1(Li)$,原因是_____。

(3)磷酸根离子的空间构型为_____,其中 P 的价层电子对数为_____、杂化轨道类型为_____。

答案：

(1)4∶5

(2)Na 与 Li 属同主族，Na 的电子层数更多，原子半径更大，故第一电离能更小Li，Be 和 B 为同周期元素，同周期元素从左至右，第一电离能呈现增大的趋势；但由于基态 Be 为 $1s^2 2s^2$ 全满稳定结构，故其第一电离能最大。与 Li 相比，B 的核电荷数大，原子半径小，较难失电子，故第一电离子能较大

(3)正四面体　4　sp^3

解析：这道化学题，每个空的答案也是唯一的，不这样写是得不到分数的，正确答案和错误答案之间也是没有模糊空间的。

例题：

某研究人员用药物 W 进行了如下实验：给甲组大鼠注射药物 W，乙组大鼠注射等量生理盐水，饲养一段时间后，测定两组大鼠的相关生理指标。实验结果表明：乙组大鼠无显著变化；与乙组大鼠相比，甲组大鼠的血糖浓度升高，尿中葡萄糖含量增加，进食量增加，体重下降。回答下列问题：

(1)由上述实验结果可推测，药物 W 破坏了胰腺中的_____细胞，使细胞失去功能，从而导致血糖浓度升高。

(2)由上述实验结果还可推测，甲组大鼠肾小管液中的葡萄糖含量增加，导致肾小管液的渗透压比正常时的_____，从而使该组大鼠的排尿量_____。

(3)实验中测量到甲组大鼠体重下降，推测体重下降的原因是_____。

(4)若上述推测都成立，那么该实验的研究意义是_____(答出 1 点即可)。

答案：

(1)胰岛 B

(2)高　增加

(3)甲组大鼠胰岛素缺乏，使机体不能充分利用葡萄糖来获得能量，导致机体脂肪和蛋白质的分解增加

(4)获得了因胰岛素缺乏而患糖尿病的动物，这种动物可以作为实验材料用于研发治疗这类糖尿病的药物

解析：这道生物题，除了第(4)问是半开放式的问题，其他问的答案也是唯一的。

2. 逻辑性

数学和理综都是讲逻辑，讲"理"的。讲"理"是什么意思？就是我们可以根据

已知求出未知,可以根据上一步推导出下一步,每一个步骤之间是环环相扣的,我们对答案的认定是一样的,是没有争议的。但是语文、文综,有可能会出现对答案的争议性看法。

例题:

一质量为 m 的烟花弹获得动能 E 后,从地面竖直升空。当烟花弹上升的速度为零时,弹中火药爆炸将烟花弹炸为质量相等的两部分,两部分获得的动能之和也为 E,且均沿竖直方向运动,爆炸时间极短,重力加速度大小为 g,不计空气阻力和火药的质量。求:

(1)烟花弹从地面开始上升到弹中火药爆炸所经过的时间;

(2)爆炸后烟花弹向上运动的部分距地面的最大高度。

答案:

(1)设烟花弹的初速度为 v_0,则有 $E=\dfrac{1}{2}mv_0^2$,

得 $v_0=\sqrt{\dfrac{2E}{m}}$。

烟花弹从地面开始上升的过程中做竖直上抛运动,则有 $v_0-gt=0$,

得 $t=\dfrac{1}{g}\sqrt{\dfrac{2E}{m}}$。

(2)烟花弹从地面开始上升到弹中火药爆炸上升的高度为 $h_1=\dfrac{v_0^2}{2g}=\dfrac{E}{mg}$。

弹中火药爆炸后,烟花弹分为上、下两部分,均沿竖直方向运动,设其对应瞬间速度分别为 v_1,v_2,取竖直向上为正方向,由动量守恒定律得

$0=\dfrac{1}{2}mv_1-\dfrac{1}{2}mv_2$。

根据能量守恒定律得 $E=\dfrac{1}{2}\cdot\dfrac{1}{2}mv_1^2+\dfrac{1}{2}\cdot\dfrac{1}{2}mv_2^2$。

联立解得 $v_1=\sqrt{\dfrac{2E}{m}}$。

爆炸后烟花弹向上运动的部分能继续上升的最大高度为 $h_2=\dfrac{v_1^2}{2g}=\dfrac{E}{mg}$,

所以爆炸后烟花弹向上运动的部分距地面的最大高度为 $h=h_1+h_2=\dfrac{2E}{mg}$。

解析:以上每一步推导都是有逻辑的,环环相扣,最终得出正确答案,不可能"凭空"产生一个答案。

3.应用性

数学和理综的应用性很强,它们都可以应用到具体生产、生活中,当然也为进入大学后相关专业的学习打下基础。

例题:

硼酸(H_3BO_3)是一种重要的化工原料,广泛应用于玻璃、医药、肥料等工业。一种以硼镁矿(含 $Mg_2B_2O_5 \cdot H_2O$、SiO_2 及少量 Fe_2O_3、Al_2O_3)为原料生产硼酸及轻质氧化镁的工艺流程如下图所示:

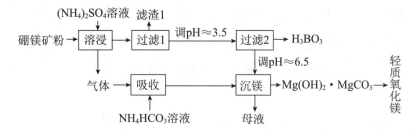

回答下列问题:

(1)在 95 ℃"溶浸"硼镁矿粉,产生的气体在"吸收"中反应的化学方程式为_____。

(2)"滤渣 1"的主要成分有_____。为检验"过滤 1"后的滤液中是否含有 Fe^{3+} 离子,可选用的化学试剂是_____。

(3)根据 H_3BO_3 的解离反应:$H_3BO_3 + H_2O \rightleftharpoons H^+ + B(OH)_4^-$,$K_a = 5.81 \times 10^{-10}$,可判断 H_3BO_3 是_____酸;在"过滤 2"前,将溶液 pH 调节到 3.5,目的是_____。

(4)在"沉镁"中生成 $Mg(OH)_2 \cdot MgCO_3$ 沉淀的离子方程为_____,母液经加热后可返回_____工序循环使用。由碱式碳酸镁制备轻质氧化镁的方法是_____。

答案:

(1)$NH_4HCO_3 + NH_3 = (NH_4)_2CO_3$

(2)SiO_2、Fe_2O_3、Al_2O_3　KSCN

(3)一元弱　转化为 H_3BO_3,促进析出

(4)$2Mg^{2+} + 3CO_3^{2-} + 2H_2O = Mg(OH)_2 \cdot MgCO_3 \downarrow + 2HCO_3^-$[或 $2Mg^{2+} + 2CO_3^{2-} + H_2O = Mg(OH)_2 \cdot MgCO_3 \downarrow + CO_2 \uparrow$]　溶浸　高温焙烧

解析:这道化学题虽然只是对化学原理的考查,但是也描述了生产化工原料的核心原理,应用性很强。

(二)学好数学和理综需要什么能力？如何提高？

高考数学和理综在考查知识的同时注重考查能力,并常常把对能力的考查放在首要位置,通过考查知识及其运用来鉴别考生能力的高低,但不把某些知识与某种能力简单地对应起来。结合《考纲》,学好数学和理综需要着重培养以下几个方面的能力。

1. 记忆能力

高考数学和理综更倾向于考查思维能力和知识运用能力,单纯考查识记知识点的题目是很少的,指望靠死记硬背提高成绩也是不现实的。但这不能掩盖一个事实:记忆能力是一切能力的基础。数学和物理的原理、公式,化学的方程式,生物的必备概念,都是需要记忆准确的。刷题正是我们提高记忆力的主要手段。

2. 专注能力

专注力是人进行一项活动的心理状态,是有指向性的,包含了意志自控品质在里面,同时也具备社会功能性。理性、严谨、细致可以说是数学和理综学科的学科气质所在,而这无一不需要考生极强的专注力。提高专注力,需要考生加强自身感觉统合能力训练,合理地控制自身的注意力和情绪。

3. 获取、理解、整合信息的能力

考生要能够理解所学知识的要点,清楚地认识概念和规律的表达形式(包括文字表述和数学表达),鉴别关于概念和规律的似是而非的说法,把握知识间的内在联系,理解相关知识的区别和联系,形成知识的网络结构;能用文字、图表以及数学方式等多种表达形式准确地描述生物学方面的内容;能运用所学知识与观点,通过比较、分析与综合等方法对某些相关问题进行解释、推理,作出合理的判断或得出正确的结论。

4. 空间想象能力

空间想象能力是对空间形式的观察、分析、抽象的能力,主要表现为识图、画图和对图形的想象能力。识图是指观察研究所给图形中几何元素之间的相互关系;画图是指将文字语言和符号语言转化为图形语言以及对图形添加辅助图形或对图形进行各种变换;对图形的想象主要包括有图想图和无图想图两种,是空间想象能力高层次的标志。考生要能根据条件作出正确的图形,根据图形想象出直观的形象;能正确地分析出图形中的基本元素及其相互关系;能对图形进行分解、组合;会运用图形与图表等手段形象地揭示问题的本质。提高空间想象能力,一是要强化考生对三维空间的认知,加强对三维空间的无限性、复杂性的感知;二是要培养由

实物模型出发的空间想象能力,可以通过自己制作模型(如骰子、橡皮、动图等)的方式来锻炼、培养;三是加强作图训练,特别是在平面几何、立体几何的辅助线方面。

5. 抽象概括能力

抽象是指舍弃事物非本质的属性,揭示其本质的属性;概括是指把仅仅属于某一类对象的共同属性区分出来的思维过程。抽象和概括是相互联系的,没有抽象就不可能有概括,而概括必须在抽象的基础上得出某种观点或某个结论。抽象概括能力是对具体的、生动的实例,经过分析提炼,发现研究对象的本质。考生要能够从给定的大量信息材料中概括出一些结论,并能将其应用于解决问题或作出新的判断。为了提高抽象概括能力,考生需要学会比较和联想,在比较和联想中加强对事物本质的感知。

6. 推理论证能力

推理是思维的基本形式之一,它由前提和结论两部分组成;论证是由已有的正确的前提到被论证的结论的一连串的推理过程。推理既包括演绎推理,也包括合情推理;论证方法既包括按形式划分的演绎法和归纳法,也包括按思考方法划分的直接证法和间接证法。一般运用合情推理进行猜想,再运用演绎推理进行证明。高考数学和理综的推理论证能力,主要是根据已知的事实和已获得的正确命题,论证某一命题真实性的初步推理能力。在平时,考生可以通过看一些侦探影视剧来潜移默化地提高这方面能力;在做题时,要注重分析判断已经掌握的条件和信息。

7. 运算求解能力

会根据法则、公式进行正确运算、变形和数据处理,能根据问题的条件寻找与设计合理、简捷的运算途径,能根据要求对数据进行估计和近似计算。运算求解能力是思维能力和运算技能的结合。运算包括对数字的计算、估值和近似计算,对式子的组合变形与分解变形,对几何图形各几何量的计算求解等。运算能力包括分析运算条件、探究运算方向、选择运算公式、确定运算程序等一系列过程中的思维能力,也包括在实施运算过程中遇到障碍而调整运算的能力。提高运算能力,无论是心算、笔算还是估算,核心就是大量练习。

8. 数据处理能力

会收集、整理、分析数据,能从大量数据中抽取对研究问题有用的信息,并作出判断。数据处理能力主要是指针对研究对象的特殊性,选择合理的收集数据的方法,根据问题的具体情况,选择合适的统计方法整理数据,并构建模型对数据进行分析、推断,并获得结论。

9. 应用能力

能综合应用所学数学、理综知识、思想和方法解决问题,包括解决相关学科、生产、生活中简单的问题;能理解对问题陈述的材料,并对所提供的信息资料进行归纳、整理和分类,将实际问题抽象为数学问题;能应用相关的数学方法解决问题进而加以验证,能用数学语言正确地表达和说明;能够把一个复杂问题分解为若干较简单的问题。应用的主要过程是依据现实的生活背景,提炼相关的数量关系,将现实问题转化为数学问题,构造数学模型并加以解决。应用意识需要考生在学习、生活中随时留心培养。

10. 创新能力

能发现问题、提出问题,综合与灵活地应用所学的数学、理综知识、思想方法,选择有效的方法和手段分析信息,进行独立的思考、探索和研究,提出解决问题的思路,创造性地解决问题。创新意识是理性思维的高层次表现。对问题的“观察、猜测、抽象、概括、证明”,是发现问题和解决问题的重要途径,对相关知识的迁移、组合、融会的程度越高,显示出的创新意识也就越强。

11. 实验与探究能力

考生要能独立完成《考纲》要求的物理、化学、生物实验,包括理解实验目的、原理、方法和操作步骤,掌握相关的操作技能,并能将这些实验涉及的方法和技能等进行运用;要具备验证能力,能对实验现象和结果进行分析、解释,并能对收集到的数据进行处理;要具有对一些相关问题进行初步探究的能力,包括运用观察、实验与调查、假说演绎、建立模型与系统分析等科学研究方法;要能对一些简单的实验方案作出恰当的评价和修订。实验探究能力光靠动动嘴皮子是不行的,需要抽出时间进行专门实际操作。

以上 11 个方面的能力要求不是孤立的,高考数学和理综在着重对某一种能力进行考查的同时,也不同程度地考查了与之相关的能力。并且,在应用某种能力处理或解决具体问题的过程中往往伴随着发现问题、提出问题的过程。因而高考对考生发现问题、提出问题并加以论证解决等探究能力的考查渗透在以上各种能力的考查中,我们需要以系统思维去应对。

如何提高上述能力? 可以重点从以下三方面入手:

首先,“Ⅱ类科目”需要掌握(背诵)一些基础知识。一些基础的原理、概念、思维、模型是必备的,比如,数学、物理领域的各种定理、公式等,化学领域的元素周期表、化学反应的方程式,生物领域的一些具体的概念。这些都需要考生专门记忆。

其次,牢牢把握住快速提高“Ⅱ类科目”分数的主抓手:模块化刷套卷。“Ⅱ类科目”的试卷往往都是结构化的,某一个固定位置往往就是那个知识点。我们集中时间、集中精力,就能把这一个知识点给攻破(兰彻斯特方程的应用)。在前文验证许涵仁有限刷题法的理论假设时,我们曾列举过各类科目十年特定知识点的题目,那就是一个模块化刷题的典型例子。

最后，理性、严谨、细心是"Ⅱ类科目"的"魂"。想要拿高分，"Ⅱ类科目"对考生共同的要求就是要理性、严谨、细心。事实上，做到理性、严谨、细心，对任何科目而言都是一样的，但对"Ⅱ类科目"来说尤为重要。很多成功人士，不仅在战略上藐视困难，在战术上更是十分重视细节。在理工科的集大成者——航空航天领域，每个卫星、火箭都是由数万乃至数百万零件组成的，丝毫差池都不能有。

那么如何能做到理性、严谨、细心呢？我认为，先有感性，后有理性，先有随意，后有严谨，先有粗心，后有细心——那就是通过大量的刷题，首先做到机械记忆，然后做到深层次理解，并且在不断的练习中锻炼细心的能力。比如刚开始刷题的时候，可能 300 分之中总有 20 分的"非能力型丢分"，这完全是因为没看到题，或者粗心导致的失误，而随着刷题量的增加，可能就会降低到 5 分甚至 0 分。理性、严谨、细心是一个过程，是一个方向，不可能一蹴而就。

常见的粗心类型

类型	表现	解决方法
类型一：读题粗心	漏掉条件	在重要条件、关键信息下方加上下画线
	理解偏差	注意区分同类型的词汇
	看错设问	对设问特别注意，可多读几遍
类型二：过程粗心	计算错误	对复杂计算、常用计算进行反复练习
	格式不规范	揣摩标准格式
类型三：结果粗心	抄错、写错	提升注意力训练
	分类讨论不全面	锻炼全面思维
类型四：心理层面	过于重视导致紧张，大脑一片空白	保持平常心
	过于松懈，导致"轻敌"	在战略上藐视，在战术上重视

三、"Ⅲ类科目"：英语

英语等外语类学科，可以归为同一类学科。这类学科有着共同的特点，也有着类似的提高成绩方法，这里我们重点讲一下英语。

我们可以明确以下几点：

第一，英语不仅是一门语言，更是文化霸权的产物。语言是文化的载体，每一种语言都是一种文化的结晶。人们使用语言进行交际和语言传播的过程其实也是文化交流、传播的过程。语言使用者可以通过语言获得一种文化认同感和社会归属感。在全世界 200 多个国家中，有 60 多个国家以英语为母语、官方语言或通用语言。可以说,在人类历史上,没有任何一种语言能像英语这样在世界范围内如此广泛地流行。[153] 但是我们要深刻认识到,英语全球化运动的动力是"霸权",没有霸权就没有英语的全球化。正如有的学者所言:"从历史上看,语言工程往往就是人心改造工程。西方人的民族征服往往从对被征服者的语言改造开始:英国人如此,美国人也是如此。欧洲人带着枪炮走向世界的同时,也把他们的语言强行推向他们的殖民地……推进国家语言战略的关键是塑造国家战略语言。这方面的工作,西方国家是有组织、有计划和持之以恒地向前推进的。"[154]

第二,学英语要避免过于注重语法和搭配等细节,而忽视词汇量和阅读能力的训练。实际上我们大部分人学习英语,不是为了和外国人面对面交流或者去国外生活的,而是为了更好地利用外国各种信息、文献提升自己。一般来说,要能够比较流利地阅读英语应用问题,需要 8 000~10 000 的词汇量。如果要阅读文学作品,那就需要更多词汇。但我们中学的大纲也就要求 3 500 的词汇量,这是远远不够的。所以,千万不要抱着"不超纲"的想法不去扩大词汇量和阅读量。

过于重视语法等细节的一个表现就是,英语应该是中小学各学科里实用性最强的,然而仍然没有逃脱数理化等科目为了提高区分度,把知识变成脑筋急转弯的怪圈。比如下面这一道经典单选题:

例题:

There is _____ sheep under the tree. (　　　)

A. a little　　　　B. little　　　　C. a few　　　　D. few

选项中有 a few 和 a little,故意用一个单复数同形的 sheep 迷惑考生,让考生被"可数用 a few""不可数用 a little"的思维定式干扰。其实这就是个脑筋急转弯而已,实用性并不强。

对阅读来说,be good in maths 还是 be good at maths 是无关紧要的细节,与其纠缠这些细节,还不如去多记单词。

而单词从来不是单独存在的,单词一定存在于具体的句子之中,并且在具体的语句之中展示其功能和含义。因此,记忆单词的过程中,要重视从句子的层次去记忆单词。我们以单词"remain"为例:

1. The three men remained silent. (这 3 个人保持着沉默)

2. He will have to remain in hospital for at least 10 days. (他至少得在医院里

153　金光美. 英美霸权与英语全球化[J]. 甘肃社会科学,2009(02):230-233.
154　张文木. 在推进国家语言战略中塑造战略语言[J]. 马克思主义研究,2011(03):83-91,160.

待 10 天）

3. Many of the differences in everyday life remain. （日常生活中的许多差异仍然存在）

4. Major questions remain to be answered about his work. （关于他工作的许多重要问题仍然悬而未决）

第三,提升英语成绩的关键在于"感觉"的培养,刷题是培养"感觉"的最重要手段。2020 年夏天,考生钟芳蓉参加高考,考出 676 分的好成绩。在填报志愿时,她考虑的因素再纯粹不过:热爱。于是她选择了北大考古文博学院。在 2022 年 1 月 18 日,她回到母校宣讲,向学弟学妹分享自己的学习心得,说道:"历史你可以多读几遍多看几遍,因为历史其实就是一种感觉……地理也是一种感觉,但是那个感觉要科学一点……"[155]

事实上,不光历史学科需要感觉,学习语言类的科目更是需要感觉的。语感是比较直接、迅速地感悟语言文字的能力,它是对语言文字分析、理解、体会、吸收全过程的高度浓缩。语言类科目的学习,特别是英语学科,拥有好的语感至关重要。语感的体验就是即使不知道为什么,也能说出正确的答案。而感觉的培养,需要大量的"听、说、读、写"训练。从我个人的经验来看,大量诵读阅读理解题目的原文、完形填空的原文、书面表达的优秀范文,对于提升对英语的"感觉"最为直接和迅速。一方面,许多文本内容既可以以阅读理解的形式,也可以以完形填空的形式出现,掌握住了它们,就能掌握主动;另一方面,可以通过对它们的背诵来记忆单词、语句,好的句子甚至可以直接用于写作。

例题：

The connection between people and plants has long been the subject of scientific research. Recent studies have found positive effects. A study conducted in Youngstown, Ohio, for example, discovered that greener areas of the city experienced less crime. In another, employees were shown to be 15% more productive when their workplaces were decorated with houseplants.

The engineers at the Massachusetts Institute of Technology(MIT) have taken it a step further changing the actual composition of plants in order to get them to perform diverse, even unusual functions. These include plants that have sensors printed onto their leaves to show when they're short of water and a plant that can detect harmful chemicals in groundwater. "We're thinking about how we can

---

155　来源自抖音号"新华每日电讯"2022 年 1 月 21 日发布的视频。

engineer plants to replace functions of the things that we use every day,"explained Michael Strano, a professor of chemical engineering at MIT.

One of his latest projects has been to make plants grow(发光) in experiments using some common vegetables. Strano's team found that they could create a faint light for three-and-a-half hours. The light, about one-thousandth of the amount needed to read by, is just a start. The technology, Strano said, could one day be used to light the rooms or even to turn tree into self-powered street lamps.

In the future, the team hopes to develop a version of the technology that can be sprayed onto plant leaves in a one-off treatment that would last the plant's lifetime. The engineers are also trying to develop an on and off "switch" where the glow would fade when exposed to daylight.

Lighting accounts for about 7% of the total electricity consumed in the US. Since lighting is often far removed from the power source(电源)—such as the distance from a power plant to street lamps on a remote highway—a lot of energy is lost during transmission(传输).

Glowing plants could reduce this distance and therefore help save energy.

32. What is the first paragraph mainly about?

A. A new study of different plants.

B. A big fall in crime rates.

C. Employees from various workplaces.

D. Benefits from green plants.

33. What is the function of the sensors printed on plant leaves by MIT engineer?

A. To detect plants' lack of water.

B. To change compositions of plants.

C. To make the life of plants longer.

D. To test chemicals in plants.

34. What can we expect of the glowing plants in the future?

A. They will speed up energy production.

B. They may transmit electricity to the home.

C. They might help reduce energy consumption.

D. They could take the place of power plants.

35. Which of the following can be the best title for the text?

A. Can we grow more glowing plants?

B. How do we live with glowing plants?

C. Could glowing plants replace lamps?

D. How are glowing plants made pollution-free?

答案：32. D　　33. A　　34. C　　35. C

解析：这是一篇说明文。文章主要说明了绿色植物对人们很有好处，因此麻省理工学院的工程师开发了一种发光植物。文章介绍了他们发明这种植物的过程，以及这种植物的一些优势，指出发光植物在未来有可能取代路灯，达到节约能源的作用。我们可以看到，以这道题为原型完全可以改编出来别的阅读理解题或者完形填空题，也可以改编出很多单项选择题。

第四，要特别重视高考英语的"考试大纲"。"大纲"在网上都是公开的，可以轻易获取。每年的"大纲"都会将考核目标与要求予以说明，甚至还会详细罗列出来语音项目表、语法项目表、功能意念项目表、话题项目表、词汇表等供考生参考。所以要特别重视"大纲"，可以在高三以前就将往年的"大纲"打印出来进行研究。下面部分摘录 2019 年的"大纲"。

2019 年普通高等学校招生全国统一考试大纲（英语）

考核目标与要求
一、语言知识

要求考生掌握并能运用英语语音、词汇、语法基础知识以及所学功能意念和话题（见附录 1 至附录 5），要求词汇量为 3 500 左右。

二、语言运用

1. 听力

要求考生能听懂所熟悉话题的简短独白和对话。考生应能：

(1) 理解主旨要义；

(2) 获取具体的事实性信息；

(3) 对所听内容作出推断；

(4) 理解说话者的意图、观点和态度。

2. 阅读

要求考生能读懂书、报、杂志中关于一般性话题的简短文段以及公告、说明、广告等，并能从中获取相关信息。考生应能：

(1) 理解主旨要义；

（2）理解文中具体信息；

（3）根据上下文推断单词和短语的含义；

（4）作出判断和推理；

（5）理解文章的基本结构；

（6）理解作者的意图、观点和态度。

3. 写作

要求考生根据提示进行书面表达。考生应能：

（1）清楚、连贯地传递信息，表达意思；

（2）有效运用所学语言知识。

4. 口语

要求考生根据提示进行口头表达。考生应能：

（1）询问或传递事实性信息，表达意思和想法；

（2）做到语音、语调自然；

（3）做到语言运用得体；

（4）使用有效的交际策略；

……

四、其他类

1. 钢琴

小时候，家长总是逼着我练琴，但是我并不喜欢，没有主动性，也受不了枯燥的练习，最终半途而废。工作之后，想着业余时间培养个爱好，就又把钢琴捡了起来，后来进步也挺快，身边人都夸我弹得不错。那么综合运用有限刷题法的思路，如何去练习钢琴并实现琴艺的快速提升呢？

第一，要明确定位，回答好"为什么学"的终极问题。学琴是为了啥？如果回答不好这个问题，必定是没有什么动力的。以我为例，我学钢琴就是为了培养个爱好，能有几首拿得出首的曲子，听到好听的流行歌可以自己弹出来。学琴，纯粹是为自己而学，不是为别人而学。

第二，要掌握识谱等基础知识。钢琴是有一些基础知识的，这些基础知识完全可以自己上网找一些简单的教程，甚至自行搜索就可以得到。当我工作之后开始学琴，距离上次弹琴已经差不多有十年了，什么五线谱全都忘了。没办法，自己在网上去检索并学习最基础的五线谱知识。

第三，从练习曲开始太慢，可以直接从流行曲开始。比如，我自学的第一首歌，就是钢琴版的《假如爱有天意》这种流行曲。因为是自己喜欢的歌,所以更加有兴趣。

第四,不要太在意指法等细节。重要的是弹下来,弹得好听,没有必要刻意地追求"握鸡蛋"一样的手形。

第五,可以找专业老师来指导。主要是从方法上来指导,适当指导即可,不需要长期指导。也可以去网络上搜一些成人学钢琴的教程,网上很多老师的方法都是不错的。

第六,刻意练习很重要。尽量做到每天都进行练习,哪怕是十分钟也好过不练习。

2. 篮球

和很多同学一样,我也喜欢打篮球。那么,从有限刷题法的理念出发,篮球该如何练习?

第一,明确打篮球的定位。是纯粹的喜欢,还是要成为专业运动员?如果是纯粹的喜欢,那么身体健康、娱乐性就更重要一些;如果是要成为篮球特长生或者专业的运动员,那么胜利、对抗、技巧、耐力这些就更重要些。

第二,要增强基础能力。比如力量训练、耐力训练、弹跳训练等。

第三,要通过刻意练习来培养"手感"。比如,对运球、投篮等动作进行反复的刻意训练。

第四,通过比赛来提高赛场经验。多打比赛,经验就会增长。

第五,可以请个"师傅"。可以是专业的教练,也可以是篮球高手,只要有人带,有人指导,总归会好一些。

3. 书法

从有限刷题法的理念出发,书法该如何练习?

第一,做足功课。先向身边书法好的同学、老师请教,看看人家是怎么练习的。也可以在网络上找一些书法速成的教材或课程来学习。

第二,勤练习。字是写出来的,得多练才行。

第三,速度要快。平时练习书法可以不考虑速度,但是在考场上,"快"比"好"重要。书法再好,写不完卷子也是白搭。

4. 公文写作

公文写作的诀窍在哪里?

第一,工作要熟。就是说,要熟悉具体的业务工作,这是一个大前提。比如要写安全生产方面的材料,那么就得对安全生产工作先进行一个了解,如不了解具体业务就硬拼凑的话,可能会抓不住重点、说不出内行话,甚至会犯低级错误。

第二,资料要多。公文写作,必须得占有大量的现成资料和基础资料,否则巧妇难为无米之炊。比如,领导让你写一篇关于作风建设的情况汇报,你如果压根就没见过,那根本无从下手。可如果有一篇前年作风建设方面的材料,直接把去年的材料改改就可以了。当然,占有了大量材料之后,还必须得对这些材料足够了解,否则也是没用的。

第三,逻辑要通。就是说,材料中的每句话都要有其存在的必要性,句子之间要有逻辑性,起承转合要做到位。

第四,语感要好。材料要符合场景、符合站位,并且一定要有比较好的语感才行。

第五,标题要亮。各级标题都要给人一种眼前一亮的感觉。

第六,格式要美。一篇好的材料,必须在格式上做到完美无缺,字体、字号、字距、行距等,都要符合规范,特别是不能出现错别字这样的低级错误。

第六节　是药三分毒:许涵仁有限刷题法的局限性

是药三分毒。中医也好,西医也罢,没有万能的医术,更没有万能的神药。生老病死是宇宙间的规律,医学在大自然面前是渺小的,能做的很有限。同样,许涵仁有限刷题法虽然具有科学理论支撑,但也面临着"信则灵"的窘境和"是药三分毒"的局限。

一、适用局限性

有限刷题法的使用范围同样也逃不出有限性的牢笼。

1. 无"锚"则不可用

没有锚定的对象,那么许涵仁有限刷题法的效力就要大打折扣。比如,假设今年要实行高考改革,全部的考试题目都是革新性的、无先例可循的,那就很难对其进行有针对性的刷题。比如,有些考研科目的专业课,试题从来没有公开过,也找不到往年的试题,那么也是很难办的。如果没有"锚",就只能从历史中寻找答案,从"大纲""指定书目"中寻找答案,在文献回顾中下一番苦功夫。

2. 时间过短则不可用

想逆袭,想提高,必须得有一定的基础时间。考生是 300 分的水平,一夜之间或一周之内就要提高到 600 分,这显然是不可能的。

3. 基础太差则不可用

提高要有一个基础。如果 26 个英文字母都不认识,那么如何背诵英语范文?如何刷英语卷子?所以必须有一定的"基础"。

4. 没有干劲则不可用

任何刷题法都是需要人来应用的。考生本身的意志品质、聪明程度、努力程度,是影响成败的关键。如果考生没什么干劲,没有主动性,那老师、家长干着急也没用,得先做好考生的思想工作。

二、急就章

急就章,就是为应付急需而匆忙完成的作品。有限刷题法,主要功能其实就是满足应急需求,从某种程度上来说,也是个"急就章"。

许涵仁有限刷题法适用于"一战定胜负"那样的决战,而非全面战、持久战。孔子曾说:"非求益者也,欲速成者也。"(不是个要求上进的人,只是个急于求成的人)中考、高考、考研笔试、公考笔试,都是"一战定胜负",这种"决战"非常适合使用许涵仁有限刷题法。与之相反,大学里,一门课程的分数,往往是平时成绩、签到成绩、期中期末成绩等加权形成的,这就很难"突击"了。比如,总成绩中如果签到成绩占了 30%,那么期末成绩再好,平时没去上课,最终成绩也不会太好。

许涵仁有限刷题法的惯性太大,一旦使用,就会形成路径依赖,很难做到战时状态与平时状态的自由切换。我们举个科技史方面的例子,那就是,航天飞机火箭助推器的宽度,早在两千年前就已经定好了。怎么回事呢?火箭助推器是由火车运送的,火车运送势必会经过隧道,隧道的宽度要比火车轨道宽一点,现在火车轨道的标准距离是 4 英尺(1 英尺＝0.304 8 米)8.5 英寸(1 英寸＝2.54 厘米)。火车的前身是蒸汽机车,早期的机车轨道是由设计电车的人设计的,而造电车的人以前是造马车的,马车的轮距标准恰恰就是 4 英尺 8.5 英寸。那么实际上就是:马屁股的宽度,间接决定了火箭助推器的宽度。这个例子就很好说明了路径依赖。一旦考生通过有限刷题法取得了成功,那么工作、生活中遇到的各种问题,都会不自觉地套用其中的原理和方法。但世间万物,纷繁复杂,不都适合用这个方法。

三、"致命的自负"

人是不容易被压垮的,但很容易被吹垮。许涵仁有限刷题法带来的成功,可能会让考生自我膨胀,忽视成功中运气的成分。很多时候,成功是多方面因素耦合作用的结果,有限刷题法只是成功的一部分原因,不是全部原因。也许高考当天天气不错,也许高考试卷比较简单,也许瞎蒙题目的时候碰巧运气比较好等,都有可能作用于考试本身。考生一定要清醒地辨别自身能力和运气的关系,不要以为成功一次就可以成功无数次。一个人,在电梯里做俯卧撑,到了80层。那么他(她)是靠着自身的努力来到了80层吗? 不是的。一定要对自身的实力、自身的成功有一个清醒的认识,曾经因避免"致命的自负"而逆袭成功,不要"屠龙少年成为恶龙",变成自己曾经讨厌的样子。

四、"小镇做题家"的宿命

当下的年轻人,尤其是"双一流"大学的学生,普遍无法复制父辈的成功,他们感觉自己上升的通道越来越狭窄,而且每一次上升都要和无数的同辈竞争,他们把这种同辈间的恶性倾轧形容为"内卷"。

"内卷"就是太多的人挤在了一个生态位上,太多的人具有相同的观念和目标,远远超出了某个生态位的容量,最终导致了零和博弈和"内卷"。同质化让社会某个生态位人太多,而某个生态位人又太少。有位高校老师曾为年轻人做过一场演讲,她说道:"……那我到底观察到了什么呢? 首先从精神状态而言,我觉得台下的学生,他们的青春少了一份张扬和放肆,多了一份规训过后的沉默。"逆袭成功之后,"小镇做题家"又来到了一个新的天地。然而到了这个新的天地,却发现早已是人满为患。终有一天,考生会明白:努力不一定就有收获,人生不只有做题。

语文、文综背诵库

语文和文综的问答题,答案的来源有哪些呢?其实无外乎题中材料和平时的积累。材料和积累一起进入大脑,经过你的判断,最终形成一个答案出来。

认真审视历年的语文、文综的高考试卷,就会发现:①很多题目其实根本就不需要题干上的材料,材料和最终的答案关系不大。②历年题目在设问方向上大同小异,在具体的材料载体上也多有重复。我在整理这些资料的时候,有时竟然会看到一些我老早前就做过的题、老早前就见过的材料。比如 2018 年文综全国 I 卷第 44 题中关于"世界种子库"的材料,在我当年高考前做模拟题的时候就见过不下两次!③历年答案中的要点多有重复。

为了提高原创答案的能力,必须背诵大量的优秀答案。为此,我特地搜寻了近年来一些高质量的高考题和模拟题,抛去题目中的题干部分(少量除外),只留下设问和答案。在整理的过程中,结合标准答案,我按照"形式原则"(即要点分明和重点突出)对答案进行了适当优化,方便同学们进行背诵、记忆以及模仿练习。有些答案使用了序号进行标注,有些则使用分号进行区分,这没有本质上的区别,只要你能够区分清楚要点即可。当然,你在背诵的过程中,如果觉得答案仍然可以进行再次优化,那么就大胆地优化吧!

如果你已经升入高三,那么,放心大胆地背诵吧!以此可以培养出来做题的感觉。

如果你还没有升入高三,那么,同样可以放心大胆地背诵这些答案。这些素材会成为你的"知识基础",会是你的"秘密武器"。也许你会问,为什么没有客观题呢?一方面,客观题的题干来源过于广泛,很难重复;另一方面,客观题的答案与材料相关性较强,不易背诵,需要你自己在刷题的过程中勤加搜集、整理、背诵。

相信我,把本书背诵库里的这些答案背得滚瓜烂熟,保准你的语文和文综水平会有一个质的飞跃。

语文中的"古诗文"

(2020 新课标全国 I 卷)15. 请简要概括本诗所表达的思想感情。

参考答案:①表达了不能与友人相聚、一起赋诗饮酒、饱览春色的遗憾。②宽慰友人,表达对友人能够战胜病魔的信心和对以后美好生活的展望。

(2019 新课标全国Ⅰ卷)15.诗的尾联有什么含意? 从中可以看出诗人对这幅画有什么样的评价?

参考答案:

第一问:画中蕴含着诗意,但无法用语言准确表达。第二问:这幅画意境深远,韵致悠长,极具艺术魅力,令人玩味不已。

(2018 新课标全国Ⅰ卷)15.诗的最后两句有何含意? 请简要分析。

参考答案:①意为凛冽的寒风终将过去,和煦的春风拂绿枯柳,缀满嫩绿的柳条好像轻烟笼罩一般摇曳多姿。②表达了诗人虽感叹不遇于时,但不甘沉沦的乐观、自勉之情。

(2017 新课标全国Ⅰ卷)15.本诗的第四句"下笔春蚕食叶声"广受后世称道,请赏析这一句的精妙之处。

参考答案:①用春蚕食叶描摹考场内考生落笔于纸上写字的声响,生动贴切。②动中见静,越发见出考场的庄严寂静。③强化作者充满希望的喜悦之情。

(2016 新课标全国Ⅰ卷)8.诗的前四句描写了什么样的景象? 这样写有什么用意?

参考答案:这四句描写江水万流横溃,水势浩瀚,气势宏大的景象。

作者以此为下文颂扬盛唐天下一家、国运兴盛而积蓄气势,有利于突出诗的主旨。

(2016 新课标全国Ⅰ卷)9.诗中运用任公子的典故,表达了什么样的思想感情?

参考答案:①作者以水无巨鱼代指世无巨寇,表达对大唐一统天下,开创盛世伟绩的歌颂。

②作者自比任公子,觉得太平盛世没有机会施展才干,不免流露出一丝英雄无用武之地的失落。

(2015 新课标全国Ⅰ卷)8.与《白雪歌送武判官归京》相比,本诗描写塞外景物的角度有何不同? 请简要分析。

参考答案:本诗描写的边塞风光并非作者亲眼所见,而是出于想象。

从标题可以看出,作者此时尚处于前往边塞的途中;开头的"闻说"二字也表明后面的描写是凭听闻所得。

(2015 新课标全国Ⅰ卷)9.诗的尾联表达了作者什么样的思想感情? 对全诗的情感抒发有怎样的作用?

参考答案:表现诗人虽有羁旅思乡之愁,却能以国事为重的爱国热忱。

使得诗中的思乡之情不致流于感伤,也提升了全诗的格调。

(2014 新课标全国Ⅰ卷)8.词上半阕的景物描写对全词的感情抒发起了什么作用? 请结合内容分析。

参考答案:奠定了词的情感基调。春风吹雨,残红满地,词一开始就给人以掩抑低回之感;

接下来写风雨虽停,红日却已西沉,凄凉的氛围非但没有解除,反而又被抹上了一层暗淡的暮色。

(2014 新课标全国Ⅰ卷)9.末尾两句表现了词中人物什么样的情绪? 是如何表现的? 请简要阐述。

参考答案:末尾两句表现了词中人物思绪纷乱、无法排遣的愁情。是通过人物自身的动作来表现的。

回身整理残棋并想续下,借以转移愁情,可又因心事重重,以致犹豫不决,落子迟缓。

（2013 新课标全国Ⅰ卷）8.上阕最后两句是什么意思？他表达了作者什么样的情感？

参考答案:上阕最后两句意思是无赖小人得志封侯,而诗人却只能独自隐居江边。

通过对比手法,表达了诗人愤懑之情和怀才不遇的感慨。

（2013 新课标全国Ⅰ卷）9.词的结尾借用了贺知章的故事,这有什么用意？请简要分析。

参考答案:用贺知章告老还乡和诗人被迫隐逸作对比,表达诗人对现实的不满和壮志难酬的愤慨。

通过皇帝"多此一举"的赏赐,暗示诗人不甘心作闲人,表达报效国家的愿望。

（2012 新课标全国Ⅰ卷）8.这首词表达了什么样的感情？"红叶黄花秋意晚"一句对表达这种感情有什么作用？

参考答案:这首词表达了对远方行人的深切思念。

首句起兴,以红叶、黄花染绘出深秋的特殊色调,渲染离别的悲凉气氛,增添对远方行人绵绵不尽的思念情怀。

（2012 新课标全国Ⅰ卷）9."就砚旋研墨"与"临窗滴"有什么关系？"红笺为无色"的原因是什么？请简要分析。

参考答案:关系是:"就砚旋研墨"暗指以临窗滴下的泪水研墨,和泪作书。

原因是:红笺被泪水浸湿。由于情到深处,词中主人公在作书时不停流泪,泪水落到纸上,红笺因而褪去了颜色。

（2011 新课标全国Ⅰ卷）8.这首诗表现了诗人什么样的感情？请简要分析。

参考答案:表现了诗人怀古伤今之情。

诗人春日眺望泾水之滨,不见春草,只见古碑,行客之路尽是黄沙,想当年秦国何等强盛,看如今唐王朝的国势日衰,眼前一片荒凉,于是"不堪回首"之情油然而生。

（2011 新课标全国Ⅰ卷）9.你认为这首诗在写作上是如何处理情景关系的？

参考答案:①触景生情。②寓情于景。③写哀景抒哀情。

（2010 新课标全国Ⅰ卷）8.这首诗描写了什么样的环境？末句中的"别路"是什么意思？

参考答案:这首诗描写了边地雨雪交加、荒凉苦寒的环境。"别路"的意思是戍卒离别家乡到边关的路。

（2010 新课标全国Ⅰ卷）9.诗人把"旗彩坏""鼓声低"分别接在"天寒""地暗"之后,这样写有什么好处？这首诗表现了戍卒什么样的情感？

参考答案:这样写的好处是,不仅点明了边塞"天寒""地暗"的环境,也真实生动地透露出戍卒在这种环境中产生的"旗彩坏""鼓声低"的心理感受。

这首诗表现了戍卒身处辽远而艰苦的边塞而产生的思乡之情。

语文中的"文本阅读"

（2020 新课标全国Ⅰ卷）8.两人在喝完酒离开客栈前有一段一再相约的对话。

请结合上下文分析对话者的心理。

参考答案:①两人一再相约,表明他们对此有强烈的愿望。

②分别之际的一再相约,也表达出依依不舍的心情。

③但已经感觉到这一愿望不会实现,心情有些惘然。

(2020 新课标全国Ⅰ卷)9.海明威的"冰山"理论将文学作品同冰山类比,他说:"冰山在海面移动很庄严宏伟,这是因为它只有八分之一露在水面上。"本小说正是只描写了这露出水面的八分之一。请据此简要说明本小说的情节安排及其效果。

参考答案:①小说的情节是两人的越野滑雪及在小客栈的逗留,这只是小说"露出水面的八分之一"。

②通过小说已有的情节安排,可以推测出其背后隐藏着更为丰富的内容,尤其是两人在滑雪之外的生活。

③这种情节安排使小说大量留白,引人遐思。

(2019 新课标全国Ⅰ卷)8.鲁迅说:"我们从古以来,就有埋头苦干的人,有拼命硬干的人,有为民请命的人,有舍身求法的人,……这就是中国的脊梁。"请谈谈本文是如何具体塑造这样的"中国的脊梁"的。

参考答案:①外貌描写。作者把大禹等人描写为"一群乞丐似的大汉,面目黧黑,衣服破旧",写出艰苦卓绝的实干家的形象。

②语言描写。大禹简短有力的语言,突出了他的朴素、沉着、坚定、务实和富于远见卓识。

③对比手法。通过大禹和大臣们的对比来刻画形象。突出了大禹脚踏实地、埋头苦干、拼命硬干的精神和勇于改革的胆识。

(2019 新课标全国Ⅰ卷)9.《理水》是鲁迅小说集《故事新编》中的一篇,请从"故事"与"新编"的角度简析本文的基本特征。

参考答案:①从内容上说,这篇小说取材于大禹治水的传说故事,但是作者虚构了很多原故事中不存在的人物和情节,推陈出新。作品考查典籍博采文献,富有历史韵味。

②"新编"表现为新的历史讲述方式,如细节虚构、现代词语掺入、杂文笔法使用,作品充满想象力及创造性。

③这篇小说以传说为基础,以新编为手法,体现出一种创新思维。着眼于对历史与现实均作出关照,作品具有深刻的思想性。

(2018 新课标全国Ⅰ卷)5.小说中赵一曼"身上弥漫着拔俗的文人气质和职业军人的冷峻",请结合作品简要分析。

参考答案:①文人的气质:喜欢丁香花,情趣不俗;时常深情地、甜蜜地回忆战斗生活,文雅浪漫;用大义与真情感化青年,智慧过人。

②军人的冷峻:遭严刑拷打而不屈服,意志坚定;笑对即将到来的死亡,从容淡定;充满母爱又不忘大义,理智沉稳。

(2018 新课标全国Ⅰ卷)6.小说中历史与现实交织穿插,这种叙述方式有哪些好处? 请结合作品简要分析。

参考答案:①既能表现当代人对赵一曼女士的尊敬之情,又能表现赵一曼精神的当下意义,使主题内蕴更深刻。

②可以拉开时间距离,更加全面地认识英雄,使其形象更加立体。

③灵活使用文献档案,与小说叙述相互印证,使艺术描写显得更真实。

（2018 新课标全国Ⅰ卷）9. 以上三则材料中，《人民日报》《自然》《读卖新闻》报道的侧重点有什么不同？为什么？请结合材料简要分析。

参考答案：

不同：①《人民日报》侧重介绍我国在量子通信研究方面的巨大成就，彰显中国速度与中国创造。

②《自然》杂志侧重介绍潘建伟研究团队在量子通信领域的奉献，强调个人能力和经费投入。

③《读卖新闻》以"墨子号"为例，侧重介绍中国实验设施先进，突出投入之大和发展之快给日本带来压力。

原因：三家媒体的定位和出发点不同，因此对同一事件报道的侧重点不同。

（2017 新课标全国Ⅰ卷）5. 小说以"渴"为中心谋篇布局，这有什么好处？请简要说明。

参考答案：①省去许多不必要的叙述交代，使情节更简洁。

②集中描写人物在特定环境下的状态与感受，使主题更突出。

（2017 新课标全国Ⅰ卷）6. 小说以一个没有谜底的"美好的谜"结尾，这样处理有怎样的艺术效果？请结合作品进行分析。

参考答案：①小说人物"他"所知有限，这样写很真实。

②故事戛然而止，强化了小说的神秘氛围。

③打破读者的心理预期，留下了更多想象回味的空间。

（2016 新课标全国Ⅰ卷）11.（2）小说以"锄"为标题，有什么寓意？请结合全文简要分析。

参考答案：①锄作为一种农具，象征六安爷的人生和精神。

②锄喻示劳动者和土地的亲密关系。

③锄意味着传统的农业生产和生活关系。

④锄作为一种劳作行为，蕴含六安爷对土地的热爱，又暗含着他对土地的告别。

（2016 新课标全国Ⅰ卷）11.（3）小说较为夸张地连续使用"几万""几百万"之类的词语描述百亩园的历史，这样写的作用是什么？试简要分析。

参考答案：①强调百亩园是西湾村人安身立命的物质基础。

②将百亩园抽象为一种生活方式的象征。

③与下文百亩园的一朝被毁构成鲜明尖锐的对比。

（2016 新课标全国Ⅰ卷）11.（4）"我不是锄地，我是过瘾"这句话，既是理解六安爷的关键，也是理解小说主旨的关键，请结合全文进行分析。

参考答案：

六安爷层面：

六安爷用这句话回应村人的劝阻，由此能感受到他温和而固执的性格特征。

百亩园即将不复存在，六安爷的眼睛也快要失明，他要过在百亩园劳作的"瘾"，由此能体会到他内心的隐痛。

小说主旨层面：

在大地上劳作是一种"瘾"，即劳动者的精神需要。

随着传统的农业生产、生活方式的结束，耕种的意义只剩下"过瘾"，令人叹惋，又发人深思。

(2016 新课标全国Ⅰ卷)12.(2)为什么说 1985 年是认知陈忠实的标志性年份？请结合材料简要概括。

参考答案：①他意识到要像自己笔下的蓝袍先生一样接受时代的变化,在生活和思想上打开自己。

②他认识到必须写出史诗般的长篇小说,才能在文学上确立自己的位置。

③他认为自己是在 1985 年开始重建自我,产生对生活的独特理解和表述。

(2016 新课标全国Ⅰ卷)12.(3)文中认为"属于陈忠实的句子永留人间",为什么？请结合材料简要分析。

参考答案：①他的小说艺术达到了当时的最高水平。

②他的文学作品的思想容量和审美境界在 20 世纪中国是无可取代的。

③他的作品是当代世界文学中独树一帜的文学经典。

(2015 新课标全国Ⅰ卷)11.(2)小说有明暗两条线索,分别是什么？这样处理有什么好处,请简要分析。

参考答案：

线索：明线是马兰花一家为借款而引发的冲突,暗线是麻婶母女的还款过程。

好处：①部署麻婶母女还款这一暗线,虽然着墨不多,但仍可表现她们的品质,丰富小说的主题。

②明线和暗线交织,使小说情节更为紧凑,突出了主人公的形象。

(2015 新课标全国Ⅰ卷)11.(3)小说在刻画马兰花这个形象时,突出了她的哪些性格特征？请简要分析。

参考答案：①朴实善良。听说麻婶的不幸后,不时发呆,并及时到医院探视。

②善解人意。见麻婶女儿伤心,便不再提还钱的事;丈夫对她不满,她尽量忍让。

③做人有原则。尽管挣钱不易,但不为钱伤害情义;丈夫的言行过分,她会据理力争。

(2015 新课标全国Ⅰ卷)11.(4)小说三次写马兰花流泪,每次流泪的表现都不同,心情也不一样。请结合小说内容进行具体分析,并说明这样写有什么效果。

参考答案：

具体说明：①第一次是"眼泪在眼眶里打转转",强忍泪水的背后,是受到丈夫指责后的委屈与隐忍。

②第二次是"眼里含着泪",含着泪水的背后,是对丈夫不明人情事理、斤斤计较的气愤与不满。

③最后一次是"满眼的泪水",满眼泪水的背后是对麻婶去世的惋惜,对麻婶女儿知恩图报的感激,以及对丈夫终于不再唠叨的释然。

说明效果：三次描写,层层递进,丰富了马兰花的人物形象,凸显了小说"人间自有真情在"的主题。

(2015 新课标全国Ⅰ卷)12.(2)朱东润的传记文学观是如何形成的？请结合材料简要分析。

参考答案：①广泛阅读古今中外的传记作品,如《史记》《汉书》《约翰逊博士传》《维多利亚女王传》等,并比较它们的异同。

②深入研究传记文学理论,辨析不同概念,如阅读莫洛亚的传记文学理论,分辨史传、别传、自传、传叙文学等。

③进行传记文学写作实践,如给张居正写传。

（2015 新课标全国Ⅰ卷）12.（3）作为带有学术性质的自传,本文有什么特点?请简要回答。

参考答案:①偏重学术经历,主要写自己的传记文学观及其形成过程。

②写生平与写学术二者交融,呈现学术背后的家国情怀。

③行文平易自然,穿插使用口语,就像和老朋友闲谈一样。

（2014 新课标全国Ⅰ卷）11.（2）作品中的渡夫有哪些性格特点?请简要分析。

参考答案:①热情坦诚,乐于助人,喜欢孝顺父母的子女。

②刚强不屈,不畏身心劳苦,靠自己的气力赚钱。

③坚忍不拔,不向命运低头,坚持自由自在的生活信念。

（2014 新课标全国Ⅰ卷）11.（3）作品是怎样叙述渡夫的故事的?这样写有什么好处?请简要分析。

参考答案:①以"我"的视角来叙事,使事件显得真实可信。

②以"钱"为话题,引入渡夫的故事,唤起读者的阅读兴趣。

③多用对话形式,以渡夫之口自述其经历,使叙事更加集中。

④情景描写与渡夫讲述相结合,赋予渡夫的故事哀而不伤的诗意美。

（2014 新课标全国Ⅰ卷）11.（4）作品为什么以渡夫的任情高歌为结尾?结合全文,谈谈你的看法。

参考答案:①艺术结构上,通过突转产生戏剧性效果,最后以歌声结尾,余韵悠长,耐人寻味。

②情感表现上,以渡夫的无表情代替哭泣,以任情高歌代替诉苦,强化了表现苦难的力度。

③人物形象上,既表现了渡夫的洒脱豪放,也反衬他的现实痛苦之深,使其形象更加丰满。

④思想内容上,从批判社会现实的黑暗到表现渡夫追求自由生活的信念,深化了作品的主题。

（2014 新课标全国Ⅰ卷）12.（2）为什么爱因斯坦和玻尔的论战被称为物理学史上的"巅峰对决"?请结合材料简述原因。

参考答案:①从成员上看,论战双方都是当时物理学界的代表人物。

②从内容上看,辩论涉及现代物理学两大基础理论——相对论和量子力学。

③从影响上看,辩论带动了整个理论物理界的学术争鸣。

（2014 新课标全国Ⅰ卷）12.（3）文中说:"玻尔领导的哥本哈根学派具备了一个科学学派应有的优秀特质。"请结合材料,具体分析哥本哈根学派有哪些"优秀特质"。

参考答案:①拥有站在学术前沿的核心领导人物。

②有堪称骨干的科学家集体。

③创造了独特的学术精神。

（2013 新课标全国Ⅰ卷）11.（3）小说主人公马里诺这一形象有哪些特点?请简要分析。

参考答案:①演艺精湛:能说会道,善于捕捉观众心理,赋予无声的影子以独立的生命。

②地位卑微:人前强颜欢笑,依靠表演取悦观众,却遭观众厌弃和警察驱逐。

③忍辱负重:为养家糊口而奔走卖艺,却只能独自忍受精神的孤独和痛苦。

（2013 新课标全国Ⅰ卷）11.（4）小说前半部分侧重写马里诺的影子表演,后半部分侧重写马里诺的现实生活。作者这样安排有什么用意? 请结合全文,谈谈你的看法?

参考答案:①呼唤社会关注下层人生活状态。将马里诺娴熟的表演和马里诺的现实生活状况作对比,表现下层贫苦人生活的艰辛和对生活的茫然,呼唤人们对生活在底层的穷苦人的同情。

②揭露社会的冷酷无情。通过"人们愿意拿东西喂影子"和"马里诺的孩子却靠表演影子幻术骗来的食物生活"的比较,表现现实社会人情的冷酷。

③表达对生命的尊重。由影子表演写到现实生活,拓展了影子的内涵,表现了马里诺希望人们像相信影子有生命一样尊重现实生命的存在。

④升华主题。马里诺热爱影子表演,但表演又是因为生活所迫,小说通过对影子表演和现实的关系描述,表现了下层民众对生活的迷茫。

（2013 新课标全国Ⅰ卷）12.（2）陈纳德是一位出色的军事家,材料中有哪些体现? 请简要分析。

参考答案:①他的飞行技术精湛和军事才能超群。他筹建航校,训练飞行员,悉心传授战斗机飞行技术和战斗技术,他编写军事理论著作《防御性追击的作用》,他着手建立一个全国性的空袭报警系统,以便战斗机驾驶员及时拦击敌机。

②他有出色的指挥才能,在抗日战争中立下赫赫战功。他组建飞虎队,指挥作战,洞察敌人飞机动向,预先做好防备,重创日本空军,在空战中战绩显赫,屡次受到嘉奖。

（2012 新课标全国Ⅰ卷）11.（2）小说开头第一段就描写马裤先生的衣着言行,这样写的意图是什么? 请简要分析。

参考答案:①勾画一个衣着言行与众不同、令人发笑的人物形象。

②为后文即将发生的幽默、可笑的故事作铺垫。

③引发读者的阅读兴趣。

（2012 新课标全国Ⅰ卷）11.（3）马裤先生有哪些性格特点? 请简要分析。

参考答案:①颐指气使,目中无人,缺乏公德。

②斤斤计较,爱占小便宜,自私自利。

③不讲卫生,不顾他人感受,趣味低下。

（2012 新课标全国Ⅰ卷）11.（4）有人认为,小说中的"我"也有人性弱点,你同意这种观点吗? 谈谈你的具体理由。

参考答案:

观点一:同意,"我"也有人性弱点。

①"我"对马裤先生的不当言行不加制止,听之任之。

②"我"对马裤先生的讽刺过于夸张,且语言近于刻薄。

③"我"对自己缺乏反思精神。

观点二:不同意,"我"没有人性弱点。

①"我"是作者思想的体现者,不是性格人物。

②"我"在事件中言行很少,性格特征不明显。

③"我"在小说中主要起连缀情节的作用。

（2012新课标全国Ⅰ卷）12.（2）谢希德转而从事自己不熟悉的表面物理研究，有哪些方面的原因？请简要分析。

参考答案：①这项研究可以解决钢材腐蚀的问题，节约能源，对国家建设有重要意义。

②作为科学家，积极进取，勇于创新，转入科研新领域。

③作为学术前辈，可以借此鼓励年轻人，开拓科研新领域。

（2012新课标全国Ⅰ卷）12.（3）谢希德在科学工作中的求真态度体现在哪些地方？请简要说明。

参考答案：①密切关注学术动态，努力探索真知。

②研究过程中认真细致，注重积累，追求高水平。

③修改科普文章一丝不苟，注重概念和表述准确，不片面追求形象生动。

（2011新课标全国Ⅰ卷）11.（2）小说一开始就写乘凉会上"南腔北调"，这样写有什么作用？请简要分析。

参考答案：①表明乘凉会上的人们的外省人身份。

②提示小说主题的解读路径。

③照应下文出现的各种方言。

（2011新课标全国Ⅰ卷）11.（3）"外省郎"彭先生有哪些性格特点？请简要分析。

参考答案：①有担当，明大义：在老丈人危难时，以亲情、和睦为重，不计前嫌，施以援手，最终赢得信任。

②执着隐忍：面对老丈人的排斥，不轻言放弃，不莽撞行事，捍卫了自己的爱情。

③幽默乐观：说话风趣，与人为善，遇事能有良好的心态。

（2011新课标全国Ⅰ卷）11.（4）小说的题目是"血的故事"，但主要内容是围绕血型而展开的，如果以"血型的故事"为题你认为是否合适？请谈谈你的观点和具体理由。

参考答案：

观点一：以"血型的故事"为题不合适。①"血"这个词可让人联想到"血脉""血缘""血性""血型"等多种含义，如果以"血型的故事"为题，题意就显得单一了。

②外省人和台湾人血脉同源，这是"血般的故事"。

③彭先生的恋爱故事，实质上折射了外省人与台湾人之间的冲突与融合问题，小说表达了中华民族血浓于水、应该"一家亲"的主题。

观点二：以"血型的故事"为题合适。①"血"有类型之别，而语言有"南腔北调"之分，以"血型的故事"为题，可彰显作者的巧思。

②小说的主要内容是围绕血型而展开的，以"血型的故事"为题，可与内容更吻合。

③可显示"验血型"在文中的重要性，也与中华民族血浓于水、应该"一家亲"的主题不冲突。

（2011新课标全国Ⅰ卷）12.（2）黄宾虹一生绘画艺术的大进展，多发生在他的隐居时期。这是什么原因？请简要分析。

参考答案：①减少应酬杂务，生活清净，便于深思内省和作画。

②对江湖水光天色的写生使他的画风发生了突变。

③安定生活使他眼明心清,能够悟出知白守黑的道理,画艺猛进。

(2011 新课标全国Ⅰ卷)12.(3)黄宾虹作画时为什么要把金石拓本摆在案头?请简要分析。

参考答案:①从金石文字的点画结构中,他受到绘画笔法与章法布置方面的启发。

②从金石拓本认识到书画同源,悟出画艺回归造化的路径。

(2011 新课标全国Ⅰ卷)12.(4)尽管黄宾虹和张大千都是一代宗师,但二人的人生态度、对金钱的看法以及艺道旨趣却大相径庭。这给你什么样的启示?请结合全文,谈谈你的看法。

参考答案:

观点一:恪守传统,力求雅正,甘于清寂淡泊,追求艺术真谛。①于平静淡泊中求真务实的人生态度。

②淡泊名利,保持传统学人本色。

③避俗趋雅,不为流俗所动,寻求华滋浑厚的画风。

观点二:创新与模仿并重,理想与时尚兼顾。①创造与仿作兼顾。

②对金钱的开通看法和潇洒态度。

③注重民间时尚意趣。

观点三:既恪守传统,又勇于创新,在追求自己理想的过程中享受人生。①守正出新,继承与创新兼顾。

②怀抱艺术理想,追求名声、事业。

③脚踏实地,享受人生。

(2010 新课标全国Ⅰ卷)11.(2)小说中的玛兰是一个什么样的形象?请简要分析。

参考答案:①自私,趋炎附势,见风使舵。

②伪善,爱慕虚荣,自高自大。

③天真,热心,却没有原则。

(2010 新课标全国Ⅰ卷)11.(3)小说后半部分引用了报纸上的一段报道,作者这样写对情节安排有哪些作用?

参考答案:①补充叙事,集中揭示人物之间的矛盾关系,使情节的内在逻辑更加合理。

②加速情节发展,为下文玛兰的言行提供依据,使小说进入高潮。

③给读者留下更多的想象空间,强化情节平中见奇的效果。

(2010 新课标全国Ⅰ卷)11.(4)这篇小说以"保护人"为题,有主题思想、人物塑造、情节结构等多方面的考虑,请选择一个方面,结合全文,陈述你的观点并作分析。

参考答案:

观点一:使主题思想更加集中、深刻。

①以小见大,揭露当时法国上层社会的不良风气和多种黑暗现实。

②讽刺官场中趋炎附势、官官相护、相互推诿的丑恶现象。

③揭示出一个道理:如果社会需要保护人,如果大家都寻求保护人,社会就失去"保护",体现了作者对社会公正的思考与追求。

观点二:使人物形象更加鲜明、突出。

①抓住"保护人"时刻想要保护他人的这一突出心理特征,采用夸张的语言和动作描写,惟妙惟肖地刻画人物性格。

②以"保护人"为线索,使对比手法更加突出,有利于揭示人物性格的前后反差。

③通过"保护人"含义的变化,淋漓尽致地集中呈现小说的讽刺特色。

观点三:使情节结构更加紧凑、有序。

①以"保护人"的故事构成情节发展的主体,使结构主干突出,不蔓不枝。

②以"保护"与"被保护"为纽带,聚拢各种人物矛盾,使结构层次分明,井然有序。

③围绕"保护人"安排相辅相成的明暗两条叙事线索,使结构收放自如,平中见奇。

(2010 新课标全国Ⅰ卷)12.(2) 尽管被国际同行称为"杂交水稻之父",袁隆平内心却"不由得黯然掠过一丝淡淡的悲哀"。这是为什么?请简要分析。

参考答案: ①斯瓦米纳森的推崇使他产生了对比联想。

②他尚未得到国内学术界某些权威的承认。

③杂交水稻技术被视为不值一提的雕虫小技。

文 综 集 萃

(2019 新课标全国Ⅰ卷)36. 阅读图文材料,完成下列要求。

(1)说明澳大利亚汽车生产存续期间,整车和零部件工厂布局在东南沿海地区的有利条件。

参考答案: 开发早的城市地区,基础设施齐全,易于配套;人口密集,经济发达,是主要消费市场;劳动力充足;临海,港口多,交通运输方便。

(2)分析澳大利亚汽车市场对每种品牌和车型的车辆需求都较少的原因。

参考答案: 人口少,市场规模小;国土面积大,自然环境多样,对车的种类和型号要求多样;进口政策放宽后,国外汽车品牌进入加剧了本土汽车市场竞争,消费者偏好趋于多元化。

(3)简述澳大利亚汽车生产成本居高不下的主要原因。

参考答案: (发达国家)劳动力成本高;汽车厂商难以通过规模生产降低成本。

(4)指出汽车生产的退出对当地城市经济发展的影响。

参考答案: 外资撤离,投资减少,经济下滑;相关配套产业萎缩或消失,产业结构发生变化(更突出发展服务业和高新技术产业)。

(2019 新课标全国Ⅰ卷)37. 阅读图文材料,完成下列要求。

(1)板块运动导致的山脉隆起改变了区域的地貌、水文和气候特征,分析这些特征的变化对里海的影响。

参考答案: 山脉隆起,里海与海洋分离,形成湖泊(湖盆)。山脉隆起,导致里海汇水面积缩小,湖泊水量减少,湖泊面积缩小。山脉隆起,阻挡湿润气流,导致干旱,推动湖泊向内陆湖演化。

(2)末次冰期晚期里海一度为淡水湖,对此作出合理解释。

参考答案: 气温仍较低,湖面蒸发弱;受冰雪融水补给,补给大于蒸发。

（3）分析补给类型发生变化后里海演化为咸水湖的原因。

参考答案：有河流汇入，带来盐分；无出水口，盐分无法排出；地处内陆，蒸发强烈，导致盐度升高。

（4）指出黑海、地中海未来演化为湖泊的必要条件。

参考答案：非洲板块及印度洋板块（继续）北移（或板块运动趋势不变）。

（2018 新课标全国Ⅰ卷）36.阅读图文资料，完成下列要求。

（1）简述俄罗斯配建港口对该项目及周边区域发展的经济价值。

参考答案：对本项目的经济价值：（该项目）运输量巨大，保证该项目建设和运营，可以获得长期、稳定的经济收益。

对周边区域发展的经济价值：为俄罗斯北冰洋沿岸地区及北冰洋上的经济活动提供基地；促进鄂毕河沿岸地区对外贸易的发展，为鄂毕河出海航运提供中转服务。

（2）说明采用模块化施工方式对该项目建设的益处。

参考答案：（该项目）工程量巨大，设计成不同模块，可以由不同地区的工厂同时生产，缩短工期；模块运至现场拼装，减少现场（恶劣自然条件下）施工的时间和难度。

（3）分析开发白令海峡—北冰洋航线对提高该项目产品（液化天然气）市场竞争力的作用。

参考答案：中国、日本（太平洋西岸的亚洲国家）是其主要销售市场；开通白令海峡—北冰洋航线，与苏伊士运河—大西洋航线相比，大大缩短产品的运输距离和运输时间，降低运输成本，从而降低产品销售价格，提高其在全球天然气市场的竞争力。

（4）指出在该项目合作中体现的中俄两国各自的优势。

参考答案：俄罗斯的优势：资源（能源）丰富，（天然气勘探开采、液化）技术强。

中国优势：资金雄厚，制造业实力强，运输能力强，市场需求大等。

（2018 新课标全国Ⅰ卷）37.阅读图文资料，完成下列要求。

（2）分析从乌裕尔河成为内流河至扎龙湿地面积稳定，乌裕尔河流域降水量、蒸发量数量关系的变化。

参考答案：降水量基本不变化，蒸发量逐渐增大，二者数量关系由降水量大于蒸发量最终变为降水量等于蒸发量。

（3）指出未来扎龙湿地水中含盐量的变化，并说明原因。

参考答案：

变化：扎龙湿地的水中含盐量逐渐增加。

原因：河水不断为湿地带来盐分（矿物质）；随着湿地水分蒸发，盐分（矿物质）富集（最终饱和）。

（4）有人建议，通过工程措施恢复乌裕尔河为外流河。你是否同意，并说明理由。

参考答案：示例一：同意，可防止盐分（矿物质）富集；减少泥沙淤泥；扩大鱼类种群规模；减轻水体富营养化。

示例二：不同意，应减少对自然的干扰；保持湿地水量稳定；保护生物多样性；维护食物链完整（保护丹顶鹤）；防止湿地环境变化。

(2017新课标全国Ⅰ卷)36.阅读图文资料,完成下列要求。

(1)根据剑麻生长的气候条件和用途,说明我国国内剑麻纤维产需矛盾较大的原因。

参考答案:

剑麻纤维的生产:我国热带地区面积小,可用于种植剑麻的土地较少,产量低;我国热带地区纬度相对较高,气候季节差异大,种植的剑麻质量较差。

剑麻纤维的需求:我国船舶制造业、汽车制造业等规模大,对剑麻纤维需求量大。

(2)据图指出与其他地区相比,中国公司在基洛萨附近兴建剑麻农场的有利条件。

参考答案:离沿海(首都、港口)较近,临铁路,临河流,便于剑麻纤维运输。

(3)说明剑麻收割后需要及时加工的原因。

参考答案:在热带气候条件下,收割的剑麻极易腐烂、变质,影响纤维质量。

(4)简述当地从中国公司兴建剑麻农场中获得的利益。

参考答案:增加就业,增加税收,促进基础(民生)设施建设和经济发展。

(2017新课标全国Ⅰ卷)37.阅读图文资料,完成下列要求。

(2)判断在未遭受干扰时,阴坡与阳坡苔原带植物多样性的差异,并说明判断依据。

参考答案:(未遭受干扰时)阴坡较阳坡植物多样性高。

依据:(按单峰变化规律,)阳坡苔原带植物多样性最高值应在中部(2 300米左右),低于阴坡最高值。

(3)分析与阴坡相比,苔原带阳坡地表温度和湿度的特点及产生原因。

参考答案:

特点:阳坡地表温度高、湿度低(水分条件差)。

原因:阳坡太阳辐射强,地表温度高,蒸发强度大;阳坡融雪早,蒸发历时长。

(4)说明从2 300米至2 600米,阴、阳坡植物多样性差异逐渐缩小的原因。

参考答案:随着海拔升高,阴、阳坡面积减小,坡面差异对植物多样性的影响减弱;阴、阳坡相互影响(水分、热量交换作用)增强。

(2016新课标全国Ⅰ卷)36.阅读图文材料,完成下列要求。

(1)与江苏、浙江相比,说明横县有利于茉莉生长的气候条件。

参考答案:横县位于北回归线以南,高温期较长;高温期湿度较高(降水较少),(而江浙一带或梅雨期过湿,或伏旱期过旱且时有超过37 ℃的高温);冬季受寒潮影响较小,气温较高。

(2)横县地形以河流冲积平原为主,茉莉主要种植在平原地势较高的旱地上。试解释冲积平原地势较高的旱地有利于茉莉种植的原因。

参考答案:冲积平原地势较高的旱地,平坦便于种植;排水良好,土壤不会过湿;离河较近,便于灌溉,且不易受洪水侵袭;土层深厚且疏松,利于茉莉根系发育;冲积平原土壤肥沃。

(3)目前横县县城集聚了 100 多家茉莉花茶厂。分析横县县城集聚众多茉莉花茶厂的原因。

参考答案:茉莉花茶生产应接近茉莉花产地。横县茉莉花生产规模大,花源供应充足且品质佳;县城交通便利,便于收集茉莉花蕾;县城基础设施较好,便于组织生产。离南宁市较近,便于产品销售。

(4)请在下列两个问题中,选择其中一个问题作答。如果多做,则按所做的第一个问题计分。

问题①:说明横县茉莉花茶产业的发展经验对我国一些贫困县脱贫致富的启示。

参考答案:因地制宜,发挥特色农产品优势;扩大生产规模以达到规模效益和影响(实现专业化生产);推进农产品的加工业,延长产业链,增加附加值。

问题②:为以茉莉种植为基础的横县经济进一步发展提出建议。

参考答案:加强茉莉种植和茉莉花茶生产的科研投入,确保茉莉花茶的品牌优势;加大茉莉花茶其他产业化应用的研发;开发新产品;扩展旅游、文化市场,实现经营多元化。

(2016 新课标全国Ⅰ卷)37.阅读图文材料,完成下列要求。

(2)分析堪察加半岛大型植食性和肉食性野生动物数量较少的原因。

参考答案:纬度高,植物生长缓慢,食物供应量少;环境空间差别大,适应生存的空间小;冬季寒冷漫长,生存条件恶劣。

(3)某科考队员欲近距离拍摄熊,推测他在甲地选择拍摄点的理由。

参考答案:河流附近,熊出没的概率大;山地地形且有森林,便于隐蔽;降水较少,晴天较多,利于拍摄。

(2015 新课标全国Ⅰ卷)36.阅读图文材料,完成下列要求。

(1)分析大盐湖盛产卤虫的原因。

参考答案:属于内陆盐湖,为高盐水域。注入该湖的河水带来大量营养物质,适合藻类等卤虫饵料的生长。

(2)说明早年卤虫产业规模较小的原因。

参考答案:运输成本高(需低温运输)(主要用于喂养观赏鱼),市场需求小。

(3)推测 20 世纪 80 年代以来,水产养殖业快速发展的原因及其对大盐湖卤虫产业发展的影响。

参考答案:

原因:海洋渔业产量减少;市场需求增大;近海水产养殖技术提高。

影响:对卤虫需求量增加,促进了大盐湖卤虫产业的发展。

(4)你是否赞同继续在大盐湖发展卤虫捕捞业。请表明态度并说明理由。

参考答案:

示例一:赞同。卤虫资源丰富,市场需求量大,经济价值高,技术成熟,增加就业等。

示例二:不赞同。让卤虫自然生长,维护生物链的稳定,保护湿地,保护生物多样性等。

(2015 新课标全国Ⅰ卷)37.阅读图文材料,完成下列要求。

(2)图 8a 所示甲地比五道梁路基更不稳定,请说明原因。

参考答案:甲地年平均气温更接近 0 ℃,受气温变化的影响,活动层会更频繁地冻、融,冻结时体积膨胀,融化时体积收缩,危害路基;甲地年平均气温高于五道梁,夏季活动层厚度大,冬季有时不能完全冻结,影响路基稳定性。

(3)根据热棒的工作原理,判断热棒散热的工作季节(冬季或夏季)简述判断依据,分析热棒倾斜设置(图 8b)的原因。

参考答案:冬季。

依据:冬季气温低于地温,热棒蒸发段吸收冻土的热量,将液态物质汽化上升,与较冷的地上部分管壁接触,凝结,释放出潜热,将冻土层中的热量传送到地上。

热棒倾斜设置的原因:使棒体能深入铁轨正下方,保护铁轨下的路基(多年冻土)。

(2019 新课标全国Ⅰ卷)38. 结合材料并运用经济生活知识,说明中国进一步扩大进口对国内经济的积极影响。

参考答案:降低关税,增加进口,繁荣生产与消费市场;激发市场竞争,促进供给侧结构性改革,推动产业转型升级;丰富消费品市场供给,降低消费成本,更好满足消费者美好生活的需要;带动技术引进,促进产品创新研发,推进经济发展动能转换。

(2018 新课标全国Ⅰ卷)38. 结合材料,运用经济知识分析近年来我国马拉松热的驱动因素。

参考答案:居民收入增加,消费结构升级,推动马拉松赛事的需求上升;马拉松赛事覆盖面宽,商业价值大,刺激赛事的供给;赛事带动相关服务业发展,服务业发展又进一步促进赛事;全民健身战略实施,经济结构转型升级,支持马拉松赛事发展。

(2018 新课标全国Ⅰ卷)40. 阅读材料,完成下列要求。

(1)小岗村的改革发展实践证明,唯改革才有出路,改革要常讲常新,运用生产力和生产关系的辩证关系原理加以说明。

参考答案:生产力决定生产关系,生产关系反作用于生产力,适合生产力状况的生产关系推动生产力的发展,不适合生产力状况的生产关系阻碍生产力的发展。

在社会主义社会,改革是为了解决生产力和生产关系之间的矛盾、解放生产力的基本方式,是推动经济社会发展的强大动力。小岗村进行"大包干"改革、推进土地承包经营权确权和土地流转,发展集体股份经济,不断破除阻碍农业生产力发展的经济体制和经营机制弊端,极大地解放了生产力,促进了经济发展。

(3)请就新时代青年学生如何发扬小岗村"敢为天下先"的创新精神提出三条建议。

参考答案:破除旧思想的束缚;培养批判性思维能力;勇于探索探索,培养创新品格;在不懈奋斗中实现梦想。

(2017 新课标全国Ⅰ卷)38. 阅读材料,完成下列要求。

上述材料反映出我国消费品供给存在什么突出问题?我国生产企业应如何应对?

参考答案:

问题:我国消费品的供给与需求之间存在结构性矛盾,生产不能有效满足消费者的需要。

应对:采用先进工艺和高的质量标准,提高消费品质量;加大高端消费品研发投入力度,优化消费品供给结构;加强品牌培育和推广,提升自主品牌的价值;降低生产成本,提高产品性价比。

(2017 新课标全国Ⅰ卷)40.阅读材料,完成下列要求。

(1)《中国诗词大会》是传承中华优秀传统文化的成功案例,运用文化生活知识说明其成功的原因。

参考答案:选择艺术价值高、影响大、代表性强的诗词,集中展示中国诗词的魅力;重视发掘诗词的深刻文化内涵,引导人们向美向善;运用现代传播技术手段,注重互动性和趣味性,增强吸引力、感染力;激发民众内心的中国诗词文化情结,引导民众广泛参与。

(2)结合材料,运用社会历史主体的知识说明在传承发展中华优秀传统文化中如何坚持以人民为中心。

参考答案:人民群众是社会实践的主体和历史创造者;树立人民是传承发展中华优秀传统文化主体的意识;根据社会发展需要和人民群众的文化需求,发掘中华优秀传统文化的时代内涵和现实价值;将优秀传统文化融入人民群众的生产、生活,通过群众喜闻乐见的方式加以传承、发展,增强人民群众的文化获得感。

(3)请就学校如何开展中华优秀文化教育提两条建议。

参考答案:开设中华优秀传统文化的课程;开展中华优秀传统文化主题实践活动;开设中华优秀传统文化网站、微信公众号。

(2016 新课标全国Ⅰ卷)38.阅读材料,完成下列要求。

(1)运用"当代国际社会"知识,分析"一带一路"建设为什么能为世界和平发展增添新的正能量。

参考答案:顺应了世界多极化、经济全球化的潮流,是建立国际新秩序的积极探索;有利于沿线各国人民实现共同发展、共同繁荣;能够促进沿线各国间的相互尊重、相互理解和政治互信;能够提升对外开放水平,推动中国自身发展。

(2)运用经济生活知识并结合材料,说明推动"一带一路"国际产能合作对沿线国家和中国是双赢的选择。

参考答案:

沿线国家:扩大产品供给;增加税收;扩大就业,提高居民收入;提高相关产业的技术水平。

中国:扩大产品市场化;促进优势产能"走出去";提高在国际分工中的地位。

(2016 新课标全国Ⅰ卷)39.阅读材料,完成下列要求。

(1)结合材料,运用价值观的知识,对否认英雄的错误言论加以批驳。

参考答案:价值观影响人们对事物的认识和评价,只有遵循社会发展的客观规律,才能树立正确的价值观,从而作出正确的价值评价。受错误价值观驱动,否认英雄的言论歪曲了历史,遮蔽了真相,导致人们思想的混乱。只有尊重历史,坚持真理,树立和弘扬正确价值观,才能抵制否认英雄的谣言,消除其影响。

(2)结合材料和文化生活知识,探究如何守护英雄、弘扬中华民族精神。

参考答案:尊重历史事实,增强辨别信息真伪、抵御落后文化和错误言论的能力。利用网络等大众传媒传播英雄事迹,抵制和批驳肆意抹黑英雄、歪曲历史的言行,大力宣传英雄精神,使群众懂得英雄精神是中华民族精神的突出表现,主动继承和弘扬英雄精神。

(3)班级召开"我为英雄点个赞"主题班会,请就如何学习英雄列出发言要点。(两条,每条 10~30 个字)

参考答案:①树立崇高理想,为实现中华民族伟大复兴的中国梦而奋斗。

②勤奋学习,掌握为国家、为社会、为人民作贡献的本领。

③深入社会实践,在实践中增长才干。

(2015 新课标全国Ⅰ卷)38.阅读材料,完成下列要求。

财政对社会经济发展具有巨大作用,财政预算的编制和管理受到社会各界的关注。

(1)结合材料一和所学政治知识,说明政府应该如何强化预算管理。

参考答案:严格执行人大审批通过的预算;完善预算管理制度体制;按照预算法的要求编制预算和执行预算;运用检查、审计等行政手段强化预算监管;公开预算,增加财政收支的透明度,接受权力机关和社会的监督。

(2)结合材料二和所学经济知识,分析现阶段我国增加财政赤字的合理性,并说明应该如何用好财政赤字资金。

参考答案:财政赤字是积极财政政策的具体手段,在经济下行压力下,增加财政赤字能够扩大财政支出,刺激社会总需求;我国目前财政赤字率虽然在提高,但低于 3%的警戒线,是适度的,是安全的。

优化赤字资金支出结构,引导经济转型升级;加强赤字资金管理,提高使用效率;遵循财政分配原则,维护赤字资金支出的公平性。

(2015 新课标全国Ⅰ卷)39.阅读材料,完成下列要求。

(1)培育和践行社会主义核心价值观需要记住乡愁、传承中华传统美德,运用文化生活知识对此加以说明。

参考答案:社会主义核心价值观与中华优秀传统文化相承接,中华传统美德是传统文化的精华,是涵养社会主义核心价值观的重要源泉。乡愁反映了人们对中华传统文化的眷恋之情,体现了当代人对传承中华传统美德的愿望和期盼;记住乡愁、传承中华传统美德,为培育和践行社会主义核心价值观提供了重要载体和丰厚的历史文化养料。

(2)运用认识论的相关知识并结合材料,分析不同学者从《记住乡愁》中获得不同感受的原因。

参考答案:认识是主体对客体的能动反映。认识受到主体状况、客体状况以及认识条件的制约。不同学者在知识背景、兴趣爱好、思维方式、价值观念等方面存在差异,纪录片涉及传统村落的自然环境、人文环境、村规民约、民风民俗、社会管理等多方面的内容,导致不同学者感受的差异性。

(3)在城镇化快速发展的今天,请就如何记住乡愁提出两条建议。

参考答案:在保持原有村落形态的基础上改善居民生产、生活条件;加强中华传统美德教育与传承,使其转化为当代中国人的道德观念。

(2019 新课标全国Ⅰ卷)41.阅读材料,完成下列要求。

(1)根据材料一并结合所学知识,分别说明四个国家钢产量的总体发展趋势及基本原因。

参考答案：

趋势：

美国：产量长期稳步增长，到20世纪70年代中后期出现下降现象。

日本：20世纪50年代中期到20世纪60年代末产量增长迅猛，20世纪70年代放缓。

苏联：稳步增长，20世纪70年代中后期放缓。

中国：快速增长。

原因：

美国：国家采取大力干预经济政策促进经济发展，受滞胀影响。

日本：采取引进技术等方式促进经济高速发展，20世纪70年代在经济滞胀冲击下，经济发展减速。

苏联：国家优先发展重工业，后来经济发展逐渐停滞。

中国：重视发展重工业。

（2）根据材料二并结合所学知识，简析改革开放以来中国钢铁业发展主要原因。

参考答案：经济体制改革推进，现代企业制度逐步建立；现代化建设加快，需求增大；科技水平提高；对外开放、引进外资；投资大幅增加。

（2018新课标全国Ⅰ卷）41.阅读材料，完成下列要求。

（1）根据材料一并结合所学知识，概括宋代到明清时期乡约制度的变化，并说明乡约制度的积极作用。

参考答案：

变化：宋以道德教化为主，明清增加了宣讲"圣谕"的内容；乡约组织从民间自发建立到由地方官吏推动设立。

积极作用：有利于维护社会秩序，加强基层社会治理；有利于发展生产；促进了儒家文化和传统道德的传播。

（2）根据材料二并结合所学知识，简述清末城镇乡地方自治的历史背景。

参考答案：内忧外患；西方民主思想传播；清末新政，改革政治制度。

（3）根据材料三并结合所学知识，说明村民自治的意义。

参考答案：乡村治理的创新，国家治理体系的健全；推动基层民主，促进社会主义政治文明；改革基层社会治理制度，适应社会主义建设的要求。

（2018新课标全国Ⅰ卷）42.阅读材料，完成下列要求。

结合世界近代史所学的知识，从上述梗概中提取一个情节，指出它所反映的近代早期重大历史现象，并概述和评价该历史现象。（要求：简要写出所提取的小说情节及历史现象，对历史现象的概述和评价准确全面）

参考答案：

示例：

情节：鲁滨孙遇险漂流到海岛上，在那里建立了自己的领地。

历史现象：这一情节反映出近代早期的西欧殖民扩张。

概述和评价：近代西方殖民扩张始于新航路开辟，在亚非拉地区依靠武力等方式强占殖民地，掠夺财富，进行移民，开展贸易。通过殖民扩张掠夺的大量财富流入西欧，为资本主义提供了资本原始积累，给遭受侵略的地区和人民造成极大灾难，客观上促进了世界市场的发展。

(2017新课标全国Ⅰ卷)41.阅读材料,完成下列要求。

(1)根据材料一并结合所学知识,说明法国大革命对近代民族主义形成的促进作用。

参考答案:启蒙思想的广泛传播;君主专制被推翻;等级制度被废除;《人权宣言》宣布了天赋人权和公民平等。

(2)根据材料一、二并结合所学知识,概括国民党"一大"《宣言》中的民族主义与近代法国民族主义内涵的相同之处,并说明不同之处及其产生的原因。

参考答案:

相同:反对国内封建势力,追求民主与平等。

不同:近代法国民族主义是反对国内专制;国民党"一大"《宣言》中的民族主义突出反对帝国主义。

原因:封建专制与人民大众的矛盾是近代法国社会的主要矛盾,争取主权在民是主要任务。帝国主义与中华民族的矛盾是近代中国社会的最主要矛盾,争取民族独立是主要任务;中国共产党和苏俄的影响。

(2016新课标全国Ⅰ卷)40.阅读材料,完成下列要求。

(1)根据材料一并结合所学知识,说明清中期人口膨胀的原因及其影响。

参考答案:

原因:统一与稳定;耕地面积增加;精耕细作;高产作物的推广;税收制度的变革。

影响:人地关系紧张;土地过度开发,环境破坏;贫困化,社会矛盾加剧。

(2)根据材料二并结合所学知识,概括近代学者缓解人口压力等主张,并加以简要评价。

参考答案:

主张:向人口密度低的地区移民;发展实业吸收劳动力;增加耕地,改良农业生产;节制生育。

总体评价:多角度提出缓解人口压力的方法,为后世提供了借鉴;但有一定的历史局限性。

分别评价:康有为的主张是缓解人口压力的传统方法,但向生态环境脆弱地区大量移民不可行;严复的主张符合时代发展方向,但当时条件尚不具备;节制生育有可取之处,但未认识到人口因素的积极方面。

(2015新课标全国Ⅰ卷)40.阅读材料,完成下列要求。

(1)结合材料一及所学知识,指出汉代儒学与孔孟儒学的不同之处,并概括宋代理学在哪些方面对儒学有所发展。

参考答案:

不同之处:孔孟思想核心是仁政、民本、教化,而汉儒强调天人感应,君权神授、三纲五常。

发展:更加重视《论语》《孟子》,重视思辨,强调个人的修养与完善。

(2)根据材料一、二并结合所学知识,指出韩愈、康有为关于儒学认识的共通之处。

参考答案:

共通之处:回归原典,回归孔孟。否定后人附会、杜撰之说,主张探寻儒学的精神实质,借助儒学为现实服务。

（3）我们应当以什么样的态度对待孔子与儒学？

参考答案：应用历史的眼光看待孔子与儒学，不应盲目地肯定或否定，将真实的孔子与神圣化的孔子区别开来；借鉴其精华，摒弃其糟粕。

数学计算训练

　　高考数学,非常重视计算能力。为了训练计算能力,下面精选了一些高考卷里曾经在题目解答过程中出现的算式(计算比较复杂的),只给出题目和答案,略去过程,考生要对其进行反复手写演算(或者心算),确保快速、准确、熟练。

(1)$40 \times (90 - 25) + 20 \times (50 - 25) + 20 \times (20 - 25) - 20 \times (50 + 25) = 1\ 500$

(2)$28 \times (90 - 20) + 17 \times (50 - 20) + 34 \times (20 - 20) - 21 \times (50 + 20) = 1\ 000$

(3)$\dfrac{100(40 \times 20 - 10 \times 30)^2}{(40 + 10)(30 + 20)(40 + 30)(10 + 20)} \approx 4.762$

(4)$\dfrac{1}{50}(1 \times 0.05 + 3 \times 0.15 + 2 \times 0.25 + 4 \times 0.35 + 9 \times 0.45 + 26 \times 0.55 + 5 \times 0.65) = 0.48$

(5)$\dfrac{1}{50}(1 \times 0.05 + 5 \times 0.15 + 13 \times 0.25 + 10 \times 0.35 + 16 \times 0.45 + 5 \times 0.55) = 0.35$

(6)$\dfrac{1}{15}(16 \times 9.97 - 9.22) = 10.02$

(7)$16 \times 0.212^2 + 16 \times 9.97^2 = 1\ 591.134$

(8)$\dfrac{1}{15}(1591.134 - 9.22^2 - 15 \times 10.02^2) = 0.008$

(9)$\dfrac{1}{100}(70 \times 19 \times 200 + 4\ 300 \times 20 + 4\ 800 \times 10) = 4\ 000$

(10)$80 \times 0.06 + 90 \times 0.26 + 100 \times 0.38 + 110 \times 0.22 + 120 \times 0.08 = 100$

(11)$\dfrac{1}{20}(0.6 + 1.2 + 2.7 + 1.5 + 2.8 + 1.8 + 2.2 + 2.3 + 3.2 + 3.5 + 2.5 + 2.6 + 1.2 + 2.7 + 1.5 + 2.9 + 3.0 + 3.1 + 2.3 + 2.4) = 2.3$

(12)$\dfrac{1}{20}(3.2 + 1.7 + 1.9 + 0.8 + 0.9 + 2.4 + 1.2 + 2.6 + 1.3 + 1.4 + 1.6 + 0.5 + 1.8 + 0.6 + 2.1 + 1.1 + 2.5 + 1.2 + 2.7 + 0.5) = 1.6$

(13) $\dfrac{1}{100}(55\times10+65\times20+75\times16+85\times54)=76.4$

(14) $\dfrac{500(40\times270-30\times160)^2}{200\times300\times70\times430}\approx9.967$

(15) $0.6\times0.6+0.4\times0.6\times0.6+0.6\times0.4\times0.6=0.648$

英语优秀范文

下面列出一些优秀的英语文章,有些是优秀的作文,有些是具有典型意义的小文章,考生可以加强诵读,提升语感。

范文 1:

We have a lot of respectable people around us. They may be our teachers, parents or one of our elders. As for me, my father is the person I respect the most. My father is a teacher who loves his work and his students very much. He works very hard every day but he will also spare some time to accompany me and share many funny things with me about his work.

When I come across the problems of learning in my study, my father will listen to me patiently and encourage me to overcome the difficulties bravely. He has achieved a lot in his work, respected by his students. So, my father is the person I respect most, and I love him deeply.

范文 2:

I'm Li Hua, an outgoing boy, who is studying in London. I am writing to apply to be a volunteer of your team, having heard that a Chinese Painting Exhibition will be held in this local city. I have some advantages for the job.

First of all, having lived in China for sixteen years and having learnt English since I was a child , I have a good command of English and Chinese, which is beneficial for introducing Chinese paintings. Besides, having a good knowledge of Chinese paintings because of my familiarity with Chinese painting culture, I can get foreigners and the locals to know more about it. Last but not least, through my introduction and efforts, I believe, I can strengthen the friendship between China and England. I would appreciate it if you could take my application into consideration.

范文 3:

Dear Teny,

How are you going? In your last letter, you asked me about being a guest to a Chinese friend's home. Now, I am writing to inform you of some relevant details.

To begin with, according to our tradition, you are supposed to arrive early, so that you can help the family prepare the dinner, which is not only meaningful but also interesting. Besides, you'd better bring some gifts, such as a book or a Chinese knot. What's more, when you are enjoying the meal, you need to avoid making noises while chewing food.

Hopefully, these suggestions would be helpful for you. I have the confidence that you will have a great time. Looking forward to your good news.

Best wishes!

Yours,

Li Hua

范文 4:

Dear Leslie,

How time flies! Next week, we are going to enjoy our next Chinese class. Are you ready? Now, I am writing to tell you some relevant details about it.

To begin with, we can have the class on Monday evening in the school library, when there will be less people. Besides, we are going to learn some basic rules about Tang poetry, which will be not only meaningful but also interesting. What's more, you'd better learn some history about the Tang dynasty, which can cultivate your interests and broaden your horizons.

I have the confidence that we will have a great time. Looking forward to meeting you again!

Yours,

Li Hua

范文 5:

Dear Ms Jenkins,

Here is Li Hua. First of all, please accept my sincere appreciation for bringing us so many wonderful classes which I really enjoy during this semester. You are such an excellent teacher who always managed to make us learn from fun. In this way, we never consider learning as a difficult task. Secondly, I want to ask you for help. As it is getting close to the end of the semester and we need to find a part-time job for social practice, I intend to apply one position in a company for international trading. It is the first time for me to apply for a job, I am not quite familiar with the format of the resume and the job application which I have prepared. So can you do me a favor to correct the mistakes of the words and format in these materials attached in the e-mail? I will be very grateful for your help. Millions of thanks.

I am looking forward to your reply. Please reply me before the date of 11th, October.

Best regards,

Li Hua

范文 6：

Dear Peter,

I'd like to ask you to write an article for our school's English newspaper. The "Foreign Cultures" section in our newspaper is very popular among us students. It carries articles written by foreign friends about the cultures of their home countries. Would you please write something about the culture in your part of the United States? And we would especially welcome articles about how Americans spend their holidays and festivals, and the life of American high school students. You can write anything relevant so long as it's interesting and informative. 400 words would be fine. Could we have your article before June 28?

I'm looking forward to hearing from you!

Yours,

Li Hua

范文 7：

Dear Sir/Madam,

I am a student in China and I plan to go to Britain to attend a summer school during the vacation. I've seen your ad, and I'd like to know something more about your six-week English course. First, when will the course start and how many class hours are there per week? Besides, I wish there would not be too many students in a class. I'd also like to know how much I have to pay for the course and whether accommodation is included. Would there be host family or university dormitory?

I am looking forward to your early reply.

Yours faithfully,

Li Hua

范文 8：

Dear Peter,

How are you doing? I'm writing to tell you that my uncle Li Ming is going to your city for a conference, and I've asked him to bring you the Chinese painting you've asked for before.

Also, I'd like you to do me a favor. Would you please meet my uncle at the airport and take him to his hotel since this is the first visit to the US? Thank you in advance!

His flight number is CA985, and it will arrive at 11:30 am, August 6. My uncle is tal and he is wearing glasses. And he will be in blue jacket.

　　Looking forward to your reply.

Yours,

Li Hua

范文 9：

Dear Sir or Madam，

　　I'm Li Hua，a middle school student from China. I've been learning English for 10 years，and I speak fluent English.

　　I read the announcement of the summer camp that you have posted on the Internet，and I am interested in it. I know that you welcome students from different countries and I'd like to take part in it. What is more，I'll be able to tell students from other countries about China and learn about their countries as well.

　　I hope I will be accepted as a member of your summer camp.

　　Looking forward to your reply!

Regards，

Li Hua

范文 10：

Dear Sir/Madam，

　　I'm Li Hua，a Chinese student taking summer courses in your university. I'm writing to ask for help. I came here last month and found my courses interesting.

　　But I have some difficulties with note-taking and I have no idea of how to use the library. I was told the Learning Center provides help for students and I'm anxious to get help from you. I have no lessons on Tuesday mornings and Friday afternoons. Please let me know which day is OK with you. You may e-mail or phone me.

　　Here are my e-mail address and phone number：Email：lihua@126. com；Phone：12345678.

　　Look forward to your reply.

Yours，

Li Hua

范文 11：

　　It was a busy morning，about 8：30，when an elderly gentleman in his 80s came to the hospital. I heard him saying to the nurse that he was in a hurry for an appointment at 9：30.

　　The nurse had him take a seat in the waiting area，telling him it would be at least 40 tes before someone would be able to see him. I saw him looking at his watch and ed，since I was not busy—my patient didn't turn up at the appointed hour，I would examine his wound. While taking care of his wound, I asked him if he had another doctor's appointment.

The gentleman said no and told me that he needed to go to the nursing home to eat breakfast with his wife. He told me that she had been there for a while and that she had a special disease. I asked if she would be worried if he was a bit late. He replied that she no longer knew who he was, that she had not been able to recognize him for five years now. I was surprised, and asked him, "And you still go every morning, even though she doesn't know who you are?"

He smiled and said, "She doesn't know me, but I know who she is." I had to hold back tears as he left.

Now I realize that in marriages, true love is acceptance of all that is. The happiest people don't necessarily have the best of everything; they just make the best of everything they have. Life isn't about how to live through the storm, but how to dance in the rain.

范文 12：

In our discussion with people on how education can help them succeed in life, a woman remembered the first meeting of an introductory science course about 20 years ago.

The professor marched into the lecture hall, placed upon his desk a large jar filled with dried beans, and invited the students to guess how many beans the jar contained. After listening to shouts of wildly wrong guesses the professor smiled a thin, dry smile, announced the correct answer, and went on saying, "You have just learned an important lesson about science. That is: Never trust your own senses."

Twenty years later, the woman could guess what the professor had in mind. He saw himself, perhaps, as inviting his students to start an exciting voyage into an unknown world invisible to the eye, which can be discovered only through scientific methods. But the seventeen-year-old girl could not accept or even hear the invitation. She was just beginning to understand the world. And she believed that her firsthand experience could be the truth. The professor, however, said that it was wrong. He was taking away her only tool for knowing and was providing her with no substitute. "I remember feeling small and frightened," the woman says, "and I did the only thing I could do. I dropped the course that afternoon, and I haven't gone near science since."

范文 13：

Body language is the quiet, secret and most powerful language of all! It speaks louder than words. According to specialists, our bodies send out more messages than we realize. In fact, non-verbal communication takes up about 50% of what we really <u>mean</u>. And body language is particularly <u>important</u> when we attempt to communicate across cultures.

Indeed, what is called body language is so <u>much</u> a part of us that it's actually often unnoticed. And misunderstandings occur as a result of it. <u>For example</u>, different societies treat the <u>distance</u> between people differently. Northern Europeans usually do not like having <u>bodily</u> contact even with friends, and certainly not with <u>strangers</u>. People from Latin American countries, <u>on the other hand</u>, touch each other quite a lot. Therefore, it's possible that in <u>conversation</u>, it may look like a Latino is <u>following</u> a Norwegian all over the room. The Latino, trying to express friendship, will keep moving <u>closer</u>. The Norwegian, very probably seeing this as pushiness, will keep <u>backing away</u>— which the Latino will in return regard as <u>coldness</u>.

Clearly, a great deal is going on when people <u>talk</u>. And only a part of it is in the words themselves. And when parties are from <u>different</u> cultures, there's a strong possibility of <u>misunderstanding</u>. But whatever the situation, the best <u>advice</u> is to obey the Golden Rule: treat others as you would like to be <u>treated</u>.

范文 14：

I went to a group activity, "Sensitivity Sunday", which was to make us more <u>aware of</u> the problem faced by disabled people. We were asked to "<u>adopt</u> a disability" for several hours one Sunday. Some member <u>like me</u> chose the wheel chair. Other wore sound-blocking earplugs or blindfolds.

Just sitting in the wheelchair was a <u>learning</u> experience. I had never considered before how <u>awkward</u> it would be to use one. As soon as I sat down, my <u>weight</u> made the chair begin to roll. Its wheel were not <u>locked</u>. Then I wondered where to put my <u>feet</u>. It took me quite a while to get the metal footrest into <u>place</u>. I took my first uneasy look at what was to be my only means of <u>transportation</u> for several hours. For disabled people, "adopting a wheelchair" is not a temporary <u>experiment</u>.

I tried to find a <u>comfortable</u> position and thought it might be restful, <u>even</u> kind of nice, to be <u>pushed</u> around for a while. Looking around, I <u>realized</u> I would have to handle the thing myself! My hands started to ache as I <u>turned</u> the heavy metal wheels, I came to know that controlling the <u>direction</u> of the wheelchair was not going to be an <u>easy</u> task.

My wheelchair experiment was soon <u>finished</u>. It made a deep impression on me. A few urs of "disability" gave me only a taste of the <u>challenges</u>, both physical and mental, that bled people must overcome.

范文 15：

As a general rule，all forms of activity lead to boredom when they are performed on a routine basis. As a matter of fact，we can see this <u>principle</u> at work in people of all <u>ages</u>. For example，on Christmas morning，children are excited about <u>playing</u> with their new toys. But their <u>interest</u> soon wears off and by January those <u>same</u> toys can be found put away in the basement. The world is full of <u>half-filled</u> stamp albums and unfinished models，each standing as a monument to someone's <u>passing</u> interest. When parents bring home a pet，their child <u>gladly</u> bathes it and brushes its fur. Within a short time，however，the <u>burden</u> of caring for the animal is handed over to the parents. Adolescents enter high school with great <u>excitement</u> but are soon looking forward to <u>graduation</u>. The same is true of the young adults going to college. And then，how many <u>adults</u>，who now complain about the long drives to work，<u>eagerly</u> drove for hours at a time when they first <u>obtained</u> their driver's licenses? Before people retire，they usually <u>plan</u> to do a lot of <u>great</u> things，which they never had <u>time</u> to do while working. But <u>soon</u> after retirement，the golfing，the fishing，the reading and all of the other pastimes become as boring as the jobs they <u>left</u>. And，like the child in January，they go searching for new <u>toys</u>.